电子档案管理理论与实务

Electronic Records Management
Theory and Practice

丁德胜◎著

中国文史出版社

图书在版编目（ＣＩＰ）数据

电子档案管理理论与实务 / 丁德胜著. -- 北京 ：
中国文史出版社，2022.12
　ISBN 978-7-5205-3803-9

　Ⅰ．①电… Ⅱ．①丁… Ⅲ．①电子文件－档案管理
Ⅳ．①G276

　中国版本图书馆 CIP 数据核字(2022)第 185135 号

责任编辑：詹红旗　　戴小璇

出版发行：中国文史出版社
社　　　址：北京市海淀区西八里庄 69 号院　　邮编：100142
电　　　话：010- 81136606　　81136602　81136603（发行部）
传　　　真：010-81136655
印　　　装：廊坊市海涛印刷有限公司
经　　　销：全国新华书店
开　　　本：990 毫米×1230 毫米　　1/16
印　　　张：22.25
字　　　数：358 千字
版　　　次：2023 年 6 月北京第 1 版
印　　　次：2023 年 6 月第 1 次印刷
定　　　价：68.00 元

前　言

　　中共中央、国务院《关于构建数据基础制度更好发挥数据要素作用的意见》指出，数据作为新型生产要素，是数字化、网络化、智能化的基础，已快速融入生产、分配、流通、消费和社会服务管理等各环节，深刻改变着生产方式、生活方式和社会治理方式。电子档案是数字时代治国理政、经济运行、社会治理和历史传承的重要工具和载体，是国家的重要战略信息资源和数据生产要素。电子档案管理如何全面融入网络强国和数字中国建设进程，全方位落实国家数据发展战略，有效激活档案数据要素潜能，为做大做强做优数字经济、加快数字社会建设步伐、提高数字政府建设水平、营造良好数字生态贡献档案力量，成为摆在档案行业面前的一项重大时代课题。

　　电子档案管理是为了有效开发、利用和保存档案资源，以现代信息技术为手段，综合运用多学科专业知识，对电子档案进行计划、组织、领导和控制的实践活动。电子档案管理有两个最为显著的特点：一是广泛运用现代信息技术。随着全球数字化发展不断提速，数字技术正以新理念、新业态、新模式全面融入人类经济、政治、文化、社会、生态文明建设各领域和全过程。云计算、大数据、物联网、工业互联网、区块链、人工智能、虚拟现实和增强现实等信息化技术迅速演进，尤其是以 ChatGPT、文心一言等为代表的基于人工智能技术自然语言处理模型的重大突破，为电子档案管理提供了更为先进的管理思路和技术手段，同时也提出了更高要求。电子档案的信息属性要求必须充分依托、运用现代信息技术开展相关管理活动，信息技术的应用程度是电子档案管理水平的重要标志。二是深度融合多学科专业知识。档案学是以档案现象为研究对象，以揭示档案现象的本质和规律为目标的一门综合性学科。同传统载体档案管理相比，电子档案管理需要高度融合档案管理（RM）、数据治理（DG）、信息管理（IM）、知识管理（KM）等相关领域管理思路和方法，综合运用档案学、管理学、法学、信息技术、计算机科学等学科专业知识，积极构建理论实践相互支撑、国际国内有效衔接、传统与现代有机融合的发展格局。跨学科、跨专业、跨领域既是电子档案管理特色，又是做好电子档案管理的行动密码。

按照这一思路，《电子档案管理理论与实务》一书以建立电子档案主体论述为目标，搭建了电子档案管理体系架构、提出了电子档案管理方法要求，并在以下三个方面取得了积极进展。

第一，构建全新的电子档案管理总体框架。文件、档案管理领域存在"大文件观""大档案观"两种比较典型的观点，其中基于"大文件观"建立的"电子文件管理体系"是目前有关电子文件、电子档案管理比较通行的体系框架。其基本特点是以文件管理为立足点，以国际电子档案管理流程为主线，以电子档案前端控制为重点，是目前发展比较充分的理论实践体系。本书是第一部从"大档案观"视角出发系统阐述"电子档案管理体系"的专门论著，通过重新界定对象范围、重新塑造档案管理流程、重新梳理管理要求，在充分继承"大文件观"合理内容基础上，构建了以档案管理为立足点，以经典档案管理流程为主线，以电子档案全程管理为重点的电子档案管理体系框架，为电子档案管理提供了更为适用的理论和工作框架。

第二，实现DIKW在档案管理中的体系化应用。DIKW模型是信息管理、知识管理领域最基本的模型。本书以电子档案管理流程和要求为明线，以数据、信息、知识和智慧管理内容和要求为暗线，比如在电子档案分类方法、管理理论、收集要求等方面引入数据治理内容；在电子档案信息服务方面引入信息管理内容；在电子档案知识服务、知识库建设、知识图谱构建等方面引入知识管理内容；在智慧档案馆室建设、智慧鉴定方法、电子档案分析与挖掘等方面引入智慧管理内容等，将DIKW体系全面应用于档案管理，丰富和拓宽电子档案管理内涵，也为电子档案管理实现层次性跃迁提供了方向路径。

第三，完成电子档案管理内容的系统性创新。主要体现在重新定义电子档案和分类方法，重新塑造电子档案形成、开发等工作流程，拓展电子档案管理理论基础，构建电子档案管理体系模型，在电子档案管理模式、电子档案管理系统功能架构、电子档案收集方法、电子档案分类原则、电子档案整理思路、电子档案鉴定方法等内容上做了突破性创新，比较好地理顺了电子档案管理理论建设与实践要求、国际经验与国内实践、传统做法与现代技术之间关系，初步完成了电子档案管理内容的时代化、本土化改造。

全书正文共分为九章，每章四节。第一章从电子档案定义、种类、构成要素和元数据对电子档案的内涵、外延进行阐释；第二章重点介绍电子档案管理需要明确的理论依据、管理目标、管理体系、管理模式，明确电子档案管理的理论与思路；第三章在第二章明确电子档案管理体系基础上，着重对电子档案管理相关系统提出了功能架构要求和建设方法；第四章至第九章是电子档案管理核心内容，明确了形成、收集等十二项电子档案管理流程。各流程基本按照开展的先后排序，并采用"是什么、做什么、怎么做"的逻辑组织内容。为方便读者结合管理流程组织电子档案管理工作体系和研究框架，本书对传统档案管理流程内容进行了全面更新，并在此基础上进行了扩展。比如在电子档案整理与归档一章增加档案数据库建设，在电子档案利用与开发一章增加电子档案检索和信息服务内容，在电子档案移交与统计一章增加电子档案分析与挖掘、电子档案的评估内容等。附录收录了电子档案管理相关国际标准、国家标准和行业标准，汇集了常用英文版电子档案管理模型框架，方便读者对照使用。参考文献按章节顺序编排，可以作为各章节内容的辅助参考资料。需要说明的是，为适应国内电子档案管理实际，书中采用电子文件（electronic document）、电子档案（electronic records）翻译，同时为了保持一致性，引用的国际标准名称及内容、相关模型框架一律新译，已采标国际标准同时附上采标号。非采标国家标准和行业标准使用原标准名称。

《电子档案管理理论与实务》一书力求理论性与实用性相结合，兼顾学科前沿成果和实践做法。在具体使用方法上，相关领域研究者、实践者可以根据本书内容确定电子档案管理研究体系、技术体系和工作体系，也可以用于具体指导电子档案管理工作。当然，由于电子档案管理本身复杂性，实践中可能难以完全按照电子档案管理流程先后顺序和界限组织管理工作，比如对于形成、收集、整理、归档工作流程来说，既可能依顺序完成，也可能调整顺序实现，既可能逐一实施，也可能合并实现，因而在实践中可以根据情况，选择采用规范每一项工作流程的过程导向或注重最终归档结果的结果导向开展工作。

丁德胜

2023 年 3 月 6 日

目 录
contents

第一章
电子档案

第一节　电子档案概述

一、电子档案定义

电子档案（electronic records）是指机关、团体、企业事业单位和其他组织（以下简称组织机构）以及个人在履行其法定职责或者处理事务过程中，通过计算机等电子设备形成、办理、传输和存储的，对国家和社会具有保存价值的各种文字、图表、声像、数据等不同形式的信息记录构成的集合，是有价值的信息资源和重要的业务资产。本书采用这一定义主要出于以下考虑：

1. 遵从法律法规定义方式

《中华人民共和国档案法》（以下简称《档案法》）第二条规定，本法所称档案，是指过去和现在的机关、团体、企业事业单位和其他组织以及个人从事经济、政治、文化、社会、生态文明、军事、外事、科技等方面活动直接形成的对国家和社会具有保存价值的各种文字、图表、声像等不同形式的历史记录。《档案法》将"记录"作为"档案"的上位概念(属概念),并在此基础上对档案作出了明确定义。作为档案形式之一的电子档案当然应当在档案定义基础上进行定义。

2. 严格遵循定义规则

在文件与档案存在明确界限和先后承继关系情况下,将电子文件作为电子档案上位概念(属概念)并不科学。按照概念的定义规则,电子档案应当以《档案法》规定的档案上位概念"记录"为基础构建。考虑到"记录"本身不能反映电子档案的电子属性,《中华人民共和国民法典》《中华人民共和国电子签名法》(以下简称《电子签名法》)中"数据电文""电子记录"等概念在档案行业应用不广,而"信息记录"作为电子文件、电子档案上位概念(属概念)在档案行业认知程度较高,电子档案宜以"信息记录"作为上位概念(属概念)并在此基础上作出明确定义。

3. 构建电子档案主体论述

目前电子档案比较常见的定义方式是先定义电子文件,再依托电子文件对电子档案作出定义。《电子档案管理基本术语》(DA/T 58-2014)、《电子文件归档与电子档案管理规范》(GB/T 18894-2016)均采用这种方式。这种做法存在明显缺陷:一方面缩小了电子档案范围,也使电子档案管理局限于电子文件管理领域理论和实践发展;另一方面也不符合电子文件、电子数据、电子档案管理实际,给档案部门准确界定职责任务、开展电子档案管理带来不便。在这种情况下,建立电子档案学术体系、话语体系,构建电子档案主体论述就显得尤为重要,而其中重新确定电子档案定义就是构建电子档案主体论述的重要步骤。

4. 引入新的属性定位和管理理念

中共中央办公厅、国务院办公厅在《关于加强信息资源开发利用工作的若干意见》中要求"推进政务信息资源的资产管理工作","完善信息资产评估制度"。《信息与文献 档案管理 第1部分:概念与原则》(ISO 15489-1:2016 Information and documentation – Records management – Part 1: Concepts and principles,等同采标为 GB/T 26162-2021)对档案的定义是"机构或个人在履行其法定义务或开展业务事务活动中作为证据或资产而形成、接收、维护的信息",强调档案具有证据和资产属性。《信息与文献 档案管理：核心概念与术语》（ISO 30300:2020 Information and documentation–Records management–Core concepts and vocabulary）在引言中指出，档案的创建和管理，可以"促使组织机构将信息资源视为业务资产、商业资产和知识资产进行资本化管理，有利于保存集体记忆，应对全球化和数字化环境带来的挑战"。国家档案局 2009 年发布的《企业档案工作规范》（DA/T 42-2009）也明确指出"企业档案是企业知识资产和信息资源的重要组成部分"。用资产管理理念指导电子档案管理的要点有：一是明确档案的权属，主要是所有权和控制权，明确责任主体与管理权限。二是在档案管理方法中增加资产化管理措施，如加强流程监控，适时开展资产识别与登记、资产评估、绩效评估、核查审计等工作，确保电子档案的安全。三是从提高资产保有率出发，注重电子档案的管理效益，降低管理成本，提高管理收益，加强资源开发，努力实现资产的保值增值。

二、相关概念辨析

电子档案与电子文件、电子数据、信息记录、档案数字复制件、数字档案等概念密切相关，把握电子档案概念时应当注意区分辨析。

1. 电子文件

电子文件（electronic document）是指组织机构或个人在履行法定职责或处理业务事务过程中，通过计算机等电子设备形成、传输、办理和存储的信息记录。

符合法定条件的电子文件称为电子档案，电子文件是电子档案的重要来源之一。

2. 电子数据

《中华人民共和国数据安全法》（以下简称《数据安全法》）规定，数据是指任何以电子或者其他方式对信息的记录。电子数据（electronic data）是指任何以电子形式对信息的记录。《最高人民法院关于民事诉讼证据的若干规定》（以下简称《若干规定》）第十四条对电子数据范围作了界定，明确提出电子数据包括下列信息、电子文件：（一）网页、博客、微博客等网络平台发布的信息；（二）手机短信、电子邮件、即时通信、通讯群组等网络应用服务的通信信息；（三）用户注册信息、身份认证信息、电子交易记录、通信记录、登录日志等信息；（四）文档、图片、音频、视频、数字证书、计算机程序等电子文件；（五）其他以数字化形式存储、处理、传输的能够证明案件事实的信息。

《数据安全法》中的"数据"定义将"记录"作为上位概念（属概念），这与《档案法》中"档案"定义将"记录"作为上位概念（属概念）一致，可以将数据与档案作为同位概念处理。由此类推，电子数据与电子档案也应当作为同位概念处理。《若干规定》将信息、电子文件作为电子数据下位概念（种概念），明确规定电子数据包括电子文件。

符合法定条件的电子数据称为电子档案，包含电子文件在内的电子数据是电子档案的主要来源。

3. 信息记录

信息是指为了满足用户决策需要而经过加工处理的数据，也用来泛指人类社会传播的一些内容。记录是指以某种手段或方法保存、描述所见所闻或事物而形成的材料信息。信息记录是由信息、记录构成的组合概念，是电子档案的上位概念。

电子档案与信息记录、电子数据、电子文件之间的关系如图1-1所示。为了准确反映电子数据、电子文件与电子档案的关系，同时又适当考虑传统上将电子文件作为电子档案主要来源的做法，本书采用"电子数据（文件）"表示电子档案来源。

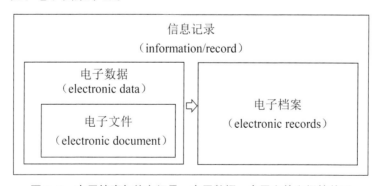

图1-1　电子档案与信息记录、电子数据、电子文件之间的关系

4. 档案数字复制件

档案数字复制件（digitized copy of records；digitized records）是指对传统载体档案进行数字化加工后形成的，能够呈现档案内容、结构和形式的

数字实体。档案数字复制件为档案的复制件形式，不是电子档案。

5. 数字档案

数字档案（digital records）是指以数字形式存在的档案信息资源，包括档案数字复制件、电子档案等。电子档案又称作原生数字档案（born-digital records），与档案数字复制件在形成方式和法律效力等方面存在本质区别。

电子档案与档案数字复制件、数字档案之间的关系如图1-2所示。

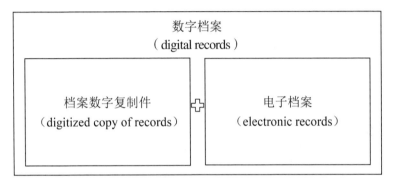

图 1-2　电子档案与档案数字复制件、数字档案之间的关系

准确、全面、完整理解电子档案概念，可以从以下五个方面入手：

第一，电子档案是档案的一种类型，是组织机构或个人在社会活动中直接形成的对国家和社会具有保存价值的，以电子形式呈现的档案类型。电子档案具备档案的基本属性，是电子档案区别于电子数据、电子文件等其他信息记录的重要标志。

第二，电子档案是一种信息记录，是以二进制数字代码记录和表示的数字信息。这是电子档案区别于纸质、实物等其他传统载体类型档案的重要特征，也是电子档案与电子数据、电子文件等其他信息记录的共同点。

第三，电子档案是履行法定职责或者处理事务过程中产生的，电子档案的内容应当反映法定职责履行或者事务处理的过程和结果。

第四，电子档案是通过计算机、数字照相设备、数字摄像设备、数字传感器等电子设备形成、办理、传输和存储的，无法脱离设备独立形成或进行管理。

第五，电子档案不以是否完成归档作为判定依据，信息记录达到法定条件时应当即时纳入电子档案管理范畴并作为电子档案进行管理（详见第四章第一节）。

三、电子档案特点

电子档案具有系统依赖性、载体易分离性、存储高密度性、信息易变性、信息共享性、信息可集成性等特点。掌握电子档案的特点是科学管理电子档案的前提。

1. 系统依赖性

电子档案是以数字化信息形态存在的，它的形成、传输、管理、显示等都离不开数字设备与环境的支持，都需要依靠特定的硬件系统、软件系统组成的协同环境或平台实施，具有很强的系统依赖性。基于这个特点，电子档案无法通过人工直接识读和管理，必须建立特定的软硬件环境；电子档案管理也不能局限于电子档案本身，还需要关注电子档案管理软硬件系统环境，并随着软硬件更新换代有针对性地采取转换、迁移、仿真等措施，保证电子档案可读、可用。

2. 载体易分离性

传统载体档案的信息往往永久固定在某一特定载体上，比如纸质档案、照片档案分别将文字、图像信息固化在纸张、胶片上等，档案管理工作可以看作对"静态档案"的管理，档案具有"原始性""唯一性"特点。电子档案载体不再具有对信息永久的固化作用，电子档案管理过程中往往需要改变信息在同一载体上存址，或者要求信息在不同的载体间转换，信息对于特定物质载体来说具有相对独立性，信息与载体容易分离。因而，电子档案管理可以看作是对"动态档案"的管理，"原始性""唯一性"只适于对电子档案某一时间点的属性判断，但无法作为全程管理的属性要求，这也是电子档案需要引进真实性、完整性、可靠性和可用性管理的重要原因。

3. 存储高密度性

电子档案的存储密度大大高于以往各种人工可识读的信息介质。相对于传统的信息存储载体而言，存储电子档案的磁盘、光盘、磁带等载体的容量大，而电子档案信息所占用的存储空间小，从而实现了电子档案的高密度储存。比如单张光盘的存储容量可达几个甚至几百个 GB，单个硬盘的存储容量已达 TB 级，并且随着技术的进步存储密度还在继续加大。电子档案存储的高密度性，为将更广范围的电子数据（文件）纳入档案管理提供了可能。同时要看到，存储的高密度性在一定程度上提高了电子档案管理风险，需要充分运用各种保管保护技术措施保障电子档案安全，并科学选择存储介质，在存储高密度性和安全性之间取得平衡。

4. 信息易变性

电子档案没有固定不变的载体和存储位置，电子档案信息的相对独立性使得对信息的增删更改变得相对容易。同时，随着技术发展，新的信息编码方案、存储格式、系统软件出现，在数据转换和迁移过程中也容易出现信息的损失、变异等现象。电子档案信息存在可变、易变的特点，需要综合采用格式固化、元数据管理等方式保证电子档案的真实性。同时，电子档案信息的易变性意味着电子档案具有很强的可操作性，可以根据需要对电子档案进行编辑、处理，更好地满足用户需求。

5. 信息共享性

传统载体档案通常只能在某时、某地让能够接触到它的人阅读，而电子档案可以不受这种限制，可以通过网络途径进行多终端共享，并且实现有条件的、可控的共享，能够做到在网络的任何终端上去读取存于网络某一设备上的电子档案。电子档案信息的共享性在给用户带来利用便利的同时，也为电子档案知识产权、隐私权管理等提出了更高的要求，需要在电子档案管理中加以重视和解决。

6. 信息可集成性

电子档案的多种信息是可以被集成的，其多种存储形式的信息可以经系统整合后集中呈现。文本、图像、音频、视频等形式的电子数据（文件）都可以运用多媒体技术加以有机组合，使电子档案图文声像并茂，真实地再现当时的活动情况，从而强化了档案对社会活动的记忆和再现功能。

第二节 电子档案的种类

电子档案按照不同的划分标准，可以分为不同类型。常见的划分标准包括按照电子档案的信息形式、数据类型、涉及业务领域或档案门类进行划分。这几种划分方式分别反映电子档案的形式特征、本质特征、业务特征和档案特征，对于认识、管理电子档案具有重要意义。

一、按信息形式划分

按照信息存在形式即电子档案定义中的"不同形式"，电子档案分为文本、图像、图形、音频、视频、数据、程序、多媒体、超文本等。

1. 文本

文本（text）也称作字处理文件，是指使用 WPS、Word 等文字处理软件编辑生成的，由字、词、数字、符号、图表等内容组成的文件。常用文件格式有 WPS、DOC、OFD、PDF 等，另外还有纯文本文件 TXT 等。

2. 图像

图像（image）是指使用数字照相设备、扫描仪等数字设备采集或者使用数字图像处理软件生成的静态画面。如数码照片、用 Photoshop 等图像处理软件制作的效果图等。常用文件格式有 JPG、TIF、PNG、BMP 等。

3. 图形

图形（graphic）是指由外部轮廓线条构成，放大后不会失真的矢量图文件。如计算机辅助设计（CAD）、计算机辅助工程（CAE）、CorelDRAW、Illustrator 等矢量绘图工具生成的设计模型、图纸等。常用文件格式有 DWG、EPS、SWG、STEP 等。

4. 音频

音频（audio）是指用数字录音设备等音频设备录入或用声音编辑软件生成的文件。如数字录音、语音邮件（voice mail）等。常用文件格式有 WAV、MP3 等。

5. 视频

视频（video）是指使用数字摄像设备等视频捕获设备录入的数字影像或使用动画软件生成的二维、三维动画等各种动态画面。如数字影视片、动画片等。常用文件格式有 MPG、MP4、FLV、AVI、MXF 等。

6. 数据

数据（data）是指以数值为主要内容的记录形式，是数据库存储的基本对象。数据一般通过两种方式形成：一是人工输入数据，利用数据库应用程序形成数据库；二是利用传感设备（如温湿度记录仪、条形码扫描器等）自动采集数据。常用文件格式有 CSV、DAT、DBF、MDB 等。需要说明的是，此处采用狭义数据定义，本章第一节《数据安全法》采用的是广义数据定义。

7. 程序

程序（program）是指为处理各种事务用 C/C++、Java、Python 等计算机语言编写的源程序。源程序一般通过编译程序编译后执行，有些还要经过连接程序形成可执行文件后执行。常用文件格式有 CPP、JAVA、PY 等。

8. 多媒体

多媒体（multimedia）是指综合运用图、文、声、像等多种信息形式记录事物或事件面貌的文件。如 PPT 文件、动态网页等。常用文件格式有 DPS、PPT、HTML5 等。

9. 超文本

超文本（hypertext）是指通过超链接功能在相关数据和信息之间以节点链接的形式建立有效关联的文件。如普通网页、电子邮件等。常用文件格式有 HTML、WARC、EML 等。

二、按数据类型划分

按照数据类型不同，电子档案分为结构化数据、非结构化数据和半结构化数据。

1. 结构化数据

结构化数据（structured data）是指由二维表结构来逻辑表达和实现的数据。结构化数据主要通过关系型数据库进行存储和管理，数据通常存储在具有行和列的数据库表中,不同数据库表之间通过主键建立关联关系（见图 1–3）。结构化数据严格遵循数据格式与长度规范,存储和排列很有规律,便于使用计算机查询、统计、分析。常见的结构化数据包括统计信息系统（SIS）、财务管理系统（FMS）、企业资源计划系统（ERP）、医院管理信息系统（HIS）等形成管理的数据等。

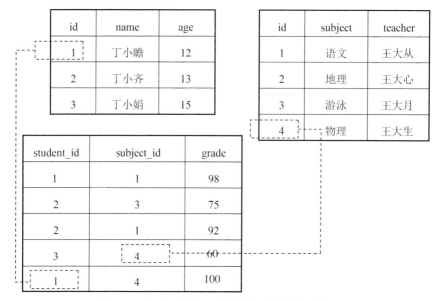

图1-3　学生、学科、成绩数据库表及关联关系

2. 非结构化数据

非结构化数据（unstructured data）是指数据结构不规则或不完整，没有预定义的数据模型，不方便用数据库二维表逻辑表达的数据。非结构化数据格式、标准具有多样性，在技术上比结构化信息更难标准化和理解。非结构化数据包括所有格式的文本、图像、图形、音频、视频等。

3. 半结构化数据

半结构化数据（semi-structured data）是指以自描述的文本方式记录的数据。半结构化数据是结构化数据的一种形式，它通过相关标记分隔语义元素以及对记录和字段进行分层，数据的结构和内容混在一起，不符合关系型数据库或其他数据表的形式关联起来的数据模型结构。常见的半结构化数据包括日志文件、XML文档（见图1-4）、JSON文档（见图1-5）、E-mail等。

```
<Person Age="23">
    <FirstName>John</FirstName>
    <LastName>Smith</LastName>
    <Hobbies>
        <Hobby Type="Sports">Golf</Hobby>
        <Hobby Type="Leisure">Reading</Hobby>
        <Hobby Type="Leisure">Guitar</Hobby>
    </Hobbies>
</Person>
```

图 1-4　XML 文档示例（表示一个人的爱好）

```
{
    "firstName": "John",
    "lastName": "Doe",
    "age": "23",
    "hobbies": [
        { "type": "Sports", "value": "Golf " },
        { "type": "Leisure", "value": "Reading " },
        { "type": "Leisure", "value": "Guitar " }
    ]
}
```

图 1-5　JSON 文档示例（表示一个人的爱好）

需要说明的是，结构化数据、非结构化数据和半结构化数据都是组织机构的重要业务资产和关键生产要素。结构化数据和非结构化数据之间存在相互转化和互为补充的关系。一方面，结构化数据可以通过输出版式文档的方式转化为非结构化数据，满足合规管理和长期保存的需求。另一方面，非结构化数据可以通过 OCR 识别、单据识别、物体识别、基于语义内容的智能标签 / 智能分类、实体抽取、业务元数据等手段和方式转化为结构化数据，满足业务和应用的需求。

三、按涉及业务领域划分

按照涉及业务领域不同，电子档案分为电子公文、电子证照、电子发票、电子合同、电子病历、电子图纸等。

1. 电子公文

电子公文指组织机构在实施领导、履行职能、处理公务中形成的具有特定效力和规范体式的文书，是传达贯彻方针政策，公布法规和规章，指导、布置和商洽工作，请示和答复问题，报告、通报和交流情况等的重要工具。

2. 电子证照

电子证照是指遵循相关技术规范的数字形态的证照，是由计算机等电子设备形成、办理、传输和存储的证照数据文件。它由各单位依法出具具有法律效力和行政效力的专业性、凭证类电子档案，是市场主体和公民活动办事的重要电子凭证，是支撑政府服务运行的重要基础数据。如营业执照、职业资格证书、不动产登记证、毕业证、出生证等。

3. 电子发票

电子发票是指在购销商品、提供或者接受服务以及从事其他经营活动中，开具、收取的以电子方式存在的收付款凭证。电子发票是信息时代的产物，可以为企业节约成本，提高经济效益；有利于信息化监管，提供数据支撑；有利于实现低碳环保、节能减排、经济可持续发展；有利于明确权利义务，保护消费者合法权益。

4. 电子合同

电子合同是指双方或多方当事人之间以电子形式达成的设立、变更、终止财产性民事权利义务关系的协议，通过数据电文、电子邮件等形式明确双方权利义务。电子合同通过电子签章、电子签名等密码技术保障电子合同的真实、完整、有效，与传统纸质合同具有同等的法律效力。

5. 电子病历

电子病历是指用电子设备保存、管理、传输和重现的数字化医疗记录。电子病历基于特定的病历管理信息系统，内容包括纸质病历的所有信息，是电子化的病人记录，为用户访问提供完整准确的数据、警示、提示功能。电子病历不仅能提供准确、快速的检索和查阅，还能进行数据分析，为临床医疗提供辅助诊断支持。

6. 电子图纸

电子图纸是指利用计算机软硬件系统辅助人们对产品或工程进行设计、修改及显示输出的一种电子档案，广泛应用于生产制造、工程设计等领域，呈现出专业性、多样性等特点。如计算机辅助设计文件等。

四、按档案门类划分

按照《机关档案管理规定》，机关档案分为文书、科技、人事、会计、专业、照片、录音、录像、业务数据、公务电子邮件、网页信息、社交媒体、实物档案等门类。企业档案一般包括管理类档案（党群工作档案、行政管理档案、生产管理档案、经营管理档案）、产品（业务）档案、基本建设档案、设备仪器档案、科研档案、会计档案、人事档案等。二者在门类划分上有详略、级次之分，但基本内容大致相同。

按照上述档案门类划分，电子档案分为电子文书档案（或称文书类电子档案）、电子科技档案、电子人事档案、电子会计档案、电子专业档案、数码照片、数字录音、数字录像、业务数据、公务电子邮件、网页信息、社交媒体。

电子档案按照门类划分，可以将电子档案管理纳入档案管理体系，并按照各门类档案特点开展相应的管理活动。当然，在高度重视电子档案以门类方式进行划分的同时，也要考虑其他划分方法为电子档案管理带来的管理思路、方法和手段的变化。

电子档案不同分类之间的对应关系见表1-1。

表1-1　电子档案不同分类对应关系

档案门类	信息形式	数据类型	业务领域
文书	文本	非结构化数据	电子公文、电子合同
科技	文本、图形、程序	非结构化数据	电子图纸
人事	文本、数据	非结构化数据 结构化数据	
会计	文本、数据	非结构化数据 结构化数据	
专业	文本	非结构化数据	电子证照、电子发票、电子病历
照片	图像	非结构化数据	
录音	音频	非结构化数据	

档案门类	信息形式	数据类型	业务领域
录像	视频	非结构化数据	
业务数据	数据	结构化数据	电子证照、电子发票、电子病历数据
公务电子邮件	文本	半结构化数据	
网页信息	超文本、多媒体	半结构化数据	
社交媒体	超文本、多媒体	半结构化数据	

第三节 电子档案要素

一、电子档案要素构成

电子档案要素是指构成电子档案的基本单元。电子档案要素是了解电子档案构成、对电子档案进行针对性管理的重要依据。电子档案的构成要素在国际档案界有多种观点，主要有三要素观、四要素观、五要素观等。

1. 三要素观

三要素观是国际档案理事会电子档案委员会于 1997 年在《基于档案视角的电子档案管理指南》（Guide For Managing Electronic Records From an Archival Perspective）中提出的。该指南将档案定义为：由机构或个人在其活动的开始、进行和结束过程中产生或接收的记录信息，不管记录信息的形式和载体如何，该记录信息由足以为其活动提供凭证的内容、背景和结构组成（A record is recorded information produced or received in the initiation, conduct or completion of an institutional or individual activity and that comprises content, context and structure sufficient to provide evidence of the activity regardless of the form or medium），即档案由内容（content）、背景（context）

和结构（structure）"三要素"构成。"三要素"提出后得到广泛认可和接受，对于确定电子档案组成、规范电子档案管理具有重要意义。

2.四要素观

美国、欧盟等国家和国际组织在三要素观基础上，增加了外观（presentation）这个新要素，形成"四要素"。"四要素"的主要内容是：电子档案是由内容、结构、背景和外观构成，其中内容、结构和背景在长期保存过程中不可改变，但是呈现方式，即外观可能会变化。

3.五要素观

电子系统中档案真实性永久保障国际合作项目（International Research on Permanent Authentic Records in Electronic Systems，InterPARES）提出的"电子档案要素分析模板"将构成要素分为五个方面，形成"五要素"，即具备固定的内容和成文形式，并且以固定在载体上的方式存在；参与一个由拥有相应权限的机构或个体发起的、旨在改变境况的行动；具备档案联（archival bond）；最基本的档案形成人员（即作者、著者、接收者、拥有者和网络地址提供者）；具备五个可识别的环境（即司法—行政环境、来源环境、程序环境、记录环境和技术环境）。

上述观点虽然不尽相同，但都具有一定理论和实践价值。三要素观对于理解、规范电子档案的基本构成具有重要指导意义，为电子档案管理中的元数据管理提供直接理论依据。四要素观中的外观要素有助于理解在电子档案管理过程中对电子公文、电子发票等外观呈现方式提出的要求。五要素观从电子档案构成向电子档案管理作出了积极探索。考虑到国际档案理事会电子档案委员会三要素观最为普及，本书采用电子档案三要素观，即电子档案由内容、背景和结构组成。

按照三要素观，电子公文、数据库文件的构成要素情况见图1-6。

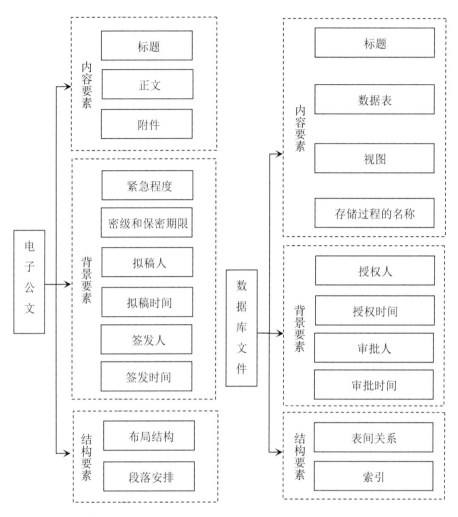

图1-6　电子公文、数据库文件构成要素示例

二、电子档案内容

电子档案内容（content）是指以字符、图形、图像、音频、视频等形式表示的电子档案的主题信息，是电子档案所包含的信息主体。电子档案的类型不同,电子档案的内容也可能不同。比如电子公文的发文字号、标题、主送机关、正文、责任者、时间等信息，电子发票的购买方名称、纳税人识别号、货物名称、数量、单价、金额等信息，数据库文件标题、数据表、

视图、存储过程的名称等信息，都是业务活动中表达作者意图的信息，应当归类为电子档案的内容要素。

三、电子档案背景

电子档案背景（context）是指能够证明电子档案形成过程和档案之间相互关系的信息。根据《基于档案视角的电子档案管理指南》，一份电子档案至少有三类背景信息：

1. 包含在电子档案内的背景信息。比如电子公文的紧急程度、密级和保密期限、拟稿人、拟稿时间、签发人、签发时间等，数据库文件的授权人、授权时间、审批人、审批时间等。

2. 全宗内该电子档案与其他相关档案之间的有机联系。如关于同一业务活动或主题的电子档案之间的关联关系，关于同一事由的往来电子档案关联关系等。

3. 创建电子档案的活动，包括电子档案得以形成的工作事项、业务活动，电子档案的拟制或办理过程，电子档案形成、管理的技术环境等。

《电子档案管理基本术语》（DA/T 58-2014）将背景概括为行政背景、来源背景、业务流程背景以及技术背景。在电子档案管理过程中，背景信息具有重要作用，其中最主要的是为电子档案的真实、可靠和完整提供证明。

四、电子档案结构

电子档案结构（structure）是指电子档案的内容信息的组织和表达方式，分为逻辑结构和物理结构。逻辑结构是对电子档案内容各信息单元之间关系的描述，即信息的组织方式，比如正文和附件，多媒体文件中图、文、声、像的结合，以及超文本文件的链接等。物理结构则是指电子档案的计算机文件格式，以及在存储载体中的存储位置等，它决定了从存储系统找到电子档案的寻址方向与方法，从电子档案内部正确地读出电子档案内容、版面格式等信息的规则。因此，记录电子档案的结构是实现电子档案长期可用、安全的重要保障。

第四节　电子档案元数据

一、元数据概述

1. 元数据定义

元数据（Metadata）是描述数据的数据（data about data）。电子档案元数据是指描述电子档案内容、背景、结构及其管理过程的数据，是电子档案管理的重要工具，同时也是电子档案管理的重要对象。

电子档案元数据是结构化数据，与档案著录、数据治理有着天然的紧密联系。从传统档案管理的角度来看，元数据之于电子档案，相当于著录信息之于传统载体档案，可以将元数据看成是信息化环境中著录信息；从数据治理的角度来看，元数据之于电子档案，相当于数据管理领域中的元数据之于主数据，数据治理中元数据的管理思路、方法可以用于电子档案元数据管理（见图 1-7）。

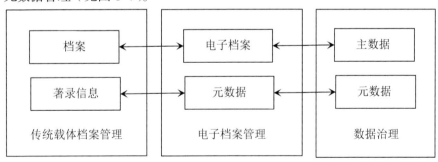

图 1-7　不同领域元数据相互之间类比关系

2. 元数据呈现形式

电子档案元数据在呈现形式上会由于与电子档案关系的不同有所区别。电子档案与元数据关系主要包括伴随、包含、链接、打包四种形式。

（1）伴随是指元数据是电子档案本身携带的属性信息，由应用系统自动记录或者通过人工方式著录，比如数码照片宽度、高度、分辨率、摄影机型号等属性信息（见图 1-8）。

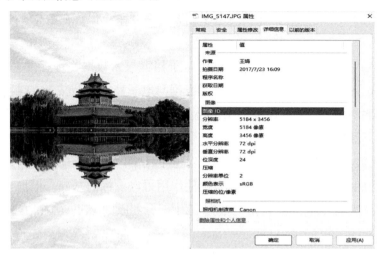

图 1-8 数码照片及其元数据示例

（2）包含是指电子档案正文当中包含的元数据，比如电子公文的成文时间、设计图纸的作者等（见图 1-9）。

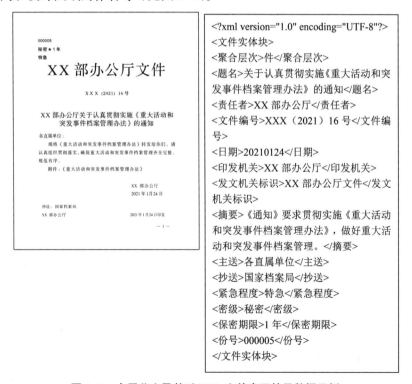

图 1-9 电子公文及其以 XML 文件表示的元数据示例

（3）链接是指元数据与电子档案独立保存，元数据通过利用指针、链接维护二者的关联，比如与电子档案存在联系、保存在数据库中的元数据。

（4）打包是指采用技术工具将电子档案与元数据物理存放在一起，封装成一个计算机文件，比如将元数据与电子档案封装成 VEO 封装包、METS 封装包、EEP 封装包、ZIP 封装包等。

3. 元数据作用

元数据最基本的作用是提供了对电子档案内容、背景、结构及其管理过程的全面描述，这是元数据其他作用得以发挥的基础。根据《信息与文献 档案管理过程 档案元数据 第 1 部分：原则》（ISO 23081-1：2017 Information and documentation—Records management processes—Metadata for records—Part 1: Principles），元数据以如下方式为业务和档案工作提供支持：

（1）保护档案的证据特性并确保档案的长期可获取性和可用性；

（2）便于对档案的理解；

（3）支持并保证档案的证据价值；

（4）便于确保档案的真实性、可靠性和完整性；

（5）对访问管理、隐私管理和权限管理提供支持和管理；

（6）支持高效率的检索；

（7）通过确保在各种技术环境和业务环境下可靠地捕获档案从而支持互操作策略，并使档案持续性地得到长久保存；

（8）在档案与其形成的背景信息之间进行逻辑链接，并以一种结构化的、可靠的和有效的方式维护这种链接；

（9）为识别形成和捕获数字档案的技术环境提供支持，同时对维护档案的技术环境的管理提供支持，以便在需要真实性档案时可以随时复制档案；

（10）为实现档案在不同环境、计算机平台或保管策略之间的有效迁移提供支持。

总之，电子档案元数据有助于电子档案真实性、完整性、可用性（详见第二章第二节），支持档案的安全管理，支持档案的高效检索，支持整个档案管理流程及其集成与优化。

二、元数据标准

元数据标准（metadata standards）一般包括完整描述一个具体对象所需的数据项集合、各数据项语义定义、著录规则和计算机应用时的语法规定，是关于元数据管理的、可以重复使用的最佳实践。应用比较广泛的电子档案元数据标准主要包括以下内容。

1.《信息与文献 档案管理过程 档案元数据 第 1 部分：原则》（ISO 23081-1:2017 Information and documentation—Records management processes—Metadata for records—Part 1: Principles，2006 年版被等同采标为 GB/T 26163.1-2010）

2.《信息与文献 档案管理元数据 第 2 部分：概念和实施问题》（ISO 23081-2:2021 Information and documentation—Metadata for managing records—Part 2: Conceptual and implementation issues）

3.《信息与文献 档案管理元数据 第 3 部分：自我评估方法》（ISO/TR 23081-3:2011 Information and documentation — Managing metadata for records — Part 3: Self-assessment method）

4.《文书类电子文件元数据方案》（DA/T 46-2009）

5.《照片类电子档案元数据方案》（DA/T 54-2014）

6.《录音录像类电子档案元数据方案》（DA/T 63-2017）

三、元数据方案

元数据方案（metadata schema）是对电子档案元数据元素的语义、语法、赋值及其相互关系（结构）的系统性规定，是指导元数据管理工作的基本依据。设计和建立元数据方案，一般从三个方面着手：一是定义和标识元数据实体，明确元数据分类。二是确定各实体包含的元数据元素，并对元数据元素进行详细定义。三是编制形成元数据表，便于元数据方案呈现和使用。

1. 元数据实体

元数据实体是指按照一定分类逻辑或方法将元数据元素分为不同部

分，以便于更好地组织和管理元数据。电子档案元数据实体划分依据是 ISO 23081–1：2017 和 ISO 23081–2：2021 确定的电子档案元数据模型，又习惯称作"法规三元组"模型（见图 1–10）。

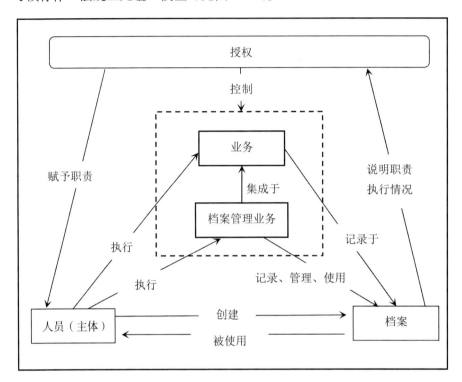

图 1–10　电子档案元数据概念实体模型

该模型将元数据类型划分为档案、主体、业务、授权、关系五大实体（即五大类型）。其中档案实体是指关于档案自身的元数据；主体实体是指负责或参与档案形成和管理的个人、机构的元数据；业务实体是指形成档案的业务和档案管理业务两部分的元数据；授权实体是指规范档案、主体、业务的制度规范和授权的元数据；关系实体是指档案、主体、业务、授权四类实体之间关系的元数据。

电子档案元数据实体具体内容见图 1–11。

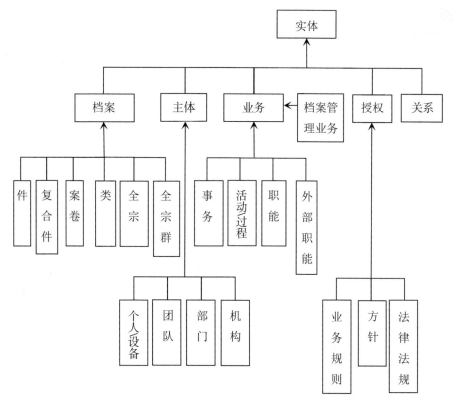

图 1-11　电子档案元数据实体内容

　　ISO23081 元数据实体模型作为电子档案元数据标准制定的主要参考模型，不同门类电子档案可以按照档案、主体、业务、授权、关系的划分方法，分别确定每个实体需要留存的元数据元素，形成元数据方案。目前已经发布实施的《文书类电子文件元数据方案》（DA/T 46-2009）、《照片类电子档案元数据方案》（DA/T 54-2014）、《录音录像类电子档案元数据方案》（DA/T 63-2017）在确定元数据类型时都参照了该模型。其中，《文书类电子文件元数据方案》完全按照实体模型设立了五大实体，但《照片类电子档案元数据方案》《录音录像类电子档案元数据方案》考虑到关系实体在系统实现难度较高且容易造成实体之间元数据内容交叉，因而只设立了档案、主体（机构人员）、业务、授权实体，未单设关系实体（见表 1-2）。

表1-2　照片类电子档案元数据方案实体类型及描述

中文名称	英文名称	描述
档案实体	record entity	描述任一聚合层次的电子档案本身的元数据集合
业务实体	business entity	描述电子档案得以形成以及管理的职能业务活动的元数据集合，包括电子档案的创建、收集、归档、转换、迁移、处置等管理活动
机构人员实体	agent entity	描述负责实施电子档案管理活动的个人或组织的元数据集合
授权实体	mandate entity	描述电子档案形成、管理活动的授权的元数据集合，包括法律、法规、政策、标准与业务规则等

2. 元数据元素

元数据元素又称作元数据项，是指通过标识、定义、约束性、值域等一组属性描述的数据单元，即在元数据管理中需要确定的元数据项目。

元数据元素相当于档案著录项，是元数据所描述的档案某一方面的特征信息，比如"聚合层次""来源""档号""责任者"等。在对元数据进行设计时，要按照《信息技术 元数据注册系统（MDR）第3部分：注册系统元模型与基本属性》（GB/T 18391.3–2009/ISO/IEC 11179–3:2003）有关要求对元数据元素进行详细描述，确保能够按照统一的规范要求捕获或著录元数据。

表1-3为《录音录像类电子档案元数据方案》（DA/T 63–2017）元数据元素描述方法。其中，编号是指用来标识元数据元素的符号或代号；定义是对元数据元素含义的描述；约束性是指元数据与元素的强制性程度，分"必选""条件选"和"可选"；值域是指元数据元素的取值范围。

表1-3　元数据元素描述方法

编号	按一定规则排列的元数据顺序号
中文名称	元数据的中文标识
英文名称	元数据的英文标识
定义	元数据含义的描述

目的	描述该元数据的必要性和作用
适用门类	该元数据适用的档案门类
约束性	采用该元数据的强制性程度，分"必选""条件选""可选"，"必选"表示必须采用，"条件选"表示在特定环境和条件下必须采用，"可选"指根据需要选用或不选用
可重复性	元数据是否可用于多次描述同一个实体
元数据类型	元数据所属的类别。本标准将元数据分为容器型、复合型和简单型
数据类型	元数据值的数据类别，是数据结构中具有相同数学特性的值的集合以及定义在该集合上的一组操作。容器型元数据无需著录
编码修饰体系	描述该元数据应遵循的编码规则。容器型元数据无需著录
值域	可以分配给元数据的值。容器型元数据无需著录
缺省值	该元数据的默认值。容器型元数据无需著录
子元数据	该元数据具有的下属元数据
信息来源	元数据值的捕获节点和方法。容器型元数据无需著录
应用层次	该元数据能够应用的聚合层次，如：宗、类、卷、件，其逻辑结构参见附录 C，该文件聚合层次模型引自 GB/T 29194-2012。本标准各元数据的应用层次主要为卷、件
相关元数据	与该元数据有密切联系的元数据
著录说明	关于该元数据著录、赋值的规范性说明与示例。该元数据的著录详简程度需要著录人员在著录过程中根据其上位元数据、其他相关联元数据的著录情况予以确定，具体实践可参见附录 D、附录 E
注释	对元数据的进一步说明

表 1-4 是按照这一描述方法对录音录像类电子档案"题名"元数据元素进行的详细描述。从描述的情况来看，"题名"是字符型元数据，为必选项，要求著录人员手工赋值，对这个元数据的属性、要求等做了详细规定。

表 1-4　题名元数据详细描述示例

编号	M7
中文名称	题名
英文名称	title
定义	能揭示录音录像类电子档案中心主题的标题或名称

目的	描述录音录像类电子档案主要内容及其形成的业务背景；为录音录像类电子档案的真实、完整和可用提供保障；为利用者提供检索点
适用门类	录音、录像
约束性	必选
可重复性	不可重复
元数据类型	复合型
数据类型	字符型

编码修饰体系	标识	名称
	DA/T 18-1999	档案著录规则

值域	
缺省值	
子元数据	

信息来源	捕获节点	捕获方式
	录音录像类电子档案在电子档案管理系统或数字档案馆应用系统登记之后，对该元数据进行著录或修改之时	由著录人员在电子档案管理系统或数字档案馆应用系统手工赋值

应用层次	卷、件
相关元数据	时间（M13），主题（M19），职能业务（M76）
著录说明	题名应能准确揭示录音录像类电子档案记录的主要内容，包括业务活动、主要人物等
注释	为避免录音录像类电子档案题名的烦琐、冗长，可结合职能业务元数据对业务活动的描述，以精练的文字构成题名

3. 元数据表

元数据表是指在明确元数据实体、各实体包含的元数据项并对每一项元数据元素进行详细描述的基础上，将所有的元数据元素汇总起来的元数据汇总表（见表 1-5）。元数据表简洁、直观，可以结合元数据元素详细描述指导元数据的编制和管理工作。

表 1-5 元数据表（部分）

编号	中文名称	英文名称	约束性	可重复性	元数据类型	数据类型	捕获方式
M1	档案馆代码	archives identifier	可选	不可重复	简单型	字符型	自动
M2	统一社会信用代码	unified social credit identifier	可选	不可重复	简单型	字符型	自动
M3	档案门类代码	archival category code	可选	不可重复	简单型	字符型	自动
M4	聚合层次	aggregation level	必选	不可重复	简单型	字符型	自动
M5	唯一标识符	identifier	可选	不可重复	简单型	字符型	自动
M6	档号	archival code	必选	不可重复	复合型	字符型	自动
M7	题名	title	必选	不可重复	复合型	字符型	手工
M8	责任者	author	必选	不可重复	简单型	字符型	手工
M9	摄录者	recording agent	必选	不可重复	简单型	字符型	手工
M10	编辑者	editor	可选	不可重复	简单型	字符型	半自动
M11	著录者	described by	可选	不可重复	简单型	字符型	半自动
M12	数字化责任信息	digitization responsibility information	可选	不可重复	简单型	字符型	半自动
M13	时间	date/time	必选	不可重复	容器型		
M14	摄录时间	recording date/time	必选	不可重复	简单型	日期时间型/字符型	自动
M15	编辑时间	edit date/time	可选	不可重复	简单型	日期时间型	半自动
M16	数字化时间	digitization date/time	可选	不可重复	简单型	字符型	自动
M17	时间长度	length	必选	不可重复	简单型	日期时间型	自动
M18	总帧数	total frames	可选	不可重复	简单型	整数型	自动
M19	主题	subject	可选	可重复	容器型		
M20	内容描述	content	条件选	不可重复	简单型	字符型	半自动
M21	内容起始时间	beginning time	条件选	不可重复	简单型	日期时间型	半自动

编号	中文名称	英文名称	约束性	可重复性	元数据类型	数据类型	捕获方式
M22	内容结束时间	ending time	条件选	不可重复	简单型	日期时间型	半自动
M23	来源	provenance	可选	不可重复	容器型		
M24	获取方式	acquisition approaches	条件选	不可重复	简单型	字符型	半自动
M25	来源名称	provenance name	条件选	不可重复	简单型	字符型	半自动
M26	源文件标识符	source identifier	可选	不可重复	简单型	字符型	半自动

第二章
电子档案管理

第一节　电子档案管理理论

电子档案管理是对电子档案的各项管理流程进行高效和系统的控制，以保障电子档案的真实性、完整性、可用性和安全性，发挥电子档案记录、凭证和资产作用的过程，需要电子档案管理理论的有力支持。电子档案管理理论主要包括档案管理理论、数据治理理论和知识管理理论。

一、档案管理理论

电子档案管理理论包括档案生命周期理论、档案连续体理论、档案后保管理论等。

1. 档案生命周期理论

档案生命周期（The Life Cycle of Records）理论是指导档案全过程管理的基本理论，是现代档案学成熟的重要标志。其主要内容有三点：第一，档案从其形成到销毁或永久保存，是一个完整的运动过程；第二，由于档案价值形态的变化，这一完整过程可划分为若干阶段；第三，档案在每一阶段因其特定的价值形态而与服务对象、保存场所、管理形式之间存在一种内在的对应关系（见图2-1）。档案生命周期理论准确地揭示了档案运动的整体性和内在联系，为档案全过程管理奠定了理论基础；准确地揭示了档案运动的阶段变化，为档案的阶段式管理提供了实践原则；准确地揭示了档案运动过程的前后衔接和各阶段的相互影响，为实施文档一体化管理、对档案进行前端控制提供了理论支持。档案生命周期理论与我国电子档案实践相结合，衍生了比较系统的文档一体化和前端控制思想。

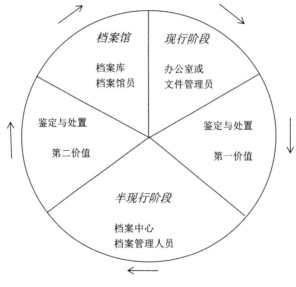

图2-1　档案生命周期模型

　　文档一体化思想是指将文件管理和档案管理作为一项系统工程，建立覆盖电子档案全部活动的控制体系，实现从文件生成制发到归档管理的全过程控制的档案管理思想。文档一体化的主要内容包括：一是文档实体生成一体化，即对公文等电子档案从生成、流转、归档形成档案，直至档案被销毁为止的整个生命周期进行全面管理；二是文档管理一体化，就是从管理体制、组织机构、人员配备等方面保证一体化的实现；三是文档信息利用一体化，利用信息时不必考虑信息是文件还是档案信息，用一条检索命令即可查到所需的全部文档信息；四是文档规范一体化，在建立文档一体化系统时需要进行协调处理，制定出符合实际情况的文档一体化规范。

前端控制思想是指在需要和可能的情况下，将电子档案全程管理的要求在文件形成前端实现或部分实现的档案管理思想。前端控制思想理论的核心理念是"整体规划、业务环节提前、全过程监控"：整体规划要求将文件管理与档案管理中涉及的所有因素统筹加以考虑，并纳入电子档案管理系统，以功能合理的档案管理系统作为管好电子档案的先决条件；业务环节提前要求即在对电子档案生命周期的全过程通盘规划的基础上，把某些分散在各个业务环节关系到电子档案真实、完整、可用和安全的一些要求提前实施；全过程监控要求将文件形成到档案永久保存或销毁的不同阶段看作一个完整的过程，并针对全过程进行统一监控管理。

（1）电子档案生命周期理论

在传统档案生命周期理论基础上，国际档案理事会电子档案委员会在《基于档案视角的电子档案管理指南》中提出了"电子档案生命周期"（The Life Cycle of Electronic Records）概念，并借鉴了软件生命周期的分法将其划分为概念阶段（concept stage）、产生阶段（creation stage）、维护阶段（maintenance stage）。其中，概念阶段是指电子信息系统的设计、开发和安装阶段，在这一阶段完成对机构内部信息流和信息处理的分析，以及对适当的技术的挑选、获取和安装；产生阶段是指具体的电子档案在这种可靠的电子信息系统环境中的制作与生成，是电子档案产生并作为真正的"档案"保管起来的阶段；维护阶段是指档案产生之后直至它被销毁或永久保存的整个过程。

电子档案生命周期理论着眼于电子档案信息系统而不是档案管理本身，着眼于电子档案管理活动流程而不是价值形态变化，与传统理论区别很大。国内外学者结合传统档案生命周期理论对此进行了修正、补充，形成了电子档案生命周期理论的基本内容：第一，电子档案从形成到销毁或永久保存是完整运动过程，这一过程应纳入统一的电子档案管理系统。第二，电子档案完整运动过程依据档案价值形态变化分为若干阶段，但后阶段电子档案具有向前阶段转化的可能。第三，电子档案在每一阶段因特定价值形态具有不同服务对象和管理方式，但对应关系有所弱化。第四，电子档案运动过程应加强全程管理和前端控制，起点需延伸至电子档案管理系统的设计。

总之，电子档案生命周期理论是对传统档案生命周期理论的深化和升级，提出了更加符合电子档案运动特点和管理规律的电子档案管理新思路，为科学地开展电子档案管理工作奠定了更加坚实的理论基础。

（2）DCC数字管护生命周期模型

英国数字管护中心（Digital Curation Center，DCC）2008年提出的数字管护生命周期模型（The DCC Curation Lifecycle Model，见图2-2）是在电子档案生命周期理论基础上发展起来的、侧重电子档案长期保存的理论模型。

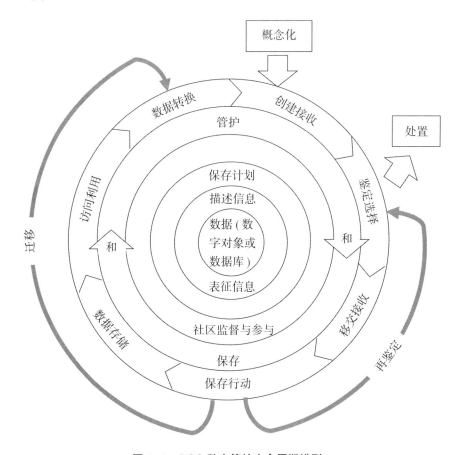

图2-2　DCC数字管护生命周期模型

该模型将以电子档案在内的电子数据（数字对象或数据库）为中心，将任何二进制数字形式的信息都作为管护生命周期模型的管理对象。围绕管理对象，模型由内至外分为全生命周期活动层、顺序操作活动层和可选操作活动层（见表2-1）。全生命周期活动层是指贯穿电子数据整个生命周期的管理活动流程，包括描述信息和表征信息、保存计划、社区监督与参与、管护和保存。顺序操作活动是指只在电子数据生命周期某个阶段才会涉及的管理活动流程,包括概念化、创建接收、鉴定选择、移交接收、保存行动、数据存储、访问利用、数据转换。可选操作活动是在顺序操作活动中可能会出现、需要选择性开展的管理活动流程,包括处置、再鉴定、迁移。

表 2-1　DCC 数字管护生命周期模型内容

数据（数字对象或数据）	
数字对象	简单的数字对象是离散的数字项目,如文本文件、图像或声音文件,以及它们的相关标识符和元数据。 复杂数字对象是离散的数字对象,由许多其他数字对象组成,如网站。
数据库	存储在计算机系统中的记录或数据的结构化集合。
全生命周期活动	
描述信息和表征信息	采用适当的标准分配管理性、描述性、技术性、结构性和保存性元数据,以确保对长期保存过程中对数字资源进行充分的描述和控制。收集和分配所需的表征信息,以理解与呈现数字资源以及相关元数据。
保存计划	做好贯穿数字资源整个管护生命周期的保存计划,包括对所有管护生命周期活动的管理和计划。
社区监督与参与	对适当的社区活动保持关注,参与社区共享的标准、工具和适合软件的开发工作。
管护和保存	了解并实施管理和行政活动,以促进数字资源整个生命周期的管护和保存。
顺序操作活动	
概念化	构思和计划数据的创建,包括获取方法和存储选项。
创建接收	创建数据及其管理性、描述性、结构性和技术性元数据。保存元数据也可以在创建环节被添加。 根据归档收集策略,从数据创建者、其他档案库、存储库或数据中心接收数据,并在需要时分配适当的元数据。

鉴定选择	遵循书面指导、政策或法律规定对数据进行鉴定，并有选择地进行长期管护和保存。
移交接收	遵循书面指导、政策或法律规定将数据传输到档案库、存储库、数据中心或其他保管人。
保存行动	采取行动确保有价值的数据得到长期保存。保存措施应确保数据在保持其完整性的同时，仍然保持真实性、可靠性和可用性。具体操作包括数据清理、验证、分配保存元数据、分配表征信息以及确保可接受的数据结构或文件格式。
数据存储	按照相关标准以安全的方式存储数据。
访问利用	确保指定的用户和授权用户日常访问数据。数据可能是以信息公开发布的形式出现的。可以使用良好且具有稳健性的访问控制和身份验证程序。
数据转换	从原始数据中创建新的数据，例如：通过迁移到一个不同的格式；通过选择或查询创建一个可能用于发布的结果集。
可选操作活动	
处置	处理那些按照政策、指导或法律规定未被选择作为长期管护和保存的数据。一般情况下，这些数据可能被转移到另一个档案库、存储库、数据中心或其他保管人。在某些情况下，数据会被销毁。考虑到法律因素和数据的特殊性质，有必要对数据进行安全可靠的销毁。
再鉴定	将未通过验证程序的数据退回进行重新评估和选择。
迁移	将数据迁移到其他格式。这样做可能是为了符合存储环境的要求，或确保数据免遭软硬件设备淘汰的影响。

　　DCC 数字管护生命周期模型遵循《空间数据和信息传输系统 开放档案信息系统（OAIS）参考模型》（ISO 14721:2003 Space data and information transfer systems—Open archival information system（OAIS）—Reference model）的总体框架，本质上来说是一种通用的数字资源管理工具，可以与相关标准结合，用于规划不同颗粒度的数字资源管护和保存活动，以确保数字资源全生命周期的连续性。该模型具有良好的适用性，一方面广泛

适用于包括电子档案在内的各种电子数据，另一方面不仅可以应用于电子档案长期保存策略制定和风险识别防范，同时也为电子档案日常管理提供了实施路径，对于电子档案管理尤其是档案馆电子档案管理具有重要参考价值。

2. 档案连续体理论

档案连续体（Records Continuum）理论是继生命周期理论之后提出的一个新的档案运行基础理论。档案连续体理论构筑了一个多维坐标系来描述档案的运动过程，包括四个坐标轴：一是管理轴，选取的四个坐标分别是文件、档案、全宗和全宗集合；二是凭证轴，选取的四个坐标分别是行为轨迹、活动凭证、机构记忆和集体记忆；三是业务轴，选取的四个坐标分别是行为、活动、职能和目标；四是实体轴（形成者轴），选取的四个坐标分别是个人、部门、机构和社会（见图2-3）。在这一多维坐标体系中，档案管理轴是核心轴，因为它的变化带动了其他坐标轴的相应变化。

档案连续体理论通过描述管理轴上四个坐标的变化引发实体轴、业务轴和凭证轴上特定坐标的相应变化，揭示出档案的四维运动过程。第一维是文件，对应的形成者是某一具体的个人，反映的业务活动是某一具体的行为，表现出的价值形式为具体行为的轨迹。第二维是档案，即一组文件的集合，对应的形成者是机构内部的一个部门，反映的业务活动是包含若干行为的某一活动，表现出的价值形式为活动的凭证。第三维是全宗，即一个机构所有案卷的集合，对应的形成者是一个特定的机构，反映的业务活动是包含若干活动的某一职能，表现出的价值形式为机构记忆。第四维是全宗集合，即所有全宗的集合，对应的形成者是整个社会，反映的业务活动是社会的意志，表现出的价值形式为社会记忆。

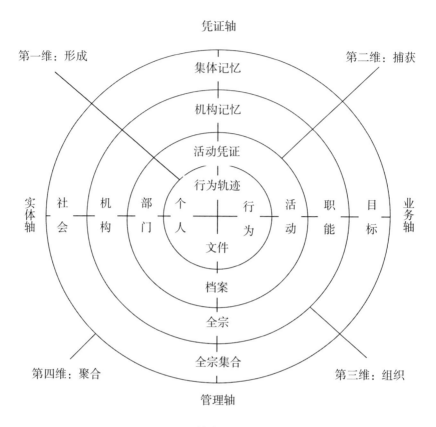

图 2-3　档案连续体模型

　　档案连续体理论的核心贡献在于将档案的运动过程视为一个连续统一体，既包含档案自身的连续性和整体性，也涵盖了档案管理过程的连续性和整体性，充分体现了档案运动在时间和空间上的多维性、连续性和整体性，避免了档案生命周期理论的线性思维，同时极大丰富和拓展了档案管理要素，对于从不同维度思考电子档案管理思路和要求、系统构建电子档案管理工作体系具有启发意义。需要注意的是，档案连续体理论并非专门针对电子档案管理提出的理论框架模型。从应用范围来看，我国主要将档案连续体理论应用于档案管理实践、电子档案管理、其他理论框架和模型的开发中，应用场景和类型相对单一；国外除此之外还应用于社会化档案资源管理、集体记忆、社会正义与人权维护、教学与科研、信息管理专业素养等多元领域，在应用广度和深度上值得参考借鉴。

3.档案后保管理论

档案后保管理论（Postcustodial Theory of Archives）是在后现代语境和数字环境下发展起来的档案管理理论，是档案学基础理论的后起之秀。档案后保管理论的主要内容包括：一是在档案管理中不再局限于档案本身的保管，更加关注档案、档案形成者及其形成过程的有机联系、目的、意图、相互关系、职能和可靠性；二是在档案管理中不再局限于档案保管地点的选择，更加关注如何建设一个适合的档案管理体系，以确保电子档案的真实、完整、可靠、安全与可用；三是在档案管理中不再局限于档案的闭门保管，更加关注如何积极地塑造档案，实现档案管理者从实体保管员向知识提供者的过渡；四是在档案管理中不再局限于阶段式保管，更加关注整体过程，高度重视不同阶段管理者的合作以及管理活动的连续性。

档案后保管理论着眼于对既有档案管理状态和秩序的解构、质疑和超越，在重新审视档案保管模式和方法的基础上，重新定义档案馆职能、社会责任和档案工作者角色，对于更新档案工作定位和流程，拓展电子档案管理思路和方法，推进档案工作数字化转型具有重要参考价值和启发意义。

二、数据治理理论

近年来，数据治理作为数据的核心管理手段得到了各国政府、企业、个人的高度关注，纷纷将数据治理纳入政务活动、企业治理、经营管理等领域，数据治理的理念、法规、方法、工具也得到了蓬勃发展。电子档案管理作为数据管理的组成部分和重要阶段，数据治理理论和方法同样适用于电子档案管理。借鉴数据科学的理论和方法，融入数据管理和数据科学，是重新建构和塑造档案学科、深化电子档案管理的重要途径。

1.国际数据治理模型

目前国际上应用比较广泛的数据治理理论体系主要是国际数据管理协会（Data Management Association，DAMA）数据治理理论框架和卡耐基梅隆大学软件工程研究所（SEI）推出的数据管理成熟度模型（Data Management Maturity，DMM）。DAMA从数据治理生命周期角度对数据资产的管理行使权力和控制的活动（规划、监控和执行）进行了重点研究，定义了数据治理、数据架构管理、数据开发、数据操作管理、数据安全管理、参考数据和主数据管理、数据仓库和商务智能管理、文档和内容管理、元数据管理、数据质量管理 10 个领域，以及目标和原则、活动、主要交付物、角色和职责、技术、实践和方法、组织和文化 7 个环境因素，为数据管理提供了完整的结构体系。DMM 模型主要用于改善整个业务领域的数据管理实践，由数据管理战略、数据治理、平台和架构、数据运营、数据质量等五大核心过程域和一套支撑流程组成。

2. 国内数据治理模型

国内数据治理框架和标准主要是《信息技术服务 治理 第 5 部分：数据治理规范》（ GB/T 34960.5–2018 ）和《数据管理能力成熟度评估模型》（ Data management Capability Maturity Model， DCMM， GB/T 36073–2018 ）。

GB/T 34960.5–2018 提出了数据治理的总则、框架，明确了数据治理的顶层设计、数据治理环境、数据治理域及数据治理过程四大部分（ 见图 2-4 ），为数据治理体系的建设提供了参考。

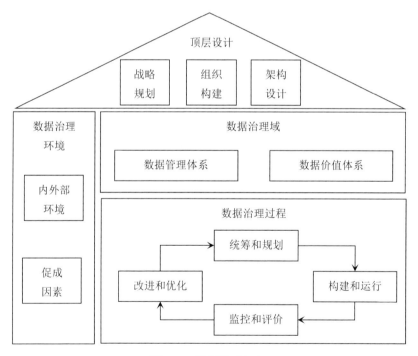

图 2-4　数据治理框架

DCMM（ 见图 2-5 ）参考了 DAMA 发布的 DMBOK 中的先进经验和方法，并结合了国内数据管理整体的水平和现状，按照组织、制度、流程、技术对数据管理能力进行了分析、总结，提炼出数据战略、数据治理、数据架构、数据标准、数据质量、数据安全、数据应用、数据生存周期 8 个能力域及 28 个能力项，重点关注数据的管理过程和方法，是包含标准规范、管理方法论、评估模型等多方面内容的综合框架，旨在指导科学、规范、安全进行数据的全生命周期管理和应用，引导、支撑组织机构在生产、经营、管理等环节进行数字化转型升级。DCMM 体系与 DAMA 相比，增加了数据战略、数据标准等核心领域，去掉了文档和内容管理领域，符合中国的数据治理现状，既为电子档案管理提供了数据管理思路和方法参考，同时也为电子档案建立自己的管理体系留下了空间。

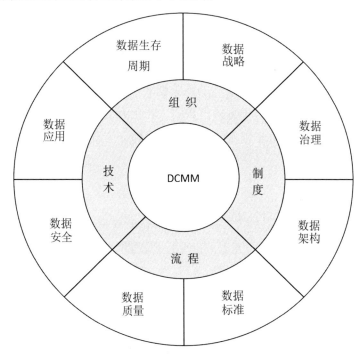

图 2-5　数据管理能力成熟度评估模型

三、知识管理理论

数据、信息、知识和智慧是人类认识客观事物过程中不同阶段的产物，从数据到信息到知识再到智慧，是一个从低级到高级、内涵和外延不断增长的认识过程。电子档案管理作为数据管理、信息管理的重要内容，应用知识管理和知识工程的方法进行电子档案管理是拓展电子档案管理思路、推动电子档案管理进入新阶段的重要方向。

1.DIKW 体系

DIKW 体系也称作知识层次、信息层次、知识金字塔等，是展示数据（data）、信息（information）、知识（knowledge）和智慧（wisdom）之间关系的模型，也是展现数据如何转化为信息、知识乃至智慧的方式，是知识管理和知识工程的理论基点（见图 2-6）。数据是原始事实的抽象表示，是记录客观事物的可鉴别符号，可以通过原始的观察或度量来获得。数据通过某种方式进行组织、处理和分析产生了意义，形成了信息。知识是对信息的应用，是结合经验、上下文、诠释和反省从相关信息中过滤、提炼及加工得到的有用资料。智慧是人类表现出来的一种独有的能力，是一种外推的、非确定性的、非盖然论的过程，主要表现为收集、加工、应用、传播知识的能力，以及对事物发展的前瞻性看法。DIKW 体系从数据到智慧的演进过程，就是从噪声中分拣出数据，转化为信息，升级为知识，升华为智慧的过程，对于电子档案管理从数据管理、信息管理升级到知识管理乃至智慧管理具有重要指导意义。

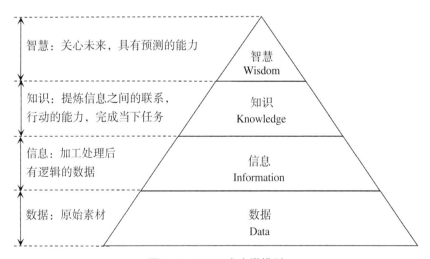

图 2-6　DIKW 金字塔模型

2. 知识管理与知识工程

（1）知识管理

知识管理（Knowledge Management）是从管理学角度出发，对知识、知识创造过程和知识的应用进行规划和管理的活动。知识管理的目标在于通过系统的过程，实现最佳实践知识的共享和创新，实现更好的组织决策和更快的响应速度，增加组织机构收益并降低运营成本，改善生产工作效率，帮助组织机构逐步形成长期可持续的竞争优势。知识管理模型主要包括美国生产力和质量中心 APQC 知识管理模型、欧洲标准委员会 GEN 管理模型和《知识管理 第 1 部分：框架》（GB/T 23703.1–2009）提出的知识管理国家标准模型。

GB/T 23703.1–2009 知识管理模型将知识管理活动分为知识鉴别、创造、获取、存储、共享和应用（见图 2–7）。知识鉴别是指组织机构根据目标，明确内外部存在的知识，并进行知识需求分析的活动，其中包括对现有知识的分析和未来知识的分析。知识创造是指组织机构通过各种不同的方法，增进、强化已有知识和探索新知识的活动，是知识管理活动中知识创新部分，通常是通过专家小组或全体员工积极参与，改善业务经营过程中的各个环节。知识获取是指组织机构从某种知识源中总结和抽取有价值知识的活动，一般做法是在组织机构中建立包括显性知识和存储在人们头脑中的隐性知识的知识库。知识存储是指组织机构将有价值的知识经过选择、过滤、加工和提炼后，通过某些技术手段存储于组织内部，并随时更新和维护其内容和结构，以便用于用户访问、获取知识的活动。知识共享是指组织机构通过各种渠道和方式来转移和分享已有知识，实现知识在人、（组织）部门、组织、区域、国家之间的有效流动。知识应用是指利用现有的知识去解决问题或创造价值的活动。

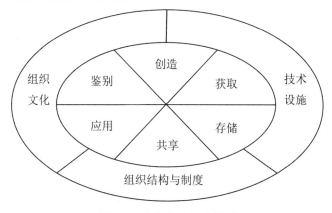

图 2–7　知识管理概念模型

（2）知识工程

知识工程（Knowledge Engineering）是从技术角度出发，以知识为处理对象，借用工程化的思想，利用人工智能（Artificial Intelligence，AI）的原理、方法和技术，设计、构造和维护知识型系统的一门学科。知识工程包括知识获取、知识表示与知识应用三大过程，侧重于借助大数据、人工智能、云计算等工程化的理念与方法解决知识获取、表示及应用，解决知识环境下的智能搜索、精准推送、自然人机交互、深层关系推理等实际问题，同时促进知识技术与智能技术的交互整合。

整体而言，知识管理以隐性档案知识的集成显化、无序知识的规范整序和泛化知识的本体建模为核心目标，搭建信息资源知识化的综合治理框架；而知识工程以细粒度的知识表征与知识计算为依托，重视信息资源开发利用技术体系的创新，以形成多元开放的知识发现与服务机制为主要目的。电子档案管理应兼采两者之长，推动电子档案管理知识化、智慧化发展。

第二节　电子档案管理要求

电子档案管理要求主要包括电子档案管理目标、基本要求和管理原则，是基于电子档案管理理论并经实践形成的电子档案管理工作应当遵循的目标、要求和原则。

一、管理目标

《信息与文献 档案管理 第 1 部分：通则》（ISO 15489-1:2001 Information and documentation – Records management – Part 1: General）提出档案管理应当满足真实性（authenticity）、可靠性（reliability）、完整性（integrity）与可用性（usability）"四性"要求。该标准及修订版（ISO 15489-1:2016）均被我国采用为国家标准，相关要求经《电子档案管理基本术语》（DA/T 58-2014）《电子文件归档与电子档案管理规范》（GB/T 18894-2016）等标准引

用，成为确立电子档案管理目标的重要依据。为提高技术可行性和可操作性，《档案法》《机关档案管理规定》等法律规章明确规定应当维护电子档案的真实、完整、可用和安全，将真实性、完整性、可用性、安全性"四性"作为现行电子档案管理的基本目标（见表2-2）。

表 2-2 现行"四性"要求与 ISO 15489-1:2016 相关内容对比

现行"四性"要求		ISO 15489-1:2016 提出的"四性"要求
真实性	真实性	一份真实的档案符合下列条件：a）档案与其制文目的相符；b）档案的形成者或发送者与其既定形成者或发送者相吻合；c）档案的形成或发送与其既定时间一致。为了确保档案的真实性，机构宜执行并记录控制档案形成、捕获和管理的业务规则、过程、方针和程序。档案形成者宜经过授权和确认。
	可靠性	一份可靠的档案指：a）档案的内容可信，能充分、准确地反映其所证明的事务、活动或事实；b）在后续的事务或活动过程中能作为依据。档案宜在事务处理或与其相关的事件发生之时或其后不久，由直接经办人或开展业务活动的系统形成。
完整性	完整性	一份完整的档案是指档案是齐全的，且未加改动。宜防止档案未经授权而改动。档案管理方针和程序中宜明确下列事项：档案形成之后可对档案进行哪些添加或注释，在何种条件下可授权添加或注释，及授权由谁负责添加或注释。任何授权的对档案的注释、补充或删减宜明确标识并可追溯。
可用性	可用性	具有可用性的档案可在利益相关方认为合理的时间范围内被定位、检索、呈现以及解释。具有可用性的档案宜与其形成的业务过程和事务相关联。宜保存记录业务活动的相关档案间的关联关系。为保证可用性，档案元数据宜提供检索和呈现档案所需的信息，包括标识符、格式、存储信息等。
安全性	—	—

1. 真实性

真实性是指电子档案的内容、逻辑结构和形成背景与形成时的原始状况相一致的性质。真实性是电子档案的首要特征，是保证电子档案业务有效性和法律证据性的基础。电子档案的真实性包括形成过程真实和内容真实两个方面：形成过程真实是指电子档案根据法定程序形成和运行，与其形成目的和既定运行状态一致，在形成后的整个生命周期中保持不变；内容真实是指电子档案准确反映了记录对象的当时状态，与形成时的原本含义一致。需要说明的是，这里的真实性涵盖了 ISO 15489-1:2016 中的真实性与可靠性，其中形成过程真实对应的是 ISO 15489-1:2016 标准中的真实性，内容真实对应的是标准中的可靠性。

2. 完整性

完整性是指电子档案的内容、结构和背景信息齐全且没有破坏、变异或丢失的性质。完整性是体现电子档案属性、档案管理要求的重要特征。电子档案的完整性首先要保证其内容、结构和背景信息的完整，保证电子档案构成要素齐全；其次要保证同一业务活动形成的电子档案之间联系的完整性，保证电子档案能够全面反映这项活动的整个过程和结果。

3. 可用性

可用性指的是电子档案可以被检索、呈现或理解的性质。可用性是实现电子档案价值的前提条件。可用性包括三个方面：一是电子档案可以被计算机或应用系统内的软件正常打开；二是电子档案的内容、逻辑格式等得到正确呈现；三是可以通过元数据检索、定位并理解电子档案的内容、制发目的及其相关背景信息。

4. 安全性

安全性指管理过程可控、数据存储可靠、未被破坏、未被非法访问的性质。安全性包括载体安全和信息安全两个方面：载体安全主要是指电子档案载体在存储、传输过程中没有损坏、没有丢失、未被破坏；信息安全主要是指电子档案的内容、结构未被非法访问、非法获得、非法操作。严格来说，安全性与其他三个属性的划分维度并不相同，真实性、完整性以及可用性都是用于描述档案本身的属性，而安全性是针对档案管理的环境、档案载体、档案管理操作过程等相关因素提出的属性。提出这一管理目标的原因，一个方面是源于对电子档案管理安全问题的重视，另一个方面也是对 ISO 15489-1:2016"四性"要求的必要补充。

二、基本要求

《档案法》规定电子档案应当来源可靠、程序规范、要素合规，为电子档案管理提出了基本要求。

1. 来源可靠

来源可靠是指电子档案由经过授权和确认的法定形成者，在既定的业务活动中，在特定时间，使用安全可靠的系统形成。来源可靠要求电子档案形成者、形成活动、形成时间可确认，负责形成、收集、整理、归档、保管、移交等工作的管理系统安全可靠。即电子档案由特定机构使用安全可靠的系统软件形成，没有发生被非法篡改或者误用过的情况，能够证明其用意、生成者或发送者、生成或发送的时间与既定的相符。

2. 程序规范

程序规范是指电子档案形成、归档、保存和利用服务等过程遵循一定的制度规范要求，符合国家相关法规标准的规定。由于电子档案载体易分离性、信息易变性和信息技术环境变迁，电子档案在整个生命周期中存储载体、存储格式、编码构成甚至构成要素都可能发生变化，在这种情况下需要通过对管理过程的规范化控制实现对管理对象的控制。电子档案是否以及如何遵守规范的程序要求，可以通过详细的背景元数据和管理过程元数据来记录、追溯和审计。

3. 要素合规

要素合规是指电子档案的内容、结构、背景信息和管理过程信息等构成要素符合规范要求。不同种类的电子档案，虽然其构成要素相同，但具体的构成内容有所区别，都需要满足构成要素的基本要求。比如电子公文组件包括正本、正文与附件、定稿或修改稿、公文处理单，政务服务事项电子档案组件包括表、证、单、书等文本、数据及图像、音频、视频等多媒体文件，虽然二者在电子档案组成内容上有所区别，但都要符合电子档案内容要素的基本要求。

需要注意的是，电子档案来源可靠、程序规范、要素合规基本管理要求是在深刻理解电子档案管理基本目标基础上，对国内外关于电子档案形成和管理要求的高度凝练的结果，与电子档案"四性"要求之间存在对应关系（见图 2-8）。

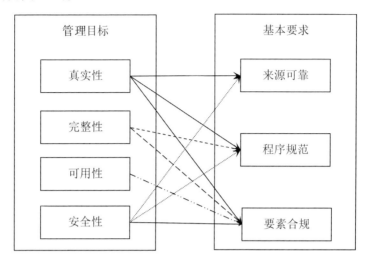

图 2-8　电子档案管理目标与基本要求映射表

三、管理原则

电子档案管理原则主要包括统一管理原则、全程管理原则、业务驱动原则、方便利用原则、确保安全原则，是进行电子档案管理的行动指南和工作指引。

1. 统一管理原则

统一管理原则是指电子档案管理工作应当统筹规划、统一制度，对具有保存价值的电子档案实行集中管理。统筹规划要求根据国家或行业、地区电子档案总体规划或发展战略制定电子档案工作规划，结合自身业务全面系统地开展电子档案管理工作；统一制度要求按照国家法律法规规定制定完善电子档案管理制度和技术标准，规范电子档案管理工作；集中管理要求将文字、图表、声像、数据等不同形式的信息记录全部纳入电子档案管理工作范畴，实行集中统一管理。

2. 全程管理原则

全程管理是档案生命周期理论、连续体理论、后保管论在电子档案管理中的综合运用。全程管理是指对电子档案从产生到永久保存或销毁的整个生命周期进行的全过程管理，确保电子档案始终处于受控状态。全程管理原则要求对电子档案形成与收集、整理与归档、保管与保护、利用与开发、鉴定与销毁和移交与统计等实行全过程监控，采取有效的技术手段和管理措施，确保电子档案的真实性、完整性、可用性、安全性。全程管理原则和统一管理原则互相呼应，要求各组织机构注重电子档案生命周期各阶段管理行为的连续性和衔接性。

3. 业务驱动原则

电子档案管理的基本目标是为了服务和保障业务活动的正常开展。业务驱动原则要求在管理过程中要注重与业务活动规律的动态适应，电子档案的形成、收集和管理应作为组织机构业务活动的有机组成部分，具有真实性、完整性、可用性和安全性特点的各种形式档案都是业务的有效证据。电子档案管理工作应当满足业务需要，服务业务过程，为提高业务活动效率效益、降低组织机构运行成本、管理利用好档案信息资源提供支撑。

4. 方便利用原则

电子档案的价值只有在利用中才能得到充分体现，实现高效便捷利用是电子档案管理的基本出发点和归宿，是支撑电子档案管理工作的根本动力。方便利用原则要求充分发挥电子档案高效、便捷的优势，提升电子档案开发利用水平，推动电子档案分层次、分类别、按需求、按权限的共享利用。电子档案的利用既要充分考虑电子档案现行效用的实现，又要充分满足实现电子档案历史效用的需要，保证电子档案利用效果最大化。

5. 确保安全原则

安全是电子档案管理工作的底线。确保安全原则要求按照国家有关法律法规和规范标准的要求，采取有效技术手段和管理措施，确保电子档案信息内容长期有效可读，确保电子档案管理信息系统及其网络安全，确保电子档案管理过程可溯、风险可控，不存在信息泄露风险。确保安全原则要求建立风险管理体系，对电子档案实施风险管理，把风险管理程序化、系统化、科学化地融入电子档案日常管理之中，为电子档案及其支撑的各种信息系统提供更可靠的安全保障。

第三节　电子档案管理体系

电子档案管理是一项涉及组织管理、制度标准、规范流程、技术支撑、过程管理等诸多因素的综合性工作，必须建立科学、完整的管理体系框架，指导电子档案管理工作开展。

一、管理体系

按照本章第一节、第二节有关电子档案管理理论和电子档案管理要求，结合近年来工作实践，完整的电子档案管理工作应当包括整体规划、总体管控、技术支撑、档案治理、过程管理和价值实现等内容。按照这一思路，电子档案管理体系框架可以概括为"六域模型"，即规划域、管控域、技术域、治理域、过程域和价值域（见图 2-9）。

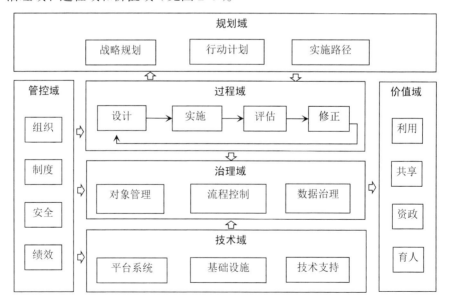

图 2-9　电子档案管理体系框架

电子档案管理"六域模型"既适用于全国、区域、行业等宏观层面电子档案管理工作，也可以用来规划单一组织机构等微观层面电子档案管理工作。各域具体内容上可以根据情况进行细化。

1. 规划域

规划域是基于国家行业和部门数字战略、数据战略、信息化发展战略、档案事业发展战略等制定适合全国、区域、行业或组织机构的电子档案管理的战略规划、行动计划和实施路径。

2. 管控域

管控域是在电子档案管理规划指导下明确电子档案管理组织机构及其职责权限。电子档案管理工作应当设立由相关部门、专家组成的电子档案管理领导机构，审查电子档案管理相关的重大决策，组织制定电子档案管理的相关制度标准、工作流程，建立绩效考核机制，支撑电子档案管理活动。

3. 技术域

技术域是电子档案管理的支撑手段，主要内容包括开展电子档案管理需要明确的平台系统（包括管理平台、应用系统等）建设、基础设施建设和技术支持等。

4. 治理域

治理域是电子档案管理的主体内容，需要明确电子档案管理的对象，按照档案管理流程要求进行电子档案管理，同时对形成的电子档案数据按照数据管理要求进行数据治理，保证档案资源质量和安全。

5. 过程域

过程域是电子档案管理的方法论。电子档案管理过程包括设计、实施、评估和修正的 PDCA 循环（即 Plan、Do、Check 和 Action 循环，也称作戴明环）。在设计阶段，要明确电子档案管理的目标和任务，制定相关制度和流程，确定实施路径。在实施阶段，要制定电子档案管理的相关制度、流程细节，选择合适的电子档案管理工具并通过定制化开发来满足电子档案管理要求。在评估阶段，要评价现有电子档案管理工作的成熟度、风险及合规性，业务对电子档案管理的需求。在修订阶段，要根据评估结果改进电子档案管理工作。然后往复循环，不断改善、提升电子档案管理水平。

6. 价值域

价值域是电子档案管理的价值取向。电子档案管理的目标就是通过对电子档案的有效管理，充分实现电子档案在利用、共享、资政、育人方面的价值。

二、体系内容

电子档案管理体系的核心内容包括战略规划、组织、制度、平台系统、流程控制、绩效和电子档案治理和价值实现。平台系统、电子档案治理和价值实现是后续章节的主体内容，此处不再赘述。

1. 战略规划

制定电子档案管理战略规划是电子档案管理的首要任务。电子档案管理战略规划应符合本地区本部门本单位部门工作实际，匹配业务战略，明确工作愿景、阶段目标、行动纲领和实施步骤，科学指导电子档案管理。

2. 组织

建立合适的电子档案管理组织是电子档案管理的关键。电子档案管理的组织建设一般包括组织架构设计、部门职责、人员编制、岗位职责及能力要求、绩效管理等内容。

3. 制度

建立完善的电子档案管理制度是依规开展电子档案管理的重要前提。电子档案管理制度通常根据组织机构信息化制度的总体框架和指导原则制定，应当规定或明确各部门职责分工，电子档案管理流程和要求、电子档案数据规范、电子档案管理系统接口规范和运行维护要求、电子档案存储和备份策略、电子档案转换与迁移策略、电子档案数据恢复方案、电子档案管理应急处置方案等。

4. 流程控制

制定电子档案管理的流程框架和流程是电子档案管理的重要工作。电子档案管理流程主要包括电子档案从形成到销毁或长期保存全生命周期过程中所遵循的活动步骤，以及元数据管理、数据指标管理等内容。

5. 绩效

电子档案管理体系的良好运转必须要建立有效的激励体系。电子档案绩效管理包括电子档案管理考核标准、电子档案管理奖惩机制，以及绩效管理过程的一系列活动集合。

三、管理流程

管理流程是电子档案管理体系治理域的重要内容，对于确定档案管理内容和要求，对电子档案管理进行过程控制具有重要意义。

1. 主要流程

目前比较有代表性的档案管理流程有两种：一是基于传统档案管理形成的收集、整理、鉴定、保管、统计和使用"六环节"流程，收集、鉴定、整理、保管、检索、编研、利用、统计"八环节"流程，还有《机关档案管理规定》在继承并发扬传统档案管理流程基础上，将档案管理划分为更为全面的形成与收集、整理与归档、保管与保护、鉴定与销毁、利用与开发、统计与移交六个阶段十二项管理流程。二是 ISO 15489-1:2016 将档案管理划分为档案形成、档案捕获、档案分类与标引、档案访问控制、档案存储、档案利用与再利用、档案迁移或转换、档案处置八项流程。

表 2-3　档案管理流程映射表

机关档案管理规定	ISO15489-1:2016	其他国际标准规范常用电子档案管理术语
形成	9.2 档案形成	创建（create）
收集	9.3 档案捕获	识别（identify）
整理	9.4 档案分类与标引	
归档	–	登记（register）
保管	9.6 档案存储	管护（curation）
保护	9.8 档案迁移或转换	管护（curation）
鉴定	7 鉴定（管理风险评估）	
销毁	9.9 档案处置	
利用	9.5 档案访问控制 9.7 档案利用与再利用	
开发	–	
统计	–	跟踪（tracking） 审计（audit）
移交	9.9 档案处置	

从表 2-3 可以明显看出,《机关档案管理规定》确定的档案管理流程更为全面,能够完全涵盖 ISO 15489-1:2016 确定的档案管理流程。鉴于《机关档案管理规定》在制定时充分考虑档案传统管理流程和电子档案管理需要,更加符合档案管理习惯,本书以《机关档案管理规定》确定的流程为蓝本,同时按照 ISO 15489-1:2016 对部分流程顺序进行了微调,形成了电子档案管理流程(见图 2-10)。

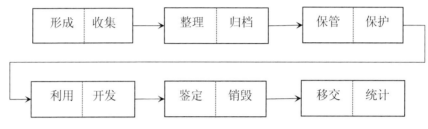

图 2-10　电子档案管理流程

2. 流程内容

(1)形成与收集

电子档案形成是电子档案生命周期的第一个阶段,是指通过创建或接收方式产生电子档案的过程,是电子档案管理的起点。电子档案收集是指按照收集范围并通过特定方式将电子档案、电子档案元数据、电子签名等汇集起来的过程。

(2)整理与归档

电子档案整理是指按照档案的形成规律和特点,根据科学的理论和方法,把电子档案整序形成便于保管和利用的有序体系的业务活动。归档是指将具有凭证、查考和保存价值且办理完毕、经系统整理的电子数据(文件)及其元数据管理权限向档案部门提交的过程。归档主要包括捕获、录入、检测、登记等工作步骤。

(3)保管与保护

电子档案保管与保护主要包括电子档案存储、备份、保存和保护工作。电子档案存储是指以经济、有效、安全的方式保护、存取和管理电子档案以便利用的过程。电子档案备份是指将电子档案或电子档案管理系统的全部或部分复制或转换到存储载体或独立的系统上。电子档案保存是指确保电子档案得到长期维护所涉及的过程和操作。电子档案保护是指采用物理和化学方法保持电子档案载体和信息稳定性的行为。

（4）利用与开发

电子档案利用与开发是档案管理工作永恒的主题，是实现档案自身价值的根本途径，也是档案事业发展的客观需要。电子档案利用与开发工作主要包括电子档案的利用、检索、开发和信息服务。电子档案利用是指查找、使用或检索电子档案的权利、机会和方法。电子档案检索是指通过著录标引、建立索引、提取特征等方式标识档案信息，形成电子档案检索系统，并通过系统选择、获取特定信息的过程。电子档案开发即档案信息资源开发，是指运用信息化等手段对已经存在的档案信息资源进行分类、聚合、抽取、提炼、总结等活动发掘档案价值、实现档案价值升值的过程。电子档案信息服务是指档案部门以保障公民档案信息资源利用权利和满足公众档案信息需求为目的，对数字档案资源的收集、整理、存储、加工、处理和分析，在服务理念支配下向社会和公众提供档案信息，进行档案信息传播，以最大限度发挥档案信息社会价值和经济价值的活动与过程。

（5）鉴定与销毁

电子档案鉴定是指对电子档案的内容和技术状况进行评估的过程，确认其真实性、完整性、可用性、安全性及其保存价值等，是对电子档案价值和技术的双重鉴定。电子档案销毁是指消除或删除失去价值的电子档案，使之无法恢复的过程，是电子档案处置方式之一。由于电子档案处置自身不承担独立的电子档案管理功能，本书不将处置作为单独的电子档案管理流程。

（6）移交与统计

电子档案移交与统计主要包括电子档案移交与接收、电子档案统计、电子档案分析与挖掘、电子档案评估工作。电子档案移交是按照国家规定将电子档案的保管权交给档案馆的过程，电子档案接收是指档案馆按照国家规定收存电子档案的过程。电子档案统计是指运用统计技术和方法，以表册、数字形式记录、描述、分析和研究电子档案管理工作的各种现象、状态和趋势，从而揭示其发展过程、现状及一般规律的活动，是统计方法与技术应用于电子档案管理工作的过程。电子档案分析与挖掘是指运用数据分析和数据挖掘方法对电子档案进行分析，从中提取有用的信息的过程。电子档案分析与挖掘是电子档案统计工作的扩展和深化，是发掘有用信息、实现电子档案价值的重要管理流程。电子档案评估是在电子档案管理过程中通过对电子档案管理业务活动和风险进行分析、评价，以实现预防风险、支持决策的重要工作流程。

第四节　电子档案管理模式

管理模式是在管理理念指导下建构起来，由管理方法、管理模型、管理制度、管理工具、管理程序等组成的管理行为体系结构。电子档案同传统载体档案相比，在管理理论、管理要求、管理体系（见本章前三节）上发生了一系列变化，电子档案管理工作也因此形成了不同模式。

一、基本模式

电子档案管理基本模式是指电子档案在归口、流转、保管等日常管理工作中形成的不同管理做法与方式。

1. 归口模式

电子档案归口模式也称作组织机构内部电子档案管理模式，是指电子档案在组织机构以何种归口方式进行管理的工作模式。电子档案归口模式主要包括分散式、统一式和文档一体式。

（1）分散式

分散式管理是指电子档案由形成档案的业务部门或其他部门分散管理和保存的管理模式。分散式管理一般是由于组织机构内部未依法确定电子档案管理职责、没有建立统一的电子档案管理系统或者部分业务系统未实现与电子档案管理系统衔接而出现的管理方式。这一方式存在明显的问题：第一，分散式管理不符合档案集中统一管理的法定要求；第二，分散式管理由于业务部门或其他部门仅关注电子档案在业务活动中的现行价值，自行管理往往会出现管理的短期行为；第三，分散式管理容易造成各部门管理工作各行其是，缺乏统一规范，使得整个组织机构的电子档案处于失控状态。分散式管理是电子档案管理中需要避免出现的做法。

（2）统一式

统一式管理是指电子档案由机构档案部门统一归口管理和保存的管理模式。统一式管理延续传统载体档案管理模式，有利于对机构电子档案的集中掌控、有效管理和信息共享，能够减少电子档案分散于形成部门带来的真实性、完整性、可用性、安全性方面的风险，是符合档案集中统一管理的法定要求和电子档案管理规律的管理方式，也是在电子档案归口问题上必须坚持的管理模式。需要注意的是，实行统一式管理要避免出现由组织机构信息技术部门代替档案部门统一管理电子档案的做法，根本原因有二：一是组织机构信息技术部门不具备电子档案管理的法定资格；二是信息技术部门往往着眼于技术管理，把电子档案视同于一般的电子信息，不能从现实和历史的结合上全面把握电子档案的价值和联系，无法满足档案专业管理要求。

（3）文档一体式

文档一体式管理是指将电子档案与电子数据（文件）作为整体实施一体化管理的模式。文档一体化管理有助于组织机构建立涵盖电子档案全生命管理周期的电子档案管理系统，统一考虑电子档案形成和管理工作，属于符合电子档案工作规律的管理方式，同时与组织机构合并设置文件档案部门、档案人员数量偏少的实际情况相匹配，是比较理想的电子档案管理模式。当然，在实际工作中，由于存在认识不到位、相关部门机构分散设置、未统筹建设业务系统和电子档案管理系统等情况，文档一体式管理在组织机构内部电子档案管理中并不普遍。

2. 流转模式

电子档案流转模式是指电子档案在整个管理过程中是否仅以电子形式进行归档和管理的工作模式。电子档案流转模式主要包括双套制和单套制。

（1）双套制

电子档案双套制是指符合一定条件电子档案应当转换为纸质文件或者缩微胶卷同时归档。双套制模式来源于《电子文件归档与管理规范》（GB/T 18894-2002）"具有永久保存价值的文本或图形形式的电子文件，如没有纸质等拷贝件，必须制成纸质文件或缩微品等。归档时，应同时保存文件的电子版本、纸质版本或缩微品"的规定，并通过 2003 年《电子公文归档管理暂行办法》（国家档案局令第 6 号）、2009 年中共中央办公厅、国务院办公厅印发的《电子文件管理暂行办法》确立下来的管理模式。

双套制是电子档案管理的初级阶段、过渡阶段的产物，这种方式在电子档案法律地位不明确、标准规范不健全、管理实践不成熟情况下具有一定的现实意义，但随着档案信息化发展进程不断推进，其负面效应越来越突出：一是不利于档案管理思想变革。双套制在实践中的常见做法是以传统载体档案管理为主、电子档案管理为辅，电子档案管理的理念、方法没有摆脱传统载体档案管理的框架，电子档案文档一体化、前端控制等思想无法实现。二是不利于电子档案规范管理。在双套制模式下，往往传统载体档案留作凭证，电子档案用于日常查阅，组织机构没有动力进行电子档案管理系统建设和规范的电子档案管理。三是不利于控制管理成本。双套制需要兼顾档案的传统载体形式和电子形式管理，在没有减少传统载体档案管理成本的同时，还增加了电子档案管理所需的系统、设备、载体等成本，长此以往难以为继，必然为单套制所取代。

（2）单套制

电子档案单套制是指仅以电子形式归档电子数据（文件）和管理电子档案的方式。目前电子档案单套管理的制度障碍已经消除，《电子文件归档与电子档案管理规范》（GB/T 18894–2016）、2018 年《电子公文归档管理暂行办法》（国家档案局令第 6 号）等已经取消了双套归档的要求。2018 年《机关档案管理规定》（国家档案局令第 13 号）规定"满足本规定第五章规定且不具有永久保存价值或其他重要价值的电子文件，以及无法转换为纸质文件或缩微胶片的电子文件可以仅以电子形式进行归档"，《国家档案局关于修改〈电子公文归档管理暂行办法〉的决定》（国家档案局令第 14 号）规定"符合国家有关规定要求的电子公文可以仅以电子形式归档"，为电子档案单套制提供了制度依据。

电子档案进行单套管理原因有三：一是与国际通行做法保持同步。2019 年美国国家档案与文件管理署（NARA）联合有关部门发布《向电子档案转型》（M–19–21），要求 2022 年所有联邦机构档案以电子格式管理和移交，加拿大、澳大利亚、新西兰等国也提出仅以电子形式保留或向档案馆移交档案的规定，电子档案单套制已逐渐成为各国的通行做法。二是应对数字化转型必然要求。《中华人民共和国国民经济和社会发展第十四个五年规划和 2035 年远景目标纲要》要求"以数字化转型整体驱动生产方式、生活方式和治理方式变革",开展电子档案单套管理是档案行业配合其他行业数字转型的必然要求。三是档案信息化工作发展需要。电子档案单套制的重大意义,除了节省成本、提高效率等之外,更是倒逼形成电子档案管理范式的难得机遇,是实现"增量电子化"档案信息化建设任务的重要方式。

随着电子档案管理研究和实践不断深入,电子档案单套管理的条件已经基本成熟。2022 年,国家档案局发布《电子档案单套管理一般要求》(DA/T 92-2022),确立了电子档案单套管理应当遵循的整体性原则、来源可靠原则、程序规范原则、要素合规原则、安全管理原则,规定了开展电子档案单套管理应当具备的前置性条件和制度建设、系统建设、资源建设与管理、安全管理要求,提供了电子档案单套管理的可行性评估方法。需要说明的是,开展电子档案单套管理并不排斥采用纸质或缩微胶片方式对电子档案进行备份,但要注意备份的主体、时间、方式等都与双套制管理有本质区别。

3. 保管模式

电子档案保管模式也称作档案馆电子档案管理模式,是指电子档案是否由档案馆进行集中保管的工作模式。电子档案保管模式主要包括分布式和集中式。

（1）分布式保管

分布式保管是指组织机构形成的电子档案不集中在各级档案馆保存,而采用分布管理的方法保存在组织机构内,档案馆对电子档案信息加以控制并对其加以指导和帮助。分布式保管的理论基础是档案后保管理论,以戴维·比尔曼教授为首的美国匹兹堡大学学派是分布式保管模式的倡导者。分布式保管的主要理由是电子档案具有软硬件系统依赖性,技术和资源的有限性使得档案馆不可能保管所有组织机构的电子档案,尤其是无法良好保管那些需要专门的软硬件才能阅读的电子档案类型。

分布式保管模式在电子档案管理思想上具有先进性,但在技术路径和管理实践上尚缺乏经验可循,而且与我国将具有重要价值档案移交档案馆进行管理的要求不一致,因而在现行法律制度框架内不可能全面实施。当然,在电子档案管理过程中,确实存在组织机构形成的电子档案无法全部移交档案馆进行管理,或者一些特殊类型档案无法在档案馆得到妥善管理的情况，针对这部分电子档案，可以探索使用分布式保管模式进行管理。

（2）集中式保管

集中式保管是指将具有永久保存价值的电子档案移交到档案馆集中保存。集中式保管沿用了传统的档案集中统一管理模式，以露西安娜·杜兰蒂教授为代表的加拿大英属哥伦比亚大学学派是集中式保管模式倡导者。集中式保管的主要理由是电子档案形成机构和档案馆在档案管理方面的职责不同，当电子档案进入非现行阶段后，形成机构很可能会失去良好保管这些电子档案的动力，不利于电子档案的保管和提供利用，而档案馆作为永久保存档案的基地，能为电子档案的安全保管和社会利用提供全面保障。档案形成机构和档案馆各司其职，有利于对电子档案实施完整有效的控制，保证档案的可靠性和真实性。

从目前各国电子档案管理的实践及其发展来看，电子档案的集中式保管模式是比较通用的管理模式，也是我国电子档案管理采用的保管模式。当然，由于各国信息技术发展水平、档案管理体制、管理传统等差异，集中式保管的路径选择、实现策略、技术方案等方面仍然存在着差异。

二、数字档案室

数字档案室是指组织机构在履行职能过程中，运用现代信息技术对电子档案和数字化档案信息进行采集、加工、存储、管理，并通过不同类型网络提供共享利用和有限公共档案信息服务的档案信息集成管理平台。按照2014年《数字档案室建设指南》、2016年《数字档案室建设评价办法》，数字档案室建设内容主要包括：

1. 按照数字档案室基础网络架构、主要技术路线与软硬件配置基本要求，建设适应未来一定时期数字档案资源管理要求、满足数字档案室各项管理与服务需求的基础设施。除信息安全和管理方便因素之外，鼓励依托机关信息化基础设施进行数字档案室基础设施建设。

2. 开发或采用功能完善、安全可靠、性能良好、方便易用的数字档案室应用系统，实现档案管理各业务环节的自动化、网络化。

3. 严格遵循标准规范，全面进行传统载体档案数字化转换，积极推进电子数据（文件）归档和电子档案管理，全面推进数字档案资源建设。应用先进技术和手段，保证数字档案资源真实、完整、可用和安全，满足各类用户共享需求。

4. 根据数字档案室建设要求，修订完善档案工作流程、文件材料以及声像（照片、录音、录像）电子档案保管期限表，以及适合电子档案管理、利用、安全保障、应急处置等各项规章制度，明确要求和权限，确保数字档案资源的规范管理，保证数字档案室运行顺畅。

5. 加大人才建设力度，通过培训或引进人才，为数字档案室的建设和运行储备既通晓信息技术，又精通信息资源管理、知识管理的人才。

归纳来说，数字档案室建设内容可以概括为基础设施、应用系统、数字档案资源、保障体系四项建设内容（见图 2-11），为组织机构电子档案管理提供了整体解决方案。数字档案室以电子档案规范和管理为主要工作内容，重视实现数字档案资源"四性"要求，致力于形成电子档案单套管理机制等，与电子档案管理理论、方法与要求保持一致，尤其是对电子档案的命名与存储、格式与质量、元数据等提出确定性要求，是组织机构进行电子档案管理的典型模式。

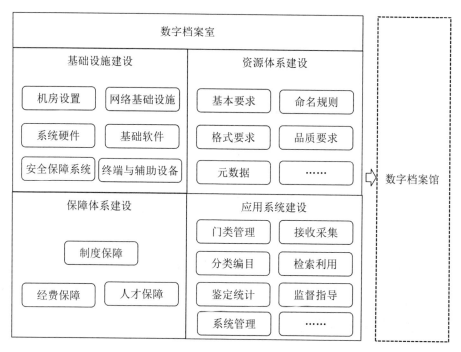

图 2-11　数字档案室建设内容

三、数字档案馆

数字档案馆是指各级各类档案馆为适应信息社会日益增长的对档案信息资源管理、利用需求，运用现代信息技术对数字档案信息进行采集、加工、存储、管理，并通过各种网络平台提供公共档案信息服务和共享利用的档案信息集成管理系统。按照 2010 年《数字档案馆建设指南》、2014 年《数字档案馆系统测试办法》，数字档案馆建设内容主要包括：

1. 按照数字档案馆基础网络架构、主要技术路线与软硬件配置基本要求，集成建设适应馆藏档案基础数据和今后一定时期内数字档案增长规模的数据管理、满足数字档案馆各项管理与服务需求的基础设施。

2. 开发或应用具备"收集、管理、存储、利用"等功能要求的数字档案管理系统，实现档案管理各业务环节的自动化、网络化。

3. 全面推进馆藏数字档案基础数据库建设，优先建立馆藏档案的文件级目录数据库，逐步进行传统载体档案的数字化转换，积极推进电子数据（文件）的接收和管理，建立各类数字档案资源库群。

4. 应用先进技术和相关管理手段，保证数字档案信息资源的可靠可信和长期可用，减少数字档案对软硬件的依赖性，从而使数字档案具备传统档案所具有的原始性、凭证性和长期可读性。

5. 运用多种技术手段，针对不同利用对象，通过不同渠道，实现档案信息资源分层共享，方便、快捷满足各类用户利用需求。

6. 配套建设数字档案馆保障体系，确保数字档案馆系统安全和数字档案信息安全。

数字档案馆建设是多年来档案信息化研究成果和实践经验的集大成者，确立了档案信息化建设框架，同时对档案资源分库建设进行了探讨和实践，对电子档案管理系统建设和电子档案管理产生了重要影响，是档案馆进行电子档案管理的典型模式。

四、智慧档案馆室

智慧档案是电子档案管理工作发展到一定程度、全社会普遍进入智慧业态形势下档案工作的必然选择。从概念上来说,智慧档案是依托大数据、物联网、云计算、人工智能、5G 等信息技术,以智慧档案馆室和各行业智慧应用为载体,以高价值数据汇聚、治理与应用为内容,以实现高效便捷、立体多元、智慧精准的服务为目标,围绕新时代新征程新形态下档案存凭、留史、资政、育人功能,实现全流程网上办理、全链路数据治理、全方位智能服务、全领域智慧支撑的档案工作组织、建设、运行和管理新模式。

智慧档案馆室是建构在智慧档案战略框架下的新概念,要解决的不是智慧城市在档案馆室具体应用或数字档案馆室智慧化,而是所有档案机构如何在智慧档案战略发展中准确定位、发展自己并实现价值的问题。按照智慧档案"全流程网上办理、全链路数据治理、全方位智能服务、全领域智慧支撑"的基本特征,以及档案机构对传统载体档案管理和建筑环境控制的需要,智慧档案馆室的建设内容包括智慧管理(Smart Governance)、智慧数据(Smart Data)、智慧服务(Smart Service)、智慧决策(Smart Decision)、智慧保护(Smart Custody)、智慧建筑(Smart Building)六个部分(见图 2-12)。

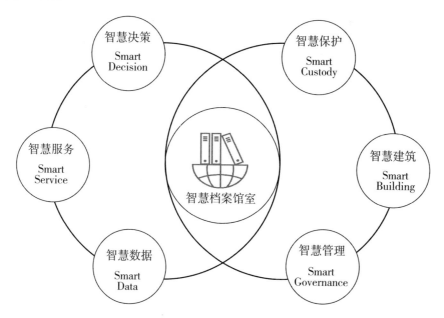

图 2-12 智慧档案馆室建设内容

1. 智慧决策

智慧决策（Smart Decision）是以提供决策支持或智能决策为目标，通过机器学习、深度学习、可视化、语义分析等人工智能技术，对档案数据进行深度挖掘，发现潜在的、有价值的关系、模式和趋势，支持自动或半自动开展鉴定、开发等业务管理活动，为决策者提供决策参考。智慧决策是智慧档案馆室根本目标追求。

2. 智慧服务

智慧服务（Smart Service）是以自动化、智能化档案利用和展览展示为目标，通过大数据、物联网、云计算、移动通信等技术为不同用户提供泛在化、细微化、个体化、差异化的档案查阅和展览展示的服务模式。智慧服务是智慧档案馆室价值的直接体现。

3. 智慧数据

智慧数据（Smart Data）是以档案数据为管理对象，应用大数据技术等将档案信息资源数据化并进行智能化采集、清洗、识别、抽取、存储、治理、保护、使用等，实现对数据标准、数据质量、数据集成、主数据、元数据、数据资产、数据安全、数据生命周期高水平管理，为智慧服务和智慧决策提供充分的数据支撑。智慧数据是智慧档案馆室资源建设的核心内容。

4. 智慧保护

智慧保护（Smart Custody）是以档案实体为管理对象，运用物联网、RFID、智能感知和无损检测等技术，针对档案流转、存放和健康状态及影响因素进行全面量化分析并自动化智能化采取措施，实现档案的智能保管保护。智慧保护是智慧档案馆室资源建设重点内容。

5. 智慧建筑

智慧建筑（Smart Building）是以档案馆室建筑管理为目标，运用物联网、云计算、大数据、人工智能、BIM、数字孪生等技术，为档案馆室管线、消防、安防、HVAC、能源、门禁、环境监测、人员车辆出行等提供统一接入和管理方案，实现低碳、舒适、智慧的建筑环境。智慧建筑为智慧档案馆室提供基础管理环境。

6. 智慧管理

智慧管理（Smart Governance）是以档案馆室智能化运营为目标，通过办公自动化系统等整合现有数据资源，对档案馆室的设施、资源、用户、技术、服务等管理领域的关键指标提供可视化综合监测，辅助管理者直观掌控的运行态势并进行管理。智慧管理为智慧档案馆室提供基础管理条件。

　　智慧档案馆室是智慧业态下数字档案馆室的升级模式。从国家信息化工作发展趋势来看，电子档案管理向数字化、智慧化方向转型已成不可逆转之势。智慧档案馆室在继承数字档案馆室架构设计、组织模式、建设方法基础上，统筹考虑电子档案全生命周期管理，在电子档案管理方法、路径和要求上使用统一标准、相同规范，实现电子档案全过程规范管理，尤其是智慧决策、智慧服务、智慧数据等相关要求为电子档案管理数字化、知识化、智慧化提供了实施方法和路径，为电子档案管理提供了全新发展模式。

第三章
电子档案管理系统

第一节　电子档案管理相关信息系统

电子档案产生于信息技术环境，依赖计算机信息系统提供的信息技术环境进行管理。按照电子档案管理的不同阶段，可以将电子档案管理相关的信息系统分为三类：业务系统、电子档案管理系统、电子档案长期保存系统。

一、业务系统

业务系统（Business System，BS）是形成或管理组织机构活动数据的计算机信息系统，是电子档案的主要来源。业务系统中的电子文件管理模块也称作电子文件管理系统（Electronic Document Management System，EDMS），其中承担电子档案形成、收集、整理和归档的管理模块又称作预归档模块或预归档系统。常见的业务系统主要有以下几种：

1. 办公自动化系统

办公自动化系统（Office Automation System，OA）是面向组织机构日常运作和管理的综合办公信息系统。系统利用信息技术优化管理结构，提高工作效率，不断增强协同办公能力，提高机构决策效能。

2. 电子政务系统

电子政务系统（Electronic Government System，EGS）是基于互联网技术的面向政府机关内部、其他政府机构的信息服务和信息处理系统。政务服务系统（平台）、行政审批系统、案件审理系统、公共资源交易系统、建设项目并联审批系统、海关申报系统等均属于电子政务系统。

3. 音视频处理系统

音视频处理系统（Video and Audio Processing System）是由数字照相设备、数字摄像设备、数字录音设备，以及图像、影像和声音采集设备等所组成的图像、影像和声音采集、存储、处理系统。

4. 公务电子邮件系统

公务电子邮件系统（Official Electronic Mail System，E-MAIL）是用于产生、传送、接收、阅读和处置公务电子邮件的信息系统。

5. 信息发布系统

信息发布系统（Information Publish System，IPS）是以信息发布或发送为主要功能的信息系统。官方网站、微信公众号等属于信息发布系统。

6. 计算机辅助系统

计算机辅助系统（Computer Aided System，CAS）是利用计算机辅助完成不同类型任务的信息系统的总称。主要包括计算机辅助教学系统（CAI）、计算机辅助设计系统（CAD）、计算机辅助工程系统（CAE）、计算机集成制造系统（CIMS）、计算机辅助工艺过程设计系统（CAPP）、计算机辅助制造系统（CAM）、计算机辅助测试系统（CAT）等。

7. 企业资源计划系统

企业资源计划系统（Enterprise Resource Planning，ERP）是对企业物质资源、资金资源和信息资源集成一体化管理的信息系统。系统统一管理企业内、外供需链所有的资源与信息，在购、存、产、销、人、财、物等各个方面合理配置和利用企业资源，提高企业经营效率。

8. 产品数据管理系统

产品数据管理系统（Product Data Management，PDM）是管理产品生产全过程以及生产过程中产生的与产品有关的信息的系统。系统集成 OA、CAD、CAPP、MRP 等，使得企业所有产品数据得以协调、共享，研发过程得以高度优化、重组。

9. 客户关系管理系统

客户关系管理系统（Customer Relationship Management，CRM）是以客户数据的管理为核心，利用信息技术实现市场营销、销售、服务等活动自动化，并建立一个客户信息的收集、管理、分析、利用的信息系统。

10. 电子商务系统

电子商务系统（Electronic Commerce System，ECS）是以实现企业电子商务活动为目标，满足企业生产、销售、服务等生产和管理的需要，支持企业的对外业务协作，从运作、管理和决策等层次全面提高企业信息化水平，为企业提供具备商业智能的信息系统。

11. 人力资源管理系统

人力资源管理系统（Human Resource Management System，HRMS）是通过人力资源数据开展人力规划、人事管理、绩效考核、考勤跟踪等核心人力资源任务的信息系统。系统对人力资源管理进行分析、规划、实施、调整，提高人力资源管理水平，实现人力资源更有效地服务于组织或机构目标。

12. 财务管理系统

财务管理系统（Financial Management System，FMS）是一种面向价值信息和基于会计管理活动的信息系统。系统是财务管理各相关的因素按一定的规则结合起来，为实现财务目标而进行的整体运作体系。

13. 建筑信息管理系统

建筑信息管理系统（Building Information Modeling，BIM）是通过构建虚拟模型来模拟建筑物的物理、功能和空间特征以帮助设计师、工程师和施工人员更加精确地规划、设计和施工建筑物的数字化建筑设计和施工系统。BIM 系统将建筑设计和施工过程中的各种信息(如结构、机械、电气、管道、照明等)整合到一个模型中,从而提高了设计和施工的准确性和效率。

另外，还有全球卫星定位系统（Global Positioning System，GPS）、地理

信息系统（Geographic Information System，CIS）等。

二、电子档案管理系统

电子档案管理系统（Electronic Records Management System，ERMS）又称作电子档案管理信息系统、数字档案室应用系统，是对电子档案进行捕获、维护、利用和处置的计算机信息系统。电子档案管理系统应用于电子档案形成单位，通过维护元数据及电子档案之间的联系，支持电子档案作为证据的价值。在生命周期的尺度上，可以认为电子档案管理系统主要关注电子数据（文件）的半现行阶段，也包含该阶段与现行阶段、非现行阶段的衔接过程。国内外对电子档案管理系统的研究和实践都比较充分，形成不少系统功能需求和设计建设的规范标准，其中影响比较大的主要有以下内容。

1.DoD 5015.02–STD

《电子档案管理软件应用程序设计标准》（Electronic Records Management Software Applications Design Criteria Standard，DoD 5015.02–STD）是美国最具代表性的电子档案管理标准。标准制定于 1997 年，第 3 版于 2007 年修订完成，2012 年得到美国国家档案与文件管理局的认可，并成为美国大部分政府机构事实功能需求指南。应用软件开发者必须据此标准进行严格的软件评估，只有通过评估才可被登记注册，目前应用比较广泛。

2.MoReq2010

欧盟《档案系统模块化需求体系》（Modular Requirements for Records Systems，MoReq 2010）是从 MoReq、MoReq 2 发展而来。标准引入模块化方法，面向服务架构（Service-Oriented Architecture，SOA）对档案管理的核心需求进行了模块化划分，确定了档案服务、用户与群组服务、分类服务、处置方案服务、处置挂起服务、检索与报表服务、导出服务、角色模型服务与元数据模型服务 9 个核心档案管理服务，还包括支持插件模组的接口与组件保存等。

3.ISO 16175–1:2020

《信息与文献 用于档案管理软件的过程与功能要求 第 1 部分：数字档案管理应用程序的功能要求与相关指南》（ISO 16175–1:2020 Information and documentation–Processes and functional requirements for software for managing records–Part 1: Functional requirements and associated guidance for any applications that manage digital records）提供了管理电子档案的软件应用相关的模型、高层级的功能要求和相关指南。

4.ISO/TS 16175-2:2020

《信息与文献 用于档案管理软件的过程与功能要求 第2部分：档案管理软件的选择、设计、实施和维护指南》（ISO 16175–2:2020 Information and documentation–Processes and functional requirements for software for managing records–Part 2: Guidance for selecting, designing, implementing and maintaining software for managing records）根据ISO15489–1:2016规定的档案管理原则提供了软件选用、设计、实施和维护的决策指南，旨在为方案架构师、IT采购决策者、应用开发者、业务分析师、应用测试者等用户提供应用方案。

5.《电子文件管理系统通用功能要求》（GB/T 29194–2012）

GB/T 29194—2012标准中的"电子文件"管理系统实际为本书定义的"电子档案"管理系统。标准与国外标准衔接紧密，借鉴ISO 15489、MoReq2和澳大利亚国家档案馆相关标准，将电子档案管理系统功能分为基本功能和可选功能。其中基本功能要求部分阐述了档案管理配置功能、档案管理业务功能、安全管理功能、系统管理功能等四个方面，可选功能要求部分阐述了数字复制件的管理、多载体档案的管理、离线利用、接口管理、工作流、性能要求等。

6.《电子文件管理系统建设指南》（GB/T 31914–2015）

GB/T 31914—2015标准中的"电子文件"管理系统同样实际为本书定义的"电子档案"管理系统。标准着眼于指导电子档案管理系统在用户单位的实施，维护电子化的业务凭证，强化其对业务活动的信息支撑，全面保护机构的信息资产，对电子档案管理系统建设的过程、方法和要求进行了规定。

7.《电子档案管理系统基本功能规定》

国家档案局2017年发布的规范性文件，规定了建设电子档案管理系统需要遵循的原则和总体要求，并对档案接收、整理、保存、利用、鉴定与处置、统计和系统管理等核心功能提出规范化要求。该文件的适用范围是国家各级各类档案馆，机关、团体、企事业单位可参照执行。《档案管理软件功能要求暂行规定》同时废止。

8.《电子档案管理系统通用功能要求》(GB/T 39784-2021)

国家档案局以《电子档案管理系统基本功能规定》为依据制定的国家标准。标准密切结合档案工作实践，规定了电子档案管理系统功能的总体要求，电子档案的接收、整理、保存、利用、鉴定、统计、审计跟踪等关键业务环节和系统管理的通用性功能要求。标准适用于国家各级各类档案馆电子档案管理系统的设计、开发、实施、使用和检测工作。机关、企业单位及其他社会组织的电子档案管理系统建设可参照执行。

三、电子档案长期保存系统

电子档案长期保存系统即可信数字仓储（Trusted Digital Repository，TDR）系统（TDR for records）、数字档案馆应用系统，是致力于以正确和可被独立理解的方式长期保存数字档案信息的计算机信息系统。电子档案长期保存系统应用于档案馆，重点在于电子档案非现行期的长期保存和管理问题。

在实践中，我国档案馆一般通过建设电子档案管理系统（Electronic Archive Management System，EAMS）的方式解决电子档案管理和长期保存问题，具体实施方式包括在 EAMS 中体现 TDR 要求或者在 EAMS 中建立单独的 TDR 系统。为与电子档案形成单位的电子档案管理系统（ERMS）相区别，同时反映档案馆系统实践特点，本书将应用于档案馆的计算机信息系统称为电子档案长期保存系统〔EAMS（TDR）〕。

电子档案长期保存系统一般基于《空间数据和信息传输系统 开放档案信息系统（OAIS）参考模型》（ISO 14721:2012 Space data and information transfer systems—Open archival information system（OAIS）—Reference model）、《空间数据和信息传输系统 可信数字仓储审核与认证》（ISO 16363:2012 Space data and information transfer systems—Audit and certification of trustworthy digital repositories）和《电子档案管理系统通用功能要求》（GB/T 39784-2021）等构建。OAIS 功能模型详见第六章第三节。

四、系统关系与分工

业务系统、电子档案管理系统、电子档案长期保存系统先后衔接（见图 3-1），共同实现对电子档案的全生命周期管理。

具体来说，业务系统应当承担电子数据（文件）的形成、收集、整理、归档工作，实施预归档。电子档案管理系统、电子档案长期保存系统分别承担组织机构、档案馆电子档案的保管、保护、利用、开发、鉴定、销毁、移交、统计工作。当然，对于其中的销毁和移交工作，档案馆要根据自己本身属性选择适用，比如综合档案馆可以不用考虑移交工作，单纯承担永久档案管理职责的档案馆不需要考虑销毁工作等。

业务系统、电子档案管理系统、电子档案长期保存系统一般单独存在，相互衔接，但有时也可能存在交叉合并情况。比如在组织机构内部基于全程管理和文档一体化思路将电子文件管理系统和电子档案管理系统合二为一，形成电子文件和档案管理系统（EDMS/ERMS 或 EDRMS）；或者具有永久保存档案职责或意愿的组织机构、直接面向业务系统接收电子档案的档案馆，将电子档案管理系统与电子档案长期保存系统合并建设等。

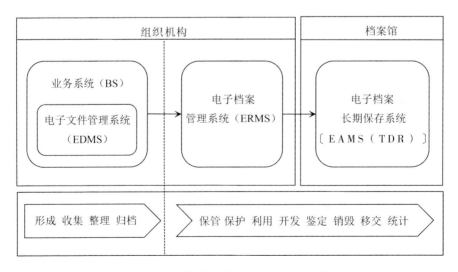

图 3-1　电子档案管理相关信息系统之间的关系

第二节 系统功能架构

一、总体架构

国家标准 GB/T 29194-2012、GB/T 39784-2021 是指导设计和建设业务系统预归档功能、电子档案管理系统和电子档案长期保存系统的两项重要标准。总的看来，两者在档案管理核心功能上重合度比较高（管理功能对应关系详见第二章表 2-3），在配置管理、建设原则等方面相互补充，在具体功能描述上各有所长（见图 3-2）。

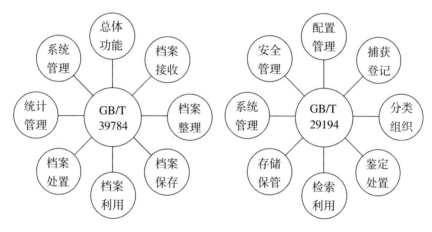

图 3-2　GB/T 39784、GB/T 29194 核心功能对比

为更好衔接传统载体档案管理与电子档案管理，统筹考虑组织机构和档案馆电子档案管理相关信息系统建设工作，本书依据第二章第三节确定的电子档案管理流程，结合 GB/T 29194-2012、GB/T 39784-2021 相关内容，将电子档案管理相关信息系统功能架构划分为配置管理功能、档案业务功能、安全管理功能、系统管理功能和可选功能（图 3-3）。其中配置管理功能、档案业务功能、安全管理功能、系统管理功能是功能架构必选内容，辅助管理、离线利用等可选功能可以根据实际情况选择建设。

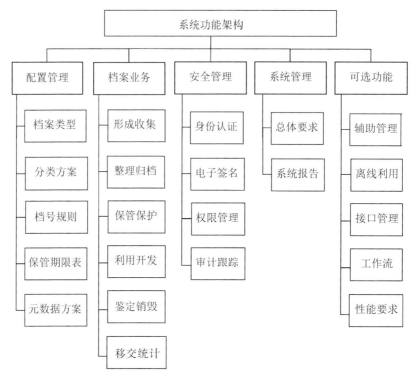

图 3-3　电子档案管理相关信息系统功能架构

二、配置管理功能

配置管理功能是建立和维护档案管理业务规范的功能，包括档案类型、分类方案、档号规则、保管期限表、元数据方案配置等内容。

1. 档案类型配置

档案类型是根据档案门类或因保管要求、利用控制、重要元数据属性上存在较多共性而设置的管理层次。系统应支持定义和维护不同的档案门类模板以及其他类型模板、元数据模板；支持根据模板自动捕获元数据值或绑定某些自动执行的规则。

2. 分类方案配置

分类方案是建立档案分类体系、建构档案信息分类检索系统的重要工具，是电子档案整理、利用、鉴定等工作依据。系统应支持根据不同门类档案分类方法建立符合自身实际的分类方案，并在权限范围内对分类方案进行维护、修改、导入导出等；支持根据分类方案对电子档案进行系统标识和整理。

3. 档号规则配置

档号规则是确定档案编制档号的依据。系统应支持按照档号编制相关标准和要求配置案卷级、文件级档号规则；支持授权用户在档号规则设置完成后，对档号构成项以及各项内的子项进行修改、删除、增加和调整。

4. 保管期限表配置

保管期限表是用表册的形式规定电子档案归档范围和保管期限的指导性文件，是鉴定档案价值和确定档案保管期限的依据。系统应支持根据机构制定的《文件材料归档范围和档案保管期限表》建立保管期限与处置表，并在权限范围内进行维护、修改、导出等；支持定义和管理处置触发条件，能够配合鉴定管理功能进行自动或半自动的流程化处置管理应用。

5. 元数据方案配置

元数据方案是元数据元素的集合，是电子档案管理的重要工具。系统应支持根据档案门类及其他类型、电子档案不同形式等创建元数据方案，并在权限范围内进行维护、修改、导出等；支持元数据自动捕获和人工著录、有效性检验等。

三、档案业务功能

档案业务功能是电子档案管理系统的核心功能。档案业务功能基于电子档案管理流程展开（详见本章第三节）。

四、安全管理功能

安全管理功能是保护电子档案以及管理系统安全的功能，包括身份认证、电子签名、权限管理、审计跟踪等内容。

1. 身份认证

身份认证是进行用户鉴别的重要途径，保证系统不被授权用户恶意操作、不被非授权用户使用或修改。系统应支持定义用户角色并针对不同角色赋予不同的权限；支持用户名和密码、数字证书等多种用户身份认证机制，为失败登录尝试设置安全参数或限制。

2.电子签名

电子签名对于电子档案真实性和完整性具有重要作用，可以鉴别档案的来源、确保其来自声明的主体。系统应支持捕获、验证、存储、导出电子签名以及相关联的电子证书和证书服务提供商的详细资料；支持在元数据方案中设置对应的电子签名专门元数据元素，将签名验证结果作为元数据写入档案管理元数据；支持电子签名图形化转化。

3.权限管理

权限管理是根据安全策略在权限、用户、资源之间建立的安全访问控制机制。系统应支持建立用户权限分配表或类似工具对用户权限进行配置和管理，保证只有授权用户可以执行特定的访问或功能；系统支持按照不同聚合层次对全宗、门类、案卷、件、组件等进行权限设置；任何角色或用户均不能直接或间接同时拥有系统管理和审计管理的权限。

4.审计跟踪

审计跟踪是通过日志等显示系统的事务处理信息，确保识别和跟踪未被授权行为，是系统安全管理的重要内容。系统应支持对档案管理流程和档案具体操作行为进行审计跟踪，并将审计跟踪信息作为元数据加以管理；支持审计跟踪数据可按要求被审查、访问，并在指定时间内产生特定的报告。

五、系统管理功能

系统管理是通过用户和资源管理、系统功能配置、操作权限分配等，对系统运行的各方面表现进行监控并做出报告，包括总体要求、系统报告等内容。

1.总体要求

总体要求包括系统参数管理、系统管理、系统配置及用户管理的要求等。系统应支持建立系统管理员、安全保密管理员和安全审计员三员管理，系统管理员能够查询、显示以及重新配置系统参数，重新确定用户范围和用户角色，对分类方案进行较大改动；支持提供对系统总体状况的综合监测。

2. 系统报告

系统报告要求采用较为灵活的报告制度来对系统实施监控管理。系统应支持定期生成关于存储空间有关状况、审计跟踪、失败／错误过程处理状况、移交操作、安全违规操作报告等，并提供报告基本统计和分析功能；支持提供报表打印、阅读、排序、分类、存储、导出等基本管理功能。

六、可选功能

可选功能建议有条件的组织机构采用。主要包括对传统载体档案及其档案数字复制件辅助管理；使用离线存储、阅读设备从电子档案管理系统中读取电子档案；提供合适的接口与业务系统、电子档案长期保存系统进行连接；支持电子档案及其管理活动按照预设流程自动在用户之间进行传递；系统具备稳定且灵活的体系结构，能够达到用户期望的标准、满足不断变化的业务需要。

对于电子档案管理来说，传统载体档案及其档案数字复制件辅助管理属于可选内容，但从整个组织机构档案信息化工作来说，传统载体档案及其档案数字复制件辅助管理属于组织机构档案信息化的有机组成部分，在建设电子档案管理系统时应当一并考虑。

第三节 核心业务功能

电子档案管理相关信息系统的核心业务功能包括形成与收集、整理与归档、保管与保护、利用与开发、鉴定与销毁、移交与统计功能。其中形成、收集、整理、归档功能一般由业务系统承担，电子档案管理系统承担后续档案管理功能。在业务系统无法实现上述功能时，电子档案管理系统应当具备除形成外的收集、整理、归档功能。电子档案长期保存系统应当根据情况设置除形成外的其他业务功能。

一、形成与收集功能

1. 一般要求

（1）系统应具备齐全完整形成并收集电子档案及其元数据的功能。

（2）系统应具备以通过系统内部办理、外部导入办理或使用扫描仪等设备数字化纳入办理流程等方式形成档案及其组件的功能。

（3）系统应具备按内置规则自动命名、存储电子档案及其组件，保持电子档案内在的有机联系，建立电子档案与元数据之间的关联关系的功能。

（4）系统应具备以特定原件形式、版面格式（即逻辑结构）形成并收集电子档案的功能。

（5）系统应具备以规范计算机文件格式形成并收集电子档案的功能。

2. 预归档功能

通过业务系统预归档系统形成与收集的，还应具备以下预归档功能：

（1）支持内置电子档案分类方案、归档范围、保管期限表等工具，支持电子档案形成或办理部门完整收集、整理应归档电子数据（文件）及其元数据。

（2）支持以单个流式文档集中记录电子档案拟制、办理过程中对其进行的全部修改信息。

（3）支持按标准生成电子档案及其元数据归档数据包，或向归档接口推送电子档案及其元数据。

（4）支持对已收集、积累的电子档案的所有操作进行跟踪、审计。

二、整理与归档功能

1. 整理功能

（1）系统应具备电子档案的聚合、分类与排序等功能，支持分类与排序的调整（见表3-1）。

表 3-1　分类组织功能要求

序号	功能要求	约束
1	应具备对拟入库电子档案进行聚合、分类的功能	必选
2	应具备对电子档案类目结构进行调整、依据不同条件对电子档案进行排序的功能	必选
3	应支持以卷、件等方式进行电子档案管理	必选

（2）系统应具备电子档案的著录、标引等功能，形成电子档案目录，并与电子档案相关联（见表 3-2）。

表 3-2　著录编目功能要求

序号	功能要求	约束
1	应支持电子档案目录数据库的自动生成，支持自动生成、人工补录档案著录项内容	必选
2	应具备对电子档案目录数据库管理维护的功能	必选
3	应具备对电子档案目录数据与电子档案关联关系的检查、修正与维护功能	必选
4	宜具备对控制使用的电子档案的数字对象、元数据及目录数据进行安全处理的功能	可选

（3）系统应具备将电子档案转换为符合国家长期保存和利用要求格式的功能（见表 3-3）。

表 3-3　格式转换功能要求

序号	功能要求	约束
1	应具备电子档案格式转换功能，支持对非规范格式的电子档案转换为规范格式的电子档案，记录转换后的文件格式、文件大小等信息	必选
2	应支持电子档案数据格式的批量转换、零散转换	必选
3	应记录格式转换结果信息，生成格式转换报告	必选
4	宜具备对格式转换前后的电子档案内容信息进行自动或人工比对功能，检查格式转换有效性	可选
5	应具备对电子档案格式转换过程相关信息的生成、维护与管理的功能	必选

（4）系统应具备维护电子档案各组成部分及相关数据之间、电子档案与电子档案之间的关联功能（见表3-4）。

表3-4　关联功能要求

序号	功能要求	约束
1	应支持在电子档案数字对象与其目录数据、元数据之间建立关联关系	必选
2	应支持多个电子档案之间建立关联关系	必选
3	宜支持电子档案目录数据库在电子档案移动、处置后能够自动及时更新其关联关系	可选
4	应支持电子档案之间的关联关系在电子档案移动、修改、处置后能够自动及时更新	必选
5	宜建立和维护多个电子档案库之间映射关系的功能	可选

2. 归档功能

（1）系统应具备电子档案接收功能，支持在线和离线的批量接收与处理，并保存过程信息（见表3-5）。

表3-5　接收处理功能要求

序号	功能要求	约束
1	应支持按照批次接收电子档案，生成电子档案接收登记表	必选
2	宜支持电子档案接收计划的制定、审批、执行和管理功能，记录过程相关信息	可选
3	应支持对电子档案接收的传输、检查、处理和信息交互功能	必选
4	应支持电子档案在线接收和离线接收	必选
5	应支持电子档案零散接收和批量接收	必选
6	应支持电子档案元数据与电子档案数字对象的同步接收，维护二者间关联关系	必选

（2）系统应具备对拟接收电子档案的数量、质量和规范性等进行检查的功能，对不合格的进行标注（见表3-6）。

表 3-6 接收检查功能要求

序号	功能要求	约束
1	应支持对拟接收的离线或在线电子档案进行批量上传	必选
2	应支持对拟接收的电子档案的真实性、完整性、可用性和安全性进行质量检查，对不符合要求的电子档案进行标注和退回处理，确保质量检查的内容符合 DA/T 70-2018 的规定	必选
3	应支持对拟接收的电子档案进行查重处理	必选
4	宜支持对以 OFD 格式文件入库的电子档案进行标准符合性的检查，确保入库的 OFD 格式的电子档案符合 GB/T 33190-2016 的规定	可选
5	应支持记录电子档案接收检查的过程信息，生成质量检查报告，反馈接收检查结果	必选
6	宜支持对电子档案接收检查结果以图、表形式进行统计和呈现	可选

（3）系统应具备对检查合格的电子档案进行登记的功能，支持电子档案数量的清点、内容和元数据有效性的验证，赋予电子档案唯一标识（见表 3-7）。

表 3-7 登记功能要求

序号	功能要求	约束
1	应支持对检查合格的电子档案进行批量登记、逐件登记和数量清点与核对的功能	必选
2	应支持在登记过程中赋予和确认电子档案的唯一标识	必选
3	应支持电子档案入库前的预处理，包括但不限于分类、整理、排序、编目	必选
4	应支持在登记过程中对电子档案的数量、内容及元数据进行确认	必选
5	应具备对登记成功的电子档案设置为不可修改或删除功能，除非通过相关审批流程	必选

（4）系统应具备电子档案入库功能，并保存入库处理过程记录（见表 3-8）。

表 3-8 入库功能要求

序号	功能要求	约束
1	应具备将拟入库的电子档案按照分库管理要求进行入库处理的功能	必选
2	宜具备电子档案入库操作的策略配置功能	可选

序号	功能要求	约束
3	应具备在电子档案入库后，完成移交接收登记表，反馈移交接收结果，并支持移交接收信息的浏览、查询和打印的功能	必选
4	应具备对电子档案入库过程信息的管理和维护功能	必选

三、保管与保护功能

1. 保管功能

（1）系统应具备对电子档案及其目录数据进行备份与恢复功能，设置备份与恢复策略，制作备份数据，对备份数据和介质进行登记、检测与管理，使用备份数据进行恢复处理，记录备份恢复过程信息（见表3-9）。

表3-9　备份与恢复功能要求

序号	功能要求	约束
1	应具备电子档案备份、恢复策略的配置和维护功能	必选
2	应具备对电子档案管理系统中的电子档案数字对象、元数据、目录数据、电子档案管理过程信息等进行备份的功能	必选
3	宜支持电子档案库的增量备份	可选
4	宜具备对电子档案库进行自动备份和恢复功能	可选
5	应具备使用备份数据进行数据恢复的功能	必选

（2）系统应具备对电子档案存储状况的监控和警告功能，对存储介质不稳定、存储空间不足、电子档案非授权访问和系统响应超时等情况发出警告，跟踪和记录警告事项处理过程（见表3-10）。

表3-10　监控功能要求

序号	功能要求	约束
1	应支持对保管期限到期、存储空间不足、电子档案关联关系发生变化等情况，进行自动提示	必选
2	应支持对电子档案系统异常运行、电子档案非授权访问等状况进行报告	必选
3	应具备对系统在线用户及其存取访问情况进行监督、管理的功能	必选

（3）系统应具备在电子档案长期保存过程中对电子档案的真实性、完整性、可用性和安全性等进行库内质量巡检的功能（见表3-11）。

表 3-11　档案保存检查功能要求

序号	功能要求	约束
1	应具备电子档案长期保存、库内巡检相关策略配置的功能	必选
2	应按照 DA/T 70-2018 的要求，对电子档案进行自动质量检查，并生成检查报告	必选
3	宜具备对电子档案格式进行管理功能，对格式过时的电子档案进行自动转换、数据迁移，或以适当形式发出警告，支持人工处理	可选

2. 保护功能

系统应具备电子档案保护功能，保障电子档案不被非授权访问、修改或删除，完整准确记录长期保存过程中相关变动信息（见表3-12）。

表 3-12　档案保护功能要求

序号	功能要求	约束
1	应具备电子档案访问控制策略配置的功能	必选
2	应具备电子档案数据库的安全管理和访问控制功能，支持电子档案授权访问，预防非授权访问、篡改、下载和打印	必选
3	应具备系统运行周期内电子档案的迁移、存储、备份、格式转换等过程中，电子档案不被篡改或破坏的功能	必选
4	应具备对电子档案在线浏览、下载阅读等进行访问控制，防止非授权访问、篡改或随意扩散的功能	必选

四、鉴定与销毁功能

1. 鉴定功能

（1）系统应具备按照电子档案的处置规则，建立和配置鉴定与处置条件、策略和流程，支持价值鉴定、开放鉴定等自动提醒功能（见表3-13）。

表 3-13　鉴定与处置功能配置要求

序号	功能要求	约束
1	应具备依据电子档案鉴定与处置规则进行策略配置的功能	必选
2	应具备按类、按件对电子档案定义鉴定与处置行为的功能，包括但不限于价值鉴定、开放鉴定和销毁等行为	必选
3	应具备定义和维护鉴定与处置行为的触发条件的功能，可包括但不限于： ——事件触发，如当某一特定事件执行以后系统就自动触发处置行为； ——时间触发，如当电子档案保管期限到期后系统自动提醒档案管理员实施到期鉴定； ——自定义触发条件，支持自动触发或人工干预下的触发； ——允许自动继承预定义的某一类或一批电子档案保管期限、处置行为及其触发条件； ——允许授权用户修改或重新定义保管期限、处置行为及其触发条件	必选
4	应具备对电子档案的保管期限、处置行为及其触发条件的审查、管理和维护功能	必选
5	应支持记录鉴定与处置行为的修改、变更和删除等过程信息	必选
6	宜支持采用 OCR、敏感词过滤（标引）、深度学习算法等新技术对电子档案鉴定进行智能辅助	可选

（2）系统应具备电子档案的鉴定与处置操作功能，支持价值鉴定、开放鉴定业务的操作（见表 3-14）。

表 3-14　鉴定与处置操作功能要求

序号	功能要求	约束
1	应具备对电子档案进行价值鉴定、开放鉴定等功能	必选
2	应具备对电子档案进行鉴定与处置的自动提醒功能	必选
3	宜具备电子档案到期续存、销毁、开放划控等的操作自动处理功能	可选
4	宜具备对电子档案鉴定与处置的工作计划和任务执行过程进行管理的功能	可选
5	应具备在鉴定与处置执行过程中对电子档案进行安全保护的功能	必选
6	应具备记录电子档案鉴定处置业务相关信息、形成鉴定工作报告的功能	必选

2. 销毁功能

系统应具备电子档案销毁管理功能，留存已销毁的电子档案的目录信息和销毁处理记录（见表 3-15）。

表 3-15　销毁管理功能要求

序号	功能要求	约束
1	应具备对电子档案销毁流程定制功能，支持销毁业务的申请、审批与执行功能	必选
2	应具备对已销毁电子档案的目录信息和销毁处理记录的管理的功能	必选
3	宜具备将已销毁的电子档案进行一定时期的临时保存，并定期彻底清除的功能	可选

五、利用与开发功能

1. 利用功能

（1）系统应具备对电子档案进行多条件的模糊检索、精确检索、全文检索和递进检索等功能，支持跨全宗、跨门类检索，检索结果能够进行局部浏览和选择性输出（见表 3-16）。

表 3-16　检索利用功能要求

序号	功能要求	约束
1	应具备电子档案的查询、检索和访问的策略配置和权限控制功能	必选
2	应具备电子档案在线查询、浏览和下载等功能	必选
3	应支持对电子档案的多种检索方式，包括但不限于： ——分类检索、模糊检索、递进检索、多条件检索与固定字段检索； ——目录检索、全文检索； ——跨全宗检索、跨门类检索； ——电子档案元数据检索	必选
4	应具备对目录检索结果进行排序、输出与打印功能	必选
5	应具备对电子档案进行阅览、摘录、下载等功能	必选
6	宜具备对电子档案进行选择性地屏蔽和遮盖的功能	可选
7	应具备对常用检索条件进行保存的功能	必选
8	应具备对检索结果进行收藏的功能	可选

（2）系统应具备电子档案在线借阅服务功能，支持在线申请、在线审批、在线阅览、授权下载与打印等处理，并记录用户使用电子档案的意见和效果等信息（见表3-17）。

表3-17　在线借阅功能要求

序号	功能要求	约束
1	应具备电子档案在线借阅的规则、制度和访问权限的策略配置功能	必选
2	应具备不同权限的利用者进行电子档案的借阅申请、流程审批、访问权限设置等功能，支持授权用户实现在线借阅电子档案	必选
3	应具备利用者在授权范围内的在线浏览、下载、打印等功能	必选
4	应具备对电子档案借阅过程信息进行记录、管理和统计的功能	必选
5	应具备档案利用分析功能	必选
6	宜具备电子档案推送服务功能	可选
7	应具备办理档案证明服务的功能	必选
8	应具备对电子档案原文访问的安全控制功能，包括但不限于： ——原文在线浏览控制； ——原文在线打印控制； ——原文下载次数、时间的控制； ——原文防拷贝、防扩散、防篡改	必选

（3）系统应具备电子档案利用登记功能，保存利用者信息，并采取技术手段确保利用过程中电子档案不被非法篡改（见表3-18）。

表3-18　利用登记功能要求

序号	功能要求	约束
1	应具备对电子档案利用信息的登记、管理和统计等功能，可包括但不限于： ——用户个人基本信息； ——用户需求信息； ——用户利用电子档案的相关信息，如档案类别、档号、浏览量、打印量等用户检索信息、利用效果信息、服务评价信息； ——提供电子档案利用服务的相关信息，如工作人员姓名、时间等	必选
2	应支持利用者身份证信息的自动采集	必选
3	宜集成自然人身份证验证系统，支持利用者身份证的自动识别	可选
4	宜具备在线检索、浏览等利用过程信息的自动记录功能	可选

序号	功能要求	约束
5	应具备对利用者信息进行管理与维护的功能	必选
6	宜具备为利用者提供自助查档的功能	可选

2. 开发功能

系统应具备辅助档案编研功能,包括但不限于选题、档案查找、档案筛选、文献加工、辅文撰写、审核与校对,以及编研成果发布与管理（见表3-19）。

表3-19　档案编研功能要求

序号	功能要求	约束
1	宜具备对档案编研计划制定、工作流程定制和业务过程管理的功能	必选
2	应具备选题辅助决策功能,支持根据选题检索或自动推荐编研所需档案资料	必选
3	应具备辅文撰写功能,支持评述性材料、查考性材料、检索性材料的撰写	必选
4	应具备编研成果的多次审校功能,记录审校意见、时间和责任人等相关信息	必选
5	应具备档案编研成果发布和利用功能,支持在线阅览、打印、下载	必选
6	应具备档案编研专题数据库的建立和管理功能	必选

六、移交与统计功能

1. 移交功能

（1）系统应具备按照电子档案移交管理程序的要求移交功能,支持对未移交成功的电子档案进行二次移交。

（2）系统应具备生成关于移交的过程报告功能,包括但不限于移交案卷和文件的数量、移交时间、移交方式、移交人/接收人、移交状态、移交错误、未被成功移交的文件、未成功移交的原因等。

（3）系统应具备元数据修改功能,支持对拟移交的文件添加档案管理所需的元数据或者批量修改长期保存用的元数据。

（4）系统应具备将电子档案转换为目标系统长期保存和利用要求格式的功能,支持在移交之前开展相关格式转换工作。

（5）系统应具备电子档案封装功能，支持以移交协议确定以封装格式移交时对移交电子档案进行封装。

2. 统计功能

（1）系统应具备对电子档案数量与存储容量的统计功能，可按照档案的全宗、门类、文件格式、开放程度和年度等进行统计（见表3-20）。

表 3-20　数量统计功能要求

序号	功能要求	约束
1	应具备对电子档案数据库存储容量的分库、分类进行统计的功能	必选
2	应具备按照全宗、类型、存储格式、保管期限等对电子档案数量进行统计的功能	必选
3	宜具备按照电子档案访问控制权限进行数量统计的功能	可选
4	应具备对电子档案目录数据、元数据分类统计的功能	必选
5	应具备对电子档案的存储容量、数量按照时间、单位等进行统计的功能	必选
6	应具备对电子档案相关各类统计数据生成报表、进行可视化呈现的功能	必选

（2）系统应具备对一定时间期限内的电子档案的接收、整理、保存、鉴定、利用等关键业务过程工作情况进行统计的功能（见表3-21）。

表 3-21　业务统计功能要求

序号	功能要求	约束
1	应具备对电子档案管理业务过程信息的综合查询与分类统计的功能，包括但不限于移交接收、接收检查、登记入库、分类组织、整理编目、格式转换、保存检查、存储保护、检索利用、电子借阅等各业务过程已经完成和正在处理的电子档案的数量、相关操作人员等信息	必选
2	应具备对系统管理过程信息进行综合查询与分类统计的功能，包括但不限于系统配置、用户权限设置、系统备份与维护等系统运行维护相关的信息	必选
3	应具备对系统自动执行的相关业务活动进行综合查询与分类统计的功能，包括自动鉴定与处置、自动预警和提示等业务活动相关的信息	必选
4	宜具备生成电子档案业务过程数据统计报表的功能，按照年度、人员、数量、保管期限等进行对比排列和可视化呈现	必选

（3）系统应内置常用电子档案工作统计报表模板，并能够按照输入条件生成统计结果。系统应提供报表制作工具，支持用户自定义统计报表。

第四节 系统设计与建设

一、系统实现方式

电子档案管理相关信息系统实现方式可以从两个角度分类，一是从电子档案管理系统与业务系统关系角度；二是从电子档案管理系统跨机构部署角度。

1. 按系统关系划分

按照电子档案管理系统与业务系统关系强弱，系统实现方式分为嵌入式、独立式和整合式（见图3-4）。

（1）嵌入式是指在业务系统上自行开发完善电子档案管理功能使其成为业务系统子模块，在业务系统内部实现电子档案的收集、管理。比如财务管理系统、人力资源管理系统自带的档案管理模块，邮件系统中嵌入的电子邮件归档管理软件等。这种模式业务系统往往只能管理本系统产生的电子档案及其元数据，会造成档案信息的分散，无法实现电子档案集中统一管理。同时，由于电子档案管理功能一般不完善，无法对电子档案实施完全、规范的管理。因而，除法定特殊情形外，不建议组织机构使用嵌入式模式建设电子档案管理系统。

（2）独立式是指电子档案管理系统以独立于业务系统的方式实施。独立式方式业务系统通过应用程序接口（API）向电子档案管理系统输出电子档案及其元数据，电子档案及其元数据集中于电子档案管理系统保存管理。电子档案管理系统在系统功能上与业务系统进行协调，主要表现在接口规范上的要求，不直接影响业务系统内部的技术框架。这种模式电子档案管理系统被动接收业务系统提交的数据，需要在相应管理制度的配合下，强化业务系统主动提交电子档案及其元数据的要求。独立式一般在机构业务系统相对完善、固化的情况采用。

（3）整合式是嵌入式和独立式的结合。电子档案管理系统分为两部分，一部分嵌入业务系统中，实时捕获电子档案及其元数据；另外一个部分则集中保管维护电子档案及其元数据。这种模式对业务系统和电子档案管理系统的集成要求较高，兼具了独立式和嵌入式的优点，既能捕获来自多个业务系统的电子档案，又能集中机关的信息资源并以统一的方式加以维护和开发利用，是进行业务系统、电子档案管理系统一体化开发、升级的最佳模式。

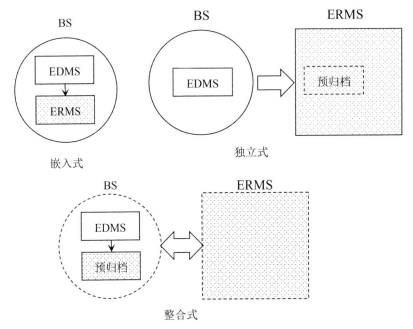

图 3-4　嵌入式、独立式、整合式电子档案管理系统

2. 按部署方式划分

按照电子档案管理系统跨机构部署方式，系统实现方式分为分散式、集中式和分布式（见图 3-5）。

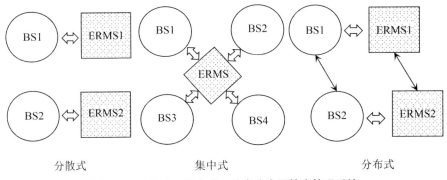

图 3-5　分散式、集中式、分布式电子档案管理系统

（1）分散式是指各个组织机构建设单独的电子档案管理系统，衔接本单位业务系统进行电子档案管理的模式。分散式部署的优点是电子档案管理系统能够根据各单位情况进行定制开发，对档案资源管控力度比较大，缺点是成本较高，部署效率低。分散式是当前常用的部署模式。

（2）集中式是指多个组织机构统一建设、集中部署电子档案管理系统，衔接各自单位业务系统进行电子档案管理的模式。集中式部署优点是总体成本较低，部署效率高，标准统一，缺点是不容易满足各单位个性化需求，各单位对档案资源管控力度有所减弱。集中式部署包括行政区划范围内的集中式和行业范围内的集中式，即在一定区域或一定行业范围内集中部署电子档案管理系统。综合各方面情况来看，集中式是目前比较理想的部署模式。

（3）分布式是指多个组织机构统一建设、分别部署电子档案管理系统，衔接各自业务系统进行电子档案管理的模式。分布式可以理解为集中式和分散式部署的结合体，能够较好地发挥分散式个性化需求和集中式标准统一等优势，当然也存在规划复杂、部署难度大等问题，比较适宜行业统一建设业务系统、电子档案管理系统的情况，在具体部署时需要考虑各方面情况后确定。

二、系统建设原则

电子档案管理相关信息系统设计和建设应当遵循标准化原则、实用性原则、全程性原则、完整性原则、安全性原则、系统性原则。

1. 标准化原则

标准化原则要求系统设计应按照《机关档案管理规定》《电子档案管理系统基本功能规定》和《数字档案室建设指南》等相关规范要求，参考《电子文件管理系统通用功能要求》（GB/T 39784–2012）、《电子文件归档与电子档案管理规范》（GB/T 18894–2016）和电子档案整理、元数据、长期保存格式等相关标准规范进行系统的设计和建设工作。

2. 实用性原则

实用性原则要求根据组织机构自身部门、管理、资金、机构文化等要素，有序安排电子档案管理系统建设环节和步骤。一般来说，电子档案管理系统建设应当统筹规划、整体推进，保障实施效果。条件不具备的，也可以分步实施，优先保证配置管理功能、档案业务功能建设，确保及时实现电子档案的整理、归档，分步开展安全管理功能、系统管理功能和可选功能建设，尽快形成功能完善的电子档案管理系统。另外，实用性原则也要求在建设过程中贯彻"尼尔森十大原则"（见表3-22），保证系统的易用性。

表3-22　尼尔森十大原则

功能层面	灵活高效原则	为大多数用户设计，兼容少部分特殊用户。核心功能和使用最频繁的功能放在最显眼的位置，可设置快捷键
	一致性原则	同一用语的功能和操作保持一致
	易扫原则	简化设计，将功能、操作及选项设计得显而易见。突出重点，弱化和剔除无关信息
信息传达层面	状态可见原则	用户的任何操作需要即时给出反馈
	环境贴切原则	使用用户易懂和约定俗成的表达方式，而不是专业术语
	易取原则	让用户辨识而非记忆，减少用户的记忆负担，把需要记忆的内容摆上台面
	人性化帮助原则	帮助性提示的方式：1.无需提示；2.一次性提示；3.常驻提示；4.帮助文档
辅助层面	防错原则	比起提供用户明确易懂的错误信息，更重要的是如何防止用户发生错误
	撤销重做原则	提供撤销和重做的功能，注意区分功能的优先级
	容错原则	帮助用户识别、诊断并从错误中恢复，将损失降到最低。如果无法自动挽回，则提供详尽的说明文字和指导方向

3. 全程性原则

全程性原则要求系统记录和保存档案在整个生命周期过程中形成的各项元数据，包括在现行期的创建、登记、修改、审核、签署、分发等环节，以及在半现行期和非现行期的重要管理活动、技术处理和利用过程。与传统的档案管理系统在文件办理完毕一段时间后才开始接手管理不同，电子档案管理全程性原则要求电子档案管理系统介入档案生命周期的形成阶段，及时衔接电子档案的鉴定、分类、登记、移交等操作。

4. 完整性原则

完整性原则要求系统保证电子档案完整，表现在三个方面：第一，系统必须能够基于预先定义好的元数据模板，捕获和管理完整的档案及其元数据，并保证授权用户可以查询。第二，系统必须管理和保护组织机构所有具有保存价值的电子档案。第三，系统必须能够维护电子档案之间的有机联系。包括业务处理过程形成的档案之间的有机联系，如请示和批复，来往信函，课题内部各阶段文档之间的关系；信息内容之间的逻辑联系，如机关内部的技术文档和有关技术资料之间的关系；文件、数据之间的参考关系，如正文和附件、档案和引用文献的原文之间的关系；文件或数据之间的替代关系，如文件各版本之间的关系等。

5. 安全性原则

安全性原则内容比较丰富，主要包括：第一，系统应兼容多种软件格式，并能够进行格式转化等必要处理。第二，系统应提供有效的数据迁移功能，保证电子档案的长期可读。第三，系统应提供数据备份和灾难恢复功能，保证电子档案不会遭受毁灭性的损失。第四，系统应提供严格的用户角色定义、权限分配和口令审查，确保档案信息安全。

6. 系统性原则

电子档案管理系统不仅仅是一个软件系统，也是会对组织机构文件、数据、档案管理岗位设置和相关组织结构产生重要影响的系统。因此系统开发必须要进行综合性的管理准备，包括详细调查、技术储备、标准制定、变化管理，甚至要求进行必要的机构调整等。

三、系统开发方法

电子档案管理相关信息系统的开发是一项艰巨的工作，需要投入大量的人力、财力和时间。系统开发的效率、质量、成本和用户的满意程度，除了管理和技术方面的因素外，很大程度上取决于系统开发方法的选择。目前，信息系统常见的开发方法有结构化开发方法、原型法、面向对象开发法等。

1. 结构化开发方法

结构化开发方法是指将整个开发过程划分为系统规划、业务分析、系统设计、系统实施、系统运维五个阶段进行开发的方法（见图 3-6），也称作系统开发的生命周期。

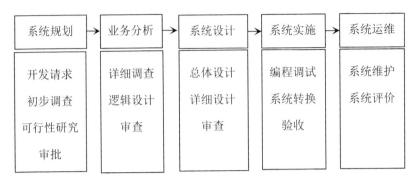

图 3-6　结构化开发方法流程图

（1）系统规划阶段。系统规划阶段是根据用户的系统开发请求，进行初步调查，明确问题，确定系统目标和总体结构，确定分阶段实施进度，然后进行可行性研究。这一阶段工作重点是从必要性、可行性、成本、风险等几个方面研究系统建设的可行性。

（2）业务分析阶段。业务分析阶段的任务包括分析业务流程、分析数据与数据流程、分析功能与数据之间的关系。这一阶段要针对所要管理电子档案的业务领域，选择合适的方法和工具对业务进行分析，掌握业务产生、管理、利用的要求，为电子档案管理规范的制订和系统功能需求分析奠定基础。

（3）系统设计阶段。系统设计阶段的任务包括总体结构设计、代码设计、数据库 / 文件设计、输入输出设计、模块结构与功能设计。同时，要根据总体设计的要求购置与安装一些设备进行试验，最终给出设计方案。这一阶段要根据档案管理现状调查的情况，结合相关标准规范，定义符合机构业务和档案管理实际情况的系统功能需求，定义系统的物理结构和逻辑结构。

（4）系统实施阶段。系统实施阶段的任务包括进行编程(由程序员执行）和人员培训（由系统分析设计人员培训业务人员和操作员）、数据准备（由业务人员完成）、投入试运行。这一阶段要根据档案分类方案、保管期限表、元数据方案、访问控制规则、系统角色定义等管理规范，对系统进行配置，以方便用户使用。同时还要处理好组织机构原有档案数据向新建应用系统的迁移工作。

（5）系统运维阶段。系统运维阶段的任务是同时进行系统的日常运行管理、评价、监理审计三部分工作，然后分析运行结果。如运行结果良好则交付使用，运行有问题则要对系统进行修改、维护或者是局部调整。这一阶段要选择合适的系统维护团队和人员，对相关人员开展持续的培训，从管理、制度、技术等方面支持应用系统的日常运行。

结构化系统开发方法突出优点就是它强调系统开发过程的整体性和全局性，强调在整体优化的前提下考虑具体的分析设计问题，强调一步一步严格地进行系统分析和设计，是目前被广泛采用的系统开发方法。存在的问题是系统开发周期过长，完全按照步骤实施在实际工作中有一定的困难。

2. 原型法

原型法也称作渐进法或迭代法，是指由系统分析设计人员与用户合作，在短期内定义用户基本需求的基础上，开发出来的一个只具备基本功能、实验性的、简易的应用软件并不断协商修改最后形成实际系统的开发方法（见图3-7）。原型方法是随着计算机软件技术的发展，特别是在关系型数据库系统（RDBS）、第四代程序生成语言和各种系统开发生成环境产生的基础之上，提出的一种应用全新设计思想、工具、手段的系统开发方法。

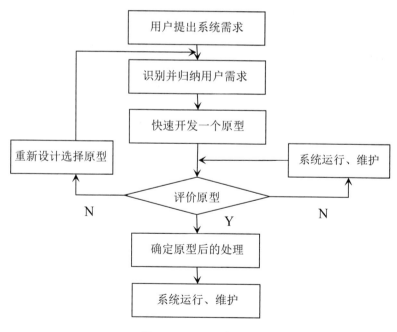

图3-7 原型法流程图

原型法首先由用户提出开发要求，开发人员识别和归纳用户要求，根据识别、归纳的结果，构造出一个原型（即程序模块），然后同用户共同评价这个原型。如果行不通，则回到重新构造原型；如果不满意，则修改原型，直到用户满意为止。原型法摒弃了结构化方法的烦琐做法，继承了其合理的内核，一开始就凭借着系统开发人员对用户要求的理解，在强有力的软件环境支持下，给出一个实实在在的系统原型，然后与用户反复协商修改，最终形成实际系统，是对结构化开发方法的发展和补充。这种相互补充、相互促进的系统开发方式将会是今后若干年信息系统或软件工程中所使用的主要方法。

3. 面向对象开发方法

面向对象开发方法（Object Oriented）是以用例驱动的、以体系结构为中心的、迭代的和渐增式的开发方法。面向对象是相对于面向过程来讲的，面向对象方法是把相关的数据和方法组织为一个整体来看待，从更高的层次来进行系统建模，更贴近事物的自然运行模式，是一种对现实世界理解和抽象的方法，是计算机编程技术发展到一定阶段后的产物。

面向对象开发方法的开发过程主要包括需求分析、系统分析、系统设计和系统实现四个阶段，但是各个阶段的划分不像结构化开发方法那样清晰，而是在各个阶段之间迭代进行的。面向对象的概念和应用目前已超越了程序设计和软件开发，扩展到如数据库系统、交互式界面、应用结构、应用平台、分布式系统、网络管理结构、CAD 技术、人工智能等领域，具有广阔的应用前景，也是今后电子档案管理相关信息系统开发值得探索的方向。

第四章
电子档案形成与收集

第一节　电子档案的形成

一、电子档案形成定义

电子档案的形成是确定电子档案与电子数据（文件）边界、划分档案工作与文书、业务工作职责分工的关键工作流程。按照传统档案理论，一般认为文件材料归档前为文件材料，归档后为档案，但在实际工作中档案管理往往会延伸到归档前。比如通过"文件材料归档范围""归档文件整理规则"等规范文件材料的收集、整理工作等。因此，把是否完成归档作为电子档案与电子数据（文件）、档案工作与文书、业务工作职责分界是不适当的，既不符合档案工作实际，也与档案生命周期理论、文档一体化管理和前端控制思想相悖。

实际上，在现行的法律制度框架内，电子数据（文件）办理完毕或者达到法定条件时，电子数据（文件）就即时纳入电子档案管理范畴并作为电子档案管理〔本书认为，电子数据（文件）呈现以上状态时应当称为电子档案，但考虑到使用习惯，后文暂采用传统说法〕。换言之，电子数据（文件）办理完毕或者达到法定条件即产生了形成的结果，实现了电子档案的形成。电子档案的形成过程则应当从办理完毕或者达到法定条件一直向前延伸，并与电子数据（文件）管理、文书管理工作相衔接（见图4-1）。当然，电子档案形成过程的长短与形成方式密切相关，如果是创建生成的，则形成过程可以延伸至创建起始；如果是接收形成，形成过程则只延伸至接收起始。

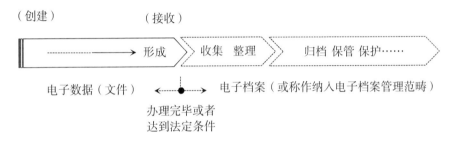

图 4-1　电子档案形成示意图

　　综上所述，电子档案形成是指通过创建或接收方式生成电子档案的过程。可以从以下角度认识电子档案形成：

　　第一，电子档案形成是一个过程，这个过程一般从电子数据（文件）创建或接收开始，到办理完毕或达到法定条件为止。

　　第二，电子档案形成会产生一种结果，即符合档案工作要求的电子档案正式出现并纳入档案工作范畴。

　　第三，电子档案形成过程并不自然产生电子档案形成结果，因而需要对形成过程进行管理和控制。

　　第四，电子档案形成过程的管理和控制是电子档案管理的起点，是电子档案生命周期的第一个阶段。

二、电子档案形成方式

　　电子档案形成方式主要分为创建和接收两种。

1. 创建

创建（create）又称生成、产生、编制、制作等，是指形成者在履行其法定职责或者处理事务过程中，通过计算机等电子设备生成电子档案的过程。根据生成电子档案的电子设备的不同，电子档案创建可分为三类：

第一，由数字录音设备、数字照相设备、数字摄像设备、扫描仪等电子设备创建；

第二，由字处理软件、绘图软件、图像处理软件、音视频编辑软件、计算机辅助系统等桌面系统（应用程序）创建；

第三，由数据库系统支撑的业务系统创建，比如办公自动化系统（OA）、电子政务系统（EGS）、企业资源计划系统（ERP）、产品数据管理系统（PDM）等。

2. 接收

接收是指组织机构从其他单位或个人接收电子档案的活动。接收的途径一般通过网络传递，比如通过电子邮件系统、电子公文传输系统、在线政务服务平台工作流接收等。接收也可以介质传递方式进行，比如采用光盘、移动硬盘等面向单位或个人接收或征集电子档案等。

三、电子档案形成原则

电子档案的形成要求是电子档案"四性"要求在形成阶段的集中反映。电子档案形成要满足依法形成、数据完整、要件齐备、样式合规、格式规范和质量合格六方面要求。

1. 依法形成

依法形成是指遵循法律法规、监管要求，自律性组织制定的有关准则以及已经适用于各单位自身业务活动的行为准则。电子档案依法形成有两层含义，简而言之就是"按需形成"并且"形成合法"：一是组织机构在履行职责过程中应当按照有关程序和要求形成电子档案。比如在开展业务、党建、人事、财务等工作中要按照业务工作、党建工作、人事工作、财务工作的程序和要求形成电子档案；二是电子档案的创建、接收等要符合法律法规、业务监管要求、行业规范和行为准则的要求。对于所有形成机构而言，电子档案留存、管理的直接动力就在于证明电子档案记录的业务过程合乎相关规范要求，这里的规范要求既包括法律法规、业务监管等强制性要求，也包括行业规范、行业准则等自律性要求。比如企业电子档案形成既要符合法律法规要求，也会选择适用《质量管理体系 基础和术语》（GB/T 19000–2016/ISO 9000:2015）有关"成文信息（documented information）"的相关要求。

2. 数据完整

数据完整是指电子数据（文件）及其组件齐全、完整。包括五方面含义：一是组织机构建设、使用的每一种业务系统形成的电子数据（文件）都应收集归档，确保反映本单位主要职能的文书、科技、人事、会计、专业、音像等各门类电子档案齐全完整。二是各门类下归档年度内的电子数据（文件）应齐全完整，凡属于归档范围的电子数据（文件）要应收尽收、应归尽归，保证年度内电子档案的齐全完整。三是关于同一事由的往来电子数据（文件）应齐全完整。四是每一件（自然件）电子数据（文件）的组件应齐全完整，比如电子公文发文的正本、文件处理单、定稿或修改稿等应齐全完整。五是基本元数据应齐全完整。电子（数据）文件从创建到管理全过程中，应基于系统全程采集电子档案基本元数据，包括有关电子档案内容、背景、结构和管理过程的元数据，确保归档节点、电子档案移交节点应有的基本元数据齐全完整。

3. 要件齐备

要件齐备是指构成电子档案的法定生效要件要齐全完备。比如公文法定生效要满足两项条件：一是本机关负责人或受权机关主要负责人审批签发，二是发文机关署名、署成文日期并加盖印章（有特定发文机关标志的普发性公文和电报可以不加盖印章）。电子公文的生效要件与纸质公文相同，除审批签发外，要求有发文机关署名的电子公文应当加盖发文机关电子印章，并与署名机关相符；有特定发文机关标志的普发性电子公文可以不加盖电子印章。按照业务领域划分的其他电子档案类型，如电子证照、电子发票、电子合同、电子病历、电子图纸也要满足其法定生效要件。比如国家税务总局 2020 年发布《国家税务总局关于增值税发票综合服务平台等事项的公告》规定"纳税人通过增值税电子发票公共服务平台开具的增值税电子普通发票，属于税务机关监制的发票，采用电子签名代替发票专用章，其法律效力、基本用途、基本使用规定等与增值税普通发票相同"，用电子签名作为电子发票生效要件。

4. 样式合规

样式合规是指电子档案应具有法定样式。比如电子公文版面格式应符合但不限于以下要求：电子公文正本的公文版面格式应符合《党政机关公文处理工作条例》第三章要求；电子公文正本的页面尺寸及版面要求、公文版面格式各要素编排规则、公文的特定版面格式、式样应分别符合《党政机关公文格式》（GB/T 9704-2012）第 5 章、第 7 章、第 10 章、第 11 章的要求。按照业务领域划分的其他电子档案类型，比如电子证照、电子发票（见图4-2）、电子合同、电子病历、电子图纸也要满足其法定样式要求。

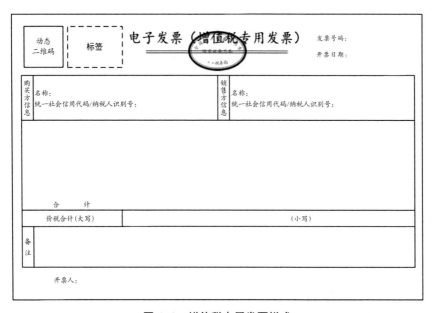

图 4-2　增值税电子发票样式

需要注意的是，近年来电子发票等票据在应用过程中有弱化版面样式的趋势，这与电子档案外观（presentation）要素不确定性的特点密切相关。在进行电子档案具体管理时，应当及时跟进国家最新的政策规定，按照要求处理好样式合规问题。

5. 格式规范

文件格式是指电子档案在计算机等电子设备中组织和存储的编码方式，是应对电子档案长期保存的关键。目前我国没有专门针对电子档案文件格式的通用判定标准。《版式电子文件长期保存格式需求》（DA/T 47-2009）对版式文件格式提出需求，包括格式开放、不绑定软硬件、文件自包含、格式自描述、显示一致性、持续可解释、稳健、可转换、利于存储、支持技术认证机制、易于利用等。其中，格式开放、不绑定软硬件、持续可解释、稳健、可转换等要求可以适用于其他类型电子档案文件格式的判定。结合澳大利亚和新西兰国家档案馆共同发起的《澳大拉西亚数字档案保存倡议》（Australasian Digital Recordkeeping Initiative，ADRI）等国内外实践做法，电子档案文件格式可以按照表 4-1 予以确定。

表 4-1　电子档案文件格式选择标准

广泛采用（widely adopted）	该格式在世界范围内被广泛使用和支持
格式开放（unrestricted）	该格式没有专利和许可限制，厂商中立，最好使用开源原则
持续解释（well documented）	格式使用公开算法，未被加密或压缩（可使用无损压缩），格式规范公开详细，具有适当技能的人可以开发软件正确显示它
格式稳健（stable）	文件格式稳定，版本升级更新有序，前后兼容或具有明确的迁移路径，设置有效的容错机制
平台无关（platform independent）	该格式被广泛的软件支持或与平台无关，文件的使用和展现不依赖于特定的软件
支持有力（supported）	供应商、社区或第三方可随时提供技术支持
转换方便（convertible）	支持其他格式与该格式相互转换，支持将过时的格式转为新版的格式
元数据友好（metadata friendly）	文件格式支持元数据

　　根据电子档案管理需求并参考上述文件格式选择标准，电子档案在形成、收集时可以采用下列通用文件格式（见表 4-2），有专门规定的，从其规定。

表4-2　电子档案通用文件格式

文件格式类型	文件格式子类型	选用格式
文本文件格式	版式文件格式	OFD、PDF、双层 OFD、双层 PDF、PDF/A
	流式文件格式	WPS、DOC、DOCX、RTF
图像文件格式		JPG、TIF、PNG、BMP
图形文件格式	二维图形文件格式	SVG、SWF、WMF、EMF、EPS、DXF
	三维图形文件格式	STEP、IGS、PDF/E
音频文件格式		WAV、MP3
视频文件格式		MPG、MP4、FLV、AVI、MXF
数据文件格式		ET、XLS、DBF、MDB、XML
电子邮件文件格式		EML
网站网页文件格式		WARC、HTML

6. 品质合格

品质合格主要针对照片、录音、录像等门类档案，是对影像、语音质量提出的针对性要求。根据实践经验，为保证声像类电子档案主题鲜明、影像和语音清晰、人物形象端正，具有较高的品质，照片类电子档案要求可交换图像文件（EXIF）信息保存完整，像素数不低于300万；录音类电子档案要求音频采样率不低于44.1kHz；录像类电子档案比特率不低于8Mbps（见表4-3）。

表4-3　电子档案品质要求

类　型	品质要求
图像类	可交换图像文件（EXIF）信息保存完整，像素数不低于300万
录音类	音频采样率不低于44.1kHz，量化位数24 bit
录像类	分辨率不低于720×576或720×480；色度采样率不低于4∶2∶0；视频量化位数不低于8 bit；比特率不低于8Mbps；音频采样率不低于48 kHz；音频量化位数不低于16 bit

第二节　电子档案的收集

电子档案收集是指将形成的电子档案按一定要求汇集起来。电子档案收集工作包括两方面内容：一是从宏观层面确定电子档案收集范围；二是在收集范围基础上，从微观层面确定电子档案的收集对象。

一、电子档案收集范围

1. 收集范围的确定标准

电子档案收集范围是由文件材料归档范围与档案保管期限表（以下简称档案保管期限表）确定的。档案保管期限表是以表册形式列举档案的来源、内容、形式并指明其保管期限的一种指导性文件，是确定电子档案收集范围的唯一标准。

各组织机构要按照《机关档案管理规定》（国家档案局令第 13 号）、企业档案管理相关规定确定的归档范围业务活动标准，《机关文件材料归档范围和文书档案保管期限规定》（国家档案局令第 8 号）、《企业文件材料归档范围和档案保管期限规定》（国家档案局令第 10 号）确定的归档范围内容标准，结合各门类档案具体归档范围要求（见表 4-4）编制本机构档案保管期限表，经档案主管部门审查同意后作为确定本机构电子档案收集范围的依据性文件。各组织机构所属单位编制档案保管期限表需经组织机构同意后执行。

表 4-4　档案保管期限表编制门类标准

档案门类	编制依据
文书档案 （管理类）	《机关文件材料归档范围和文书档案保管期限规定》（国家档案局令第 8 号） 《企业文件材料归档范围和档案保管期限规定》（第 10 号令）
会计档案	《会计档案管理办法》（财政部 国家档案局令第 79 号）
科研档案	《科技技术研究档案管理规定》（国家档案局、科技部令第 15 号） 《科学技术研究课题档案管理规范》（DA/T 2-1992）

档案门类	编制依据
基建档案	《建设项目档案管理规范》（DA/T 28–2018） 《建设工程文件归档规范》（GB/T 50328–2019） 《国家电子政务工程建设项目档案管理暂行办法》
照片档案	《照片档案管理规范》（GB/T 11821–2002） 《数码照片归档与管理规范》（DA/T 50–2014）
录音档案 录像档案	《录音录像档案管理规范》（DA/T 78–2019）
政务事项	《政务服务事项电子文件归档规范》（DA/T 85–2019）
公务电子 邮件	《公务电子邮件归档与管理规则》（DA/T 32–2005）
网页信息	《政府网站网页归档指南》（DA/T 80–2019）
其他门类	按照国家相关规定执行

各组织机构在编制档案保管期限表时要充分考虑电子档案形成特点和管理规律，合理界定文件材料归档范围与保管期限。同时，要按照《国家档案局关于全面推行机关档案分类方案、文件材料归档范围和档案保管期限表三合一制度的通知》要求，进一步规范档案门类划分、统一档案分类方法、理顺档案整理要求，编制包含分类方案、归档范围和保管期限"三合一"的档案保管期限表（见图4-3、表4-5），不仅指导电子档案的形成与收集工作，同时也规范整理与归档、鉴定与销毁等工作。

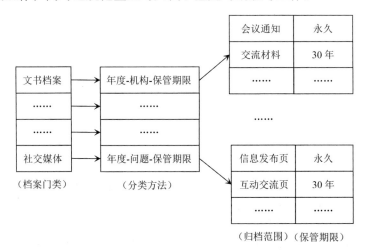

图4-3 "三合一"档案保管期限表示意图

表 4-5　文件材料归档范围和档案保管期限表（样例）

文件材料归档范围和档案保管期限表

一、档案分类方案

（一）门类划分

本机关档案门类划分为文书（WS）、科技（KJ）、会计（KU）、人事（RS）、专业（ZY）、照片（ZP）、录音（LY）、录像（LX）、业务数据（SJ）、公务电子邮件（YJ）、网页信息（WY）、社交媒体（MT）、实物（SW）等 13 个一级档案门类；科技档案分为科研（KJ·KY）、基建（KJ·JJ）、设备（KJ·SB）3 个二级门类；专业档案按实际情况划分二级门类。

（二）分类方法及档号结构

1. 文书档案按照年度、机构（问题）、保管期限等分类项进行分类。

档号结构为：全宗号－档案门类代码·年度－保管期限代码－机构（问题）代码－件号。例：A001-WS·2022-Y-BGS-0001

2. 科技档案按照年度（或课题、项目、型号）、保管期限等分类项进行分类。

档号结构为：全宗号－档案门类代码·年度（目录号、课题号、项目号、型号）－保管期限代码－案卷号－件号。例：A001-KJ·JJ·2022-Y-001-0001。以件为单位整理的，参照文书档案执行。

3. 专业档案按照年度、保管期限等分类项进行分类。

档号结构为：全宗号－档案门类代码·年度－保管期限代码－案卷号－件号。例：A001-ZY·SS·2022-Y-001-0001。以件为单位整理的，参照文书档案执行。

4. 照片、录音、录像、业务数据、公务电子邮件、网页信息、社交媒体、实物档案按照年度、机构（问题）、保管期限等分类项进行分类。档号结构为：全宗号－档案门类代码·年度－保管期限代码－机构（问题）代码－件号。例：A001-ZP·2022-Y-001-0001。

5. 会计、人事档案的分类方法和档号结构参照有关规定执行。

（注：分类方法和档号结构在满足科学性、规范性情况下，可以根据实际情况予以调整。）

（三）编号规范

档号按照分类方法分段组成，上、下位代码之间用"-"（短横）连接，同一级代码之间用"·"（小圆点）隔开。

1. 全宗号：采用 4 位数字或者字母与数字的结合标识，本机关全宗号为A001。

2. 档案门类代码：采用 2 位字母标识。存在二级门类的，一、二级门类均采用 2 位字母标识，中间用"·"隔开。

3. 年度：采用 4 位数字标识。

4. 目录号、课题号、项目号、型号：采用 4 位数字或字母与数字的组合标识。

（续表）

本机关基建档案项目号按 0001、0002······顺序编列。

　　5. 机构（问题）代码：采用 3 位数字或字母与数字的组合标识。本机关机构代码按办公室（BGS）、法规处（FGC）······编列；照片、录音、录像档案问题代码分别按照 001、002······顺序编列；实物档案问题代码按照印章（001）、题词（002）······编列。

　　6. 保管期限代码：采用字母或字母与数字的组合标识。保管期限永久、定期 30 年、定期 10 年分别以代码 Y、D30、D10 标识。

　　7. 案卷号：采用 3 位数字标识，不足 3 位的前面用"0"补足。

　　8. 件号：采用 4 位数字标识，不足 4 位的前面用"0"补足。

二、各门类文件材料归档范围和档案保管期限表

（一）文书档案

1. 办公室

······

1.6 本机关编辑、编写的文件材料

1.6.1 大事记、组织沿革	永久
1.6.2 简报、情况反映、工作信息	10 年

······

科技档案

（三）专业档案

······

（十一）社交媒体

（注：会计档案、人事档案按照相关规定执行，此处不需编列。本表也可以采用表格形式。）

2. 收集范围的确定方法

　　档案保管期限表适合于通过人工方式对传统载体档案的分类方法、归档范围和保管期限进行判定，在信息化环境中应用时需要转化成电子档案保管期限表（见表 4-6），形成系统内的数据库表文件供鉴定功能调用，以实现通过系统进行自动或半自动处理的目标。电子档案保管期限表可以扩展为电子档案保管期限与处置表（详见第八章第二节），自动或半自动开展电子档案处置工作。

表 4-6　电子档案保管期限表示例

档案门类	归档范围	保管期限	关键词
文书	本机关党委年度工作总结、工作计划安排：年度的	永久	某某局；党委；年度；总结；计划；年度
文书	本机关党委年度工作总结、工作计划安排：半年以下的	10 年	某某局；党委；年度；总结；计划；月；季度；半年
文书	本机关党委关于党员违反党纪、党风处理的有关文件材料：查实问题严重、移送处理的	永久	某某局；党委；党员；违反党纪；党风；处理；问题严重；移送
文书	本机关党委关于党员违反党纪、党风处理的有关文件材料：一般警告、记过	30 年	某某局；党委；党员；违反党纪；党风；处理；警告；记过

　　电子档案保管期限表要严格按照档案保管期限表编制，在档案保管期限表的分类方法、归档范围、保管期限等内容基础上，通过在每个归档范围条目中增加关键词等方式，形成系统可识别、可执行的表册形式数据库文件。机构在建设业务系统或电子档案管理系统时，要将电子档案保管期限表植入业务系统（独立式电子档案管理系统植入电子档案管理系统），与分类、归档范围与保管期限划分功能相关联，为自动半自动判定归档范围与保管期限提供支撑。需要说明的是，由于电子档案保管期限表是严格按照经档案主管部门审查同意后的档案保管期限表内容编制的，编制完成后无需再重复征得档案主管部门审查同意。

　　总之，电子档案收集范围确定基本方法是依据档案保管期限表编制电子档案保管期限表，并在系统建设时将电子档案保管期限表植入系统，然后通过系统对收集范围自动判断，或者提供判断建议后再由各部门指定人员进行判断，最后经档案人员审核同意后确定（见图 4-4）。

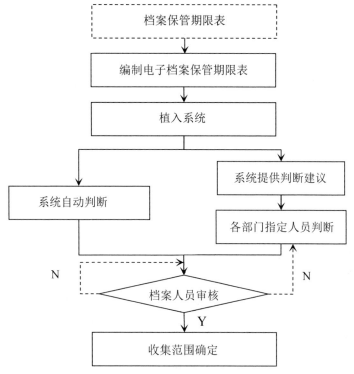

图 4-4　电子档案收集范围确定流程

二、电子档案收集对象

电子档案收集对象是在划定电子档案收集范围基础上，从微观层面界定的、需要纳入收集范围的文档、元数据、电子签名等数字对象。收集对象的确定又称作识别（identify），是指在数字环境中将电子档案与其他信息相区别的过程。

为从根源上说明收集对象的识别与收集，下面将数字对象区分成结构化数据、非结构化数据进行介绍。

1. 非结构化数据的识别与收集

在非结构化数据管理系统（比如办公自动化或类似于办公自动化管理系统）中，系统的主要管理对象为非结构化数据，有关业务活动或事项处理的数据已经汇集为一个个具有逻辑结构的 WPS 或 OFD 文档。在这种情况下，电子档案识别相对容易，只要按照《归档文件整理规则》（DA/T 22-

2015）和其他门类档案整理规则和管理规范要求，明确需要收集的文档范围就可以了。比如对于电子公文来说，文件办理过程中收到的文档，发文形成的正本、定稿、花脸稿等文档都是需要收集的对象，要按照规定的文件格式进行收集，格式不符合要求的应当进行格式转换；其他稿本的文档、电子公文办理过程中用作参考的文档等都不作为收集对象。另外，文件办理过程中形成的文件处理单、发文稿纸、元数据，需要按照结构化数据的要求进行识别和收集。

2. 结构化数据的识别与收集

结构化数据的识别相对复杂（详细分析参见 ISO 16175–1:2020 8.2.4），需要区分不同情况分别确定收集对象和收集方法。结构化数据管理在实践中有三种比较典型的情况：

第一种情况是数据库存在多个数据表（见图 4-5），但不需要形成固定的报表样式，比如电子档案元数据表、针对某项工作形成的统计数据表等。这种情况下的收集对象就是这些数据表以及相应的元数据信息，要按照《档案关系型数据库转换为 XML 文件的技术规范》（DA/T 57–2014）要求，将关系型数据库转换为一组 XML 文件以及 XML Schema 文件，将数据库的用户、角色、权限、数据表结构、数据表关系、视图、存储过程、约束、索引、触发器等元数据信息存储在一个 XML 文件中，各个数据表的数据也分别存储在不同的 XML 文件中。这种做法与瑞士联邦档案馆的 SIARD(Software Independent Archiving of Relational Databases) 项目提出的数据库归档思路和要求基本一致。

第二种情况是数据库存在多个数据表，需要形成固定的报表样式（见图 4-6），比如电子公文文件处理单、电子证照、电子发票等。这种情况下的收集对象分两部分，一部分是数据库存在的多个数据表，可以按照第一种情况中的做法进行识别和收集；另一部分是规定的报表样式，可以根据数据库的不同进行收集。这样将两部分内容收集起来导入电子档案管理系统后，可以根据需要形成规定的报表。当然，如果需要将报表内容和样式都固化下来，也可以将生成的报表转成 OFD 等版式文件后再进行收集。

第三种情况是数据库存在多个数据表，但只有其中特定部分的数据需要纳入收集范围。在这种情况下，电子档案是由来自不同数据表的数据元素，以及联接这些元素并提供支撑该档案的必要结构及背景所需的相关元数据组成，要分析数据结构、数据模型和分类模型，识别并抽取出具体数据元素和结构及背景元数据。以图 4-5 为例，如果只需要留存 student_id 为 3 的数据，则需要将表 1、表 2、表 3 中 student_id 为 3 的有关数据抽取出来（见深色底纹标识的数据），重新组成新的数据表，然后按照第一种情况中的做法进行收集。

表 1：人员名单表

id	name	class
1	丁小瞻	A
2	丁小齐	B
3	丁小娟	C

表 2：学习科目表

id	subject
1	语文
2	数学

表 3：考试成绩表

student_id	subject_id	grade
1	1	94
1	2	99
2	1	90
2	2	100
3	1	75
3	2	92

图 4-5 数据表

德小期中考试成绩单

姓名：

班级：

分数：

语文_____

数学_____

等次：

照片

图 4-6 报表样式

　　需要说明的是，在业务系统中一般都会同时存在非结构化数据和结构化数据，需要分别按照前述非结构化数据、结构化数据的识别与收集要求，将两方面内容都收集起来。比如在办公自动化系统中，既存在以非结构化数据形式出现的各类文档，又存在以结构化数据形式元数据、以结构化数据加固定报表样式出现的文件处理单和发文稿纸，需要一方面将各类文档收集起来，另一方面将元数据、发文稿纸分别按照前述第一种情况、第二种情况收集起来。当然，如果需要将文件处理单和发文稿纸中的内容和样式都固化下来，文件处理单和发文稿纸也可以转成 OFD 等版式文件进行收集。

第三节 元数据的收集

元数据的收集是电子档案收集工作的重要内容。从本质上来说，元数据收集是本章第二节结构化数据识别和收集的重要内容。不过，由于元数据在保障电子档案真实性、完整性、可用性等方面的特殊作用，在电子档案管理工作中一直作为一类特殊的结构化数据进行规范和管理。

一、元数据收集策略

元数据与电子档案数字对象在收集方面的最大的区别，就是元数据是在电子档案的整个生命周期内不断增加的，元数据的收集贯穿于电子档案管理的整个生命周期。为保证元数据完整，在业务系统、电子档案管理系统设计与开发时就应当对元数据的收集进行规划，并按照生成节点及时捕获。以电子文书档案为例。

1. 业务系统生成或捕获

主要包括文号、责任者、题名、日期、密级和保密期限、计算机文件名、计算机文件大小、格式信息、数字签名（包括签名格式描述、签名时间、签名者、签名结果、证书、证书引证、签名算法）等。

2. 电子档案管理系统中生成或捕获

主要包括档案馆名称、档案馆代码、全宗名称、立档单位名称、全宗号、年度、保管期限、件号、页号、在线存址、离线存址等。

3. 业务系统和电子档案管理系统任何一方形成和捕获

主要包括主题词、关键词、人名、机构或问题、类别号、分类号、授权对象、授权行为、控制标识等。

4. 业务系统和电子档案管理系统中均有形成

主要包括机构和人员元数据（包括机构名称、人员名称、组织机构代码、个人职位），业务实体元数据（包括业务行为、行为时间、行为依据、行为描述），实体关系元数据（包括实体标识符、关系类型、关系、关系描述）等。

其他类型电子档案元数据的形成捕获节点可参照上述方法规划和实施。

二、元数据收集范围

《数字档案室建设指南》《电子文件归档与电子档案管理规范》（GB/T 18894–2016）、《文书类电子文件元数据方案》（DA/T 46–2009）、《照片类电子档案元数据方案》（DA/T 54–2014）、《录音录像类电子档案元数据方案》（DA/T 63–2017）等对不同门类电子档案元数据收集范围作出了明确规定。

1. 电子文书档案元数据

电子文书档案（电子公文、文书类电子档案）元数据收集范围主要包括聚合层次、立档单位名称、档号（门类代码、年度、机构或问题、保管期限、件号）、责任者、题名、·日期、密级和保密期限、计算机文件名、计算机文件大小、格式信息、存储（在线存址、离线存址）、数字签名（签名格式描述、签名时间、签名者、签名结果、证书、证书引证、签名算法）和管理过程元数据等。记录关键管理过程的业务行为元数据包括登记、签名、销毁、移交、转换、迁移等（见表4–7）。类似电子文书档案的电子专业档案可以参照执行。

表 4–7　电子文书档案元数据收集范围

编号	元数据元素	编号	元数据元素	所属实体
M1	聚合层次			
M2	立档单位名称			
M3	档号	M4	门类代码	
		M5	年度	
		M6	机构或问题	档案实体
		M7	保管期限	
		M8	件号	
M9	责任者			
M10	题名			

（续表）

编号	元数据元素	编号	元数据元素	所属实体
M11	日期			
M12	密级和保密期限			
M13	计算机文件名			
M14	计算机文件大小			
M15	格式信息			
M16	存储	M17	在线存址	
		M18	离线存址	
M19	数字签名	M20	签名格式描述	档案实体
		M21	签名时间	
		M22	签名者	
		M23	签名结果	
		M24	证书	
		M25	证书引证	
		M26	签名算法	
M27	业务行为	M28	机构名称	
		M29	人员名称	主体实体
		M44	行为依据	业务实体
		M30	行为时间	授权实体
		M31	行为描述	

2. 数码照片元数据

数码照片元数据收集范围主要包括聚合层次、立档单位名称、档号（门类代码、年度、机构或问题、保管期限、件号）、责任者、题名、摄影者、编辑者、时间（摄影时间、编辑时间）、主题（地点、人物）、密级和保密期限、捕获设备（设备制造商、设备型号）、计算机文件名、计算机文件大小、格式信息、图像参数（图像宽度、图像高度、色彩空间）、存储（在线存址、离线存址）、数字签名（签名格式描述、签名时间、签名者、签名结果、证书、证书引证、签名算法）和管理过程元数据等。记录关键管理过程的业务行为元数据包括登记、签名、销毁、移交、转换、迁移等（见表4-8）。

表 4-8　数码照片元数据收集范围

编号	元数据元素	编号	元数据元素	所属实体
M1	聚合层次			
M2	立档单位名称			
M3	档号	M4	门类代码	
		M5	年度	
		M6	机构或问题	
		M7	保管期限	
		M8	件号	
M9	责任者			
M10	题名			
M11	摄影者			
M12	编辑者			
M13	时间	M14	摄影时间	
		M15	编辑时间	
M16	主题	M17	地点	档案实体
		M18	人物	
M19	密级和保密期限			
M20	捕获设备	M21	设备制造商	
		M22	设备型号	
M23	计算机文件名			
M24	计算机文件大小			
M25	格式信息			
M26	图像参数	M27	图像高度	
		M28	图像宽度	
		M29	色彩空间	
M30	存储	M31	在线存址	
		M32	离线存址	

（续表）

编号	元数据元素	编号	元数据元素	所属实体
M33	数字签名	M34	签名格式描述	档案实体
		M35	签名时间	
		M36	签名者	
		M37	签名结果	
		M38	证书	
		M39	证书引证	
		M40	签名算法	
M41	业务行为	M42	机构名称	主体实体 业务实体 授权实体
		M43	人员名称	
		M44	行为依据	
		M45	行为时间	
		M46	行为描述	

3. 数字录音录像元数据

数字录音录像元数据收集范围主要包括聚合层次、立档单位名称、档号（门类代码、年度、机构或问题、保管期限、件号）、责任者、题名、摄录者、编辑者、时间（摄录时间、编辑时间、时间长度）、主题（内容描述、内容起始时间、内容结束时间）、密级和保密期限、捕获设备（设备制造商、设备型号）、计算机文件名、计算机文件大小、格式信息、音频参数（音频编码标准、音频比特率、音频采样率、音频采样精度、声道）、视频参数（视频编码标准、色彩空间、分辨率、帧率、视频比特率、色度采样度、视频量化位数、画面高宽比）、存储（在线存址、离线存址）、数字签名（签名格式描述、签名时间、签名者、签名结果、证书、证书引证、签名算法）和管理过程元数据等。记录关键管理过程的业务行为元数据包括包括登记、签名、销毁、移交、转换、迁移等（见表4-9）。

表 4-9　数字录音录像元数据收集范围

编号	元数据元素	编号	元数据元素	所属实体
M1	聚合层次			
M2	立档单位名称			
M3	档号	M4	门类代码	
		M5	年度	
		M6	机构或问题	
		M7	保管期限	
		M8	件号	
M9	责任者			
M10	题名			
M11	摄录者			
M12	编辑者			
M13	时间	M14	摄录时间	
		M15	编辑时间	
		M16	时间长度	
M17	主题	M18	内容描述	档案实体
		M19	内容起始时间	
		M20	内容结束时间	
M21	密级和保密期限			
M22	捕获设备	M23	设备制造商	
		M24	设备型号	
M25	计算机文件名			
M26	计算机文件大小			
M27	格式信息			
M28	音频参数	M29	音频编码标准	
		M30	音频比特率	

编号	元数据元素	编号	元数据元素	所属实体
		M31	音频采样率	
		M32	音频采样精度	
		M33	声道	
M34	视频参数	M35	视频编码标准	
		M36	色彩空间	
		M37	分辨率	
		M38	帧率	
		M39	视频比特率	
		M40	色度采样度	
		M41	视频量化位数	
		M42	画面高宽比	档案实体
M43	存储	M44	在线存址	
		M45	离线存址	
M46	数字签名	M47	签名格式描述	
		M48	签名时间	
		M49	签名者	
		M50	签名结果	
		M51	证书	
		M52	证书引证	
		M53	签名算法	
M54	业务行为	M55	机构名称	
		M56	人员名称	
		M57	行为依据	主体实体 业务实体 授权实体
		M58	行为时间	
		M59	行为描述	

需要说明的是，上述收集范围仅规定了电子档案元数据基本范围，或称作元数据收集范围基本集，各组织机构可根据自身实际添加适合本机构的档案管理的元数据项目。

第四节　电子签名的收集

一、电子签名定义

《电子签名法》第二条规定，电子签名是指数据电文（指以电子、光学、磁或者类似手段生成、发送、接收或者储存的信息）中以电子形式所含、所附用于识别签名人身份并表明签名人认可其中内容的数据。

1. 电子签名的分类

（1）从存在形式来看，电子签名分为附随式、包含式。附随式是指签名信息独立于数据电文存在，签名信息与数据电文各为独立信息形式进行管理，比如电子病历系统中医生诊断信息签名后作为一个字段放在数据库中，与诊断信息关联。包含式是指签名信息包含在数据电文中，比较典型的做法是在版式格式中设置签名域（块）专门用于存放电子签名及证书信息。

包含式以《电子文件存储与交换格式 版式文档》（GB/T 33190-2016）规定的 OFD 为例（见图 4-7 虚线内部分）。该版式文件包括一个 Signs 作为数字签名存储目录，Signatures.xml 为签名列表文件，Sign_N 存放第 N 个签名／签章，其中 Seal.esl 为电子印章文件，Signature.xml 为签名／签章描述文件，SignedValue.dat 为签名值文件。相对于附随式电子签名，包含式电子签名管理起来更为集约、方便。

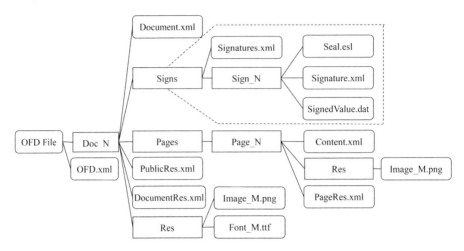

图 4-7　OFD 文件层次组织结构（电子签名）

（2）从外观呈现来看，电子签名可分为隐含式（签名外观无任何文字、图形等可见标记，即签名是不可见的）、文本式（签名外观是一组无个体特征的通用字体文字，例如楷体、隶书等）、图形图像式（签名外观是有个体特征的手写签名文字构成的图形或印章图像）。

比较典型的隐含式比如增值税电子专用发票的销售方电子签名；文本式比如电子公文办理过程中的无个性特征的个人签名；图形图像式是比如有个体特征个人签名、电子印章等（见图 4-8）。

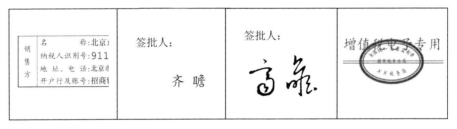

图 4-8　隐含式、文本式、图形图像式（手写图形）、图形图像式（电子印章）

（3）从实现技术来看，电子签名主要有基于公钥基础设施（Public Key Infrastructure，PKI）的公钥密码技术的数字签名技术；以生物识别信息（包括但不限于人脸、指纹、手形、虹膜、视网膜、声音等）为基础的签名技术；让收件人能够识别发件人身份的密码代号、密文或个人识别码等。目前技术成熟且在国内外实际普遍使用的是基于 PKI 的数字签名技术。

2. 可靠的电子签名

《电子签名法》明确规定，可靠的电子签名与手写签名或者盖章具有同等的法律效力。电子签名同时符合下列条件的，视为可靠的电子签名：

（1）电子签名制作数据用于电子签名时，属于电子签名人专有；

（2）签署时电子签名制作数据仅由电子签名人控制；

（3）签署后对电子签名的任何改动能够被发现；

（4）签署后对数据电文内容和形式的任何改动能够被发现。

《电子签名法》对于实现可靠数字签名没有规定特定技术要求，但目前国际上比较公认、技术成熟是基于数字证书的电子签名技术，即前述分类中基于 PKI 的公钥密码技术的数字签名技术。

数字签名技术是公钥加密技术（也称为非对称加密）与数字摘要技术（也称为散列算法或哈希算法）相结合的应用。数字证书则是由权威公正的第三方认证机构（Certificate Authority，CA）对证书申请者真实身份验证之后，用 CA 的根证书对申请人的一些基本信息（证书持有者的姓名、证书持有者的公钥、公钥有效期、颁发数字证书的机构、数字证书的序列号等）以及申请人的公钥进行签名（相当于加盖发证书机构的公章）后形成的一个数字文件。拥有 CA 的数字签名可以证明签名人的真实身份，可查，可追溯，使其具备不可抵赖性。

基于数字证书的可靠电子签名的原理就是电子签名人通过计算机将与其唯一对应的签名数据通过某种算法处理附加在原始待签数据电文上，在保证数据传输私密、不会被篡改的前提下，将附带有签名的数据电文发送给相关需要验证的收件人；收件人在收到签名文件需要验证时，再通过某种算法处理，将收到的文件与原始文件做对比，确认文件真实性（见图 4-9）。

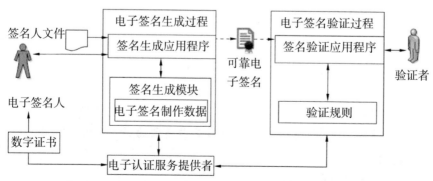

图 4-9 基于数字证书的可靠电子签名生成及验证逻辑框架

3. 电子印章

电子印章是电子签名的一种表现形式，符合要求的电子印章属于可靠的电子签名。电子印章利用图像处理技术将电子签名操作转化为与纸质文件盖章操作相同的可视效果，同时利用电子签名技术保障电子信息的真实性和完整性以及签名人的不可否认性。从技术角度来看，电子印章是将传统印章与电子签名技术进行结合，通过采用组件技术、PKI 技术、图像处理技术以及密码技术，按照公钥密码技术标准体系，以电子形式对电子文档进行数字签名及签章。

《党政机关电子印章应用规范》(GB/T 33481–2016) 基于《电子签名法》的基本法理，对党政机关电子公文印章的应用要求以及申请、审批、制作和验证流程做了规定，要求在管理和使用流程方面参照实物公章的管理模式，同时明确加盖电子印章的电子公文与纸质公文具有同等效力。电子印章通用管理要求包括：

（1）加盖在电子公文上的电子印章应具有与实物印章一致的外观；

（2）电子印章的管理、使用方式参照实物印章管理的有关要求；

（3）电子印章的制作和验证过程应依托电子印章系统实现；

（4）电子印章系统应综合应用数字图像技术和密码技术，保证盖章后的电子公文在传递、使用过程中的真实性、完整性、不可抵赖性和可验证性；

（5）电子印章系统的运行应依托于公钥基础设施提供信任基础保障，应符合国家电子政务电子认证管理的相关要求；

（6）电子印章应存储于密钥对载体（智能密码钥匙 UKey 或系统）中，满足离线或在线用章需求；

（7）密钥对载体、电子印章和签章的数据格式应遵循国家密码局的相关规范。

二、电子签名应用

1. 电子签名的重要价值

电子签名对于电子档案真实性保障具有重要意义，它可以从以下几个方面发挥作用：

（1）身份认证

电子签名是将电子档案以数学算法或其他方式运算得到的摘要信息用发送者的私钥加密，并以公钥加以验证的方式实现身份认证。在电子签名中，私钥持有者的私钥加密数据一旦被相应的公钥解密，则可以确定此数据加密定为该私钥持有者所为，此加密数据定为该私钥持有者生成，没有私钥的人无法生成和使用该私钥所生成的密文。

（2）完整性校验

完整性是指在传输、存储信息或数据的过程中，确保信息或数据不被未授权者篡改或在篡改后能够迅速发现。完整性校验实质是一种数据摘要过程：先利用哈希函数计算数据哈希值，然后将数据及其哈希值一起发送给对方，对方收到数据后，重新用哈希函数计算数据的哈希值，并与接收到的哈希值进行比对，以此判断数据是否被篡改。

（3）抗抵赖

抗抵赖是一种防止实体对其行为进行抵赖的机制，即从技术上保证实体对其行为的认可。采用单纯的电子签名只能对实体的行为是否发生进行验证，而无法验收实行发生行为的时间，实践中一般通过记入元数据或引入时间戳服务的方式证明行为发生时间，抗抵赖性更强。当然，时间戳有效期比较有限，无法满足电子档案长期保存要求。

2. 电子签名的验证困境

（1）因脱离原验证软硬件环境签名无法验证

电子签名进行认证时需要验证证书的有效性和证书持有者身份的合法性，需要读取认证服务机构保存的认证信息，还需要在浏览器或操作系统中嵌有电子签名必需的算法。由于电子数据（文件）归档后往往要脱离原生网络、操作系统、应用系统等系统环境和阅读环境，如果电子档案管理系统不具备签名环境，则无法验证数字证书的有效性，起不到电子签名的认证作用。尤其是外来采用内部签名系统的电子数据（文件），一旦离开原机构，根本无法进行验证。

（2）因时间推移证书或算法等失效

《电子签名法》第二十四条规定，"电子认证服务提供者应当妥善保存与认证相关的信息，信息保存期限至少为电子签名认证证书失效后五年"。电子签名需要依赖数字证书中标识的算法、密钥等技术存在，在一定期限后电子签名所依赖的算法、密钥可能被破解或丢失，数字证书可能被撤销，使得电子签名无法验证。由于电子档案保管期限一般高于数字证书或算法有效期限，即使保存电子档案管理系统具有签名环境，也无法进行电子签名验证。

（3）因格式迁移使原签名验证失效

在电子档案长期保存过程中有时要进行格式迁移，迁移后的电子档案可能会失去原签名数据，使原签名不复存在。即使对原签名进行了原样迁移，因签名数据格式的变化往往导致电子签名完整性验证失败。

三、电子签名收集

1. 收集策略

鉴于电子签名在电子档案管理中的重要价值以及在验证方面存在问题，在电子档案管理中进行电子签名收集应当遵循以下策略：

（1）电子签名应当作为电子档案的重要组成部分予以收集并作为归档对象。电子签名是关于电子档案管理的一段重要数据，本质上同电子档案元数据一样，属于数据的数据，尤其电子签名还在保证电子档案真实性上承担一定的功能性作用，因而在电子档案管理中应当予以收集留存。

（2）不同形式、价值的电子签名应当在收集范围和要求上有所区分。电子档案在管理过程中一般会产生两类以上的电子签名，在收集时应当有所区别。以电子公文管理为例，第一类是在电子公文办理过程中以个人身份进行的电子签名，包括电子公文印发前的领导签批用电子签名；第二类是电子公文正本中的电子印章；第三类是电子公文归档、移交等关键工作流程形成的电子签名。在这些电子签名当中，领导签批电子签名、电子印章、关键流程电子签名应当全面、重点收集，其他电子签名收集范围和要求可以适当放宽。

（3）电子签名的收集可以尽量满足合理期限内验证要求，但不以永久得到验证为目标。电子签名收集的一个重要目标就是保持电子签名在合理期限内的可验证性，但是由于电子签名在长期验证方面存在的缺陷，电子签名的收集不以永久得到验证为目标，而是通过留存详细的元数据或文档描述电子签名的产生、管理和验证过程的方法支撑电子档案真实性管理。

（4）电子签名收集应当有助于电子档案真实、完整、可用与安全管理，不能影响电子档案管理"四性"要求。电子数据（文件）归档、移交时，应当确保电子印章的显示形式不因离开原系统而发生改变。实践中存在电子印章不可验证就不能显示或不正常显示印章外观属性（印章图形）情况，导致电子印章在电子档案管理系统中不能显示原印章，损坏了电子档案的完整性与可用性。这种情况下，需要将电子签名数据从电子档案签名域移除，不予收集。

2. 收集范围

下列电子签名（如有）应当纳入收集范围（见表4-10），重要电子签名同时收集签名数据和过程元数据，一般签名只收集过程元数据。其中签名数据包括签名规则、签名时间、签名人、签名结果、证书、证书引证、签名算法标识等，附随式电子签名以 XML 文件收集，包含式电子签名以签名元数据形式收集；过程元数据包括业务行为、行为时间、行为依据、行为描述、操作者等，按照元数据收集相关要求执行。

表 4-10　电子签名收集范围

实体	项目	签名形式	签名数据	过程元数据	验证环节
电子档案	办理过程（拟稿、核稿、审查）	电子签名	—	收集	归档前
	签发	电子签名	收集	收集	归档前
	用印	电子印章	收集	收集	归档前
	归档者（归档部门或归档人）	电子签名	收集	收集	归档前
	接收者（档案部门或接收人）	电子签名	收集	收集	接收后
	移交者（组织机构）	电子签名	收集	收集	移交前
	接收者（档案馆）	电子签名	收集	收集	接收后
电子档案登记表	归档者（移交者）、接收者	电子印章或电子签名	收集	收集	登记时

3. 收集对象

在具体收集对象上，签名数据包括签名格式描述、签名时间、签名者、签名结果、证书、证书引证、签名算法标识等，附随式电子签名以 XML 文件收集，包含式电子签名以签名元数据形式收集（见表4-11）。过程元数据包括业务行为、行为时间、行为依据、行为描述、操作者等，按照元数据收集相关要求执行。

表 4-11　电子签名元数据示例

元数据名称	元数据值
签名格式描述	本电子发票采用 ×× 数字证书认证中心颁发的数字证书进行签名。CA 证书使用 RSA 数字签名算法与 SHA-1 哈希算法，文摘使用 SHA-1 算法。数字签名和 X.509 证书采用 Base64 编码传输
签名时间	2020-10-21T18：47：08
签名者	C=CN, S= 北京 , L= 北京 , OU= "91110302562134916R"，CN=XX 公司
签名结果	MIIEawYJKoZIhvcNAQcCoIIEXDCCBFgCAQExCzAJBgUrDgMCGgUAM AsGCSqGSIb3DQEHAaCCA1AwggNMMIICtaADAgECAhBwbPDrZBUoX nbwLRsTTvvIMA0GCSqGSIb3DQEBBQUAMCsxCzAJBgNVBAYTAkNOM RwwGgYDVQQDExNTRENBIFJvb3QgQXV0aG9yaXR5MB4XDTEwMDE yNDA2NTMzMVoXDTExMDEyNDA2NTMzMVowYjELMAkGA1UEBhMC Q04xCzAJBgNVBAgTAlNEMRAwDgYDVQQHEwdRaW5nRGFvMSUwIw YDVQQLExxUTTNNREl3TWpFNU56UXdkOekU1TVRFek5nPT1TMQ0wC wYDVQQDHgSQuWdwMIGfMA0GCSqGSIb3DQEBAQUAA4GNADCBiQ KBgQC1XTat0Er+FCfE7tUjLm/jfh4ov5UpaZKxvNI5y+Fc4aY5fxiyMWw0 wAUpXqwM2Qn5UzpbaY2+3WFv0EsYbrYdxTHmlRxlaWqfu7QJNZ1eUy BK7j0A5Q1eedU+hKwRAQE9550q0AT+BSnUcsyefXi8hwEa9NVMFLXZ sR/uMAFS6QIDAQABo4IBODCCATQwHwYDVR0jBBgwFoAUn7UhWFY BS2khaBCmbXpjAXRxeCAwHQYDVR0OBBYEFG28CC0jma1p+iOzRsW Ud8q9GCD9MAsGA1UdDwQEAwIHgDAjBgNVHREEHDAagRhkYWp6b 3VqaWVAcWluZ2Rhby5nb3YuY24wDAYDVR0TBAUwAwEBADCBsQY DVR0fBIGpMIGmMH+gfaB7pHkwdzELMAkGA1UEBhMCY24xETAPBgN VBAgTCFNIQU5ET05HMQ4wDAYDVQQHEwVKSU5BTjENMAsGA1UE ChMEU0RDQTEKMAgGA1UECxMBTEMMAoGA1UECxMDMTE2MQw wCgYDVQQLEwNjcmwxDjAMBgNVBAMTBWNybDI0MCOgIaAfhh1odHR wOi8vMzUuMS40LjE3My9jcmwvY3JsLmNybDANBgkqhkiG9w0BAQUFA AOBgQAKe5G8ZKGqpyQ0DvrXEZyyYp0kgUnUnTIUk/6ogEO1ctnWqch4 +1vgZ7bNoCEKbRHUuh+hx7ysnIQeksj85LHePaO7byAnV4mST9zY4lQ7/ R61uRaKE2uJAtuE38upGWy3T/w0vUkSmS/QiCdMBVh77kHs798ag9cqll8J p1mTajGB5DCB4QIBATA/MCsxCzAJBgNVBAYTAkNOMRwwGgYDVQQD ExNTRENBIFJvb3QgQXV0aG9yaXR5AhBwbPDrZBUoXnbwLRsTTvvIMAk GBSsOAwIaBQAwDQYJKoZIhvcNAQEBBQAEgYC0xxXJNtZ+I6kPDsGRJJ d4h7wh2iVVTSyRIjkT0gXQV58ALmSrJhoonHTC1D7z7gw5ylA+7uuV9IUF mSo2nPL3t1w9iUSbowFvsjcYUoHcaBN6t5Yi8HG7jd9+orNgt3Ad9W5FhMp z9iLkP8/KsBvDG0rH4kpdbcwyG74XGC+iJQ==

元数据名称	元数据值
证书	MTEwNDcwOFowgYExCzAJBgNVBAYTAkNOMQ8wDQYDVQQIDA bljJfkuqwxDzANBgNVBAcMBuWMl+S6rDEbMBkGA1UECwwSOTEx MTAzMDI1NjIxMzQ5MTZSMTMwMQYDVQQDDCrljJfkuqzkuqzkuJzk uJbnuqrkv6Hmga/mioDmnK/mnInpmZDlhazlj7gwgZ8wDQYJKoZIhvcNAQ EBBQADgY0AMIGJAoGBAL2rBf6/7k8COTbeBM8xX3K/hYj+tKH2uMY zfjAhVTKi7Y1PeYDQbUTB0BRhJoeZThwROcpFUWCZqJ4XxbAJXvP6/ JpqOkT3C5GoqyqF2e565/vtxzLxJ1BkbVwbrCATYc80IYxhf4PRG8R2fQPw Ms3IpZnmrkJ8St0jts52SmFRAgMBAAGjggHgMIIB3DAdBgNVHQ4EFgQU lGBd8teyU15W9H8R4kJ98mw4mA4wHwYDVR0jBBgwFoAUSH/dWmNL+ fV+kN79mw9BlmRlBxEwCwYDVR0PBAQDAgbAMB0GA1UdJQQWMBQ GCCsGAQUFBwMCBggrBgEFBQcDBDCCAV4GA1UdHwSCAVUwggFRMI G7oGOgYYZfbGRhcDovLzIwMi4xMDAuMTA4LjEzOjM4OS9jbj1mdWxsQ3 JsLmNybCxDTj1OWENBX0xEQVAsT1U9TlhDQSxPPUNXQ0EsTD1ZaW5 jaHVhbixTVD1OaW5neGlhLEM9Q06iVKRSMFAxCzAJBgNVBAYTAkNO MRAwDgYDVQQIDAdOaW5neGlhMREwDwYDVQQHDAhZaW5jaHVhbjE NMAsGA1UECgwEQ1dDQTENMAsGA1UEAwwETlhDQTCBkKA4oDaGN Gh0dHA6Ly8yMDIuMTAwLjEwOC4xNTo4MTgxL254Y2EvMTAwMDAwM DAwMTJFQzcwMC5jcmyiVKRSMFAxCzAJBgNVBAYTAkNOMRAwDgYD VQQIDAdOaW5neGlhMREwDwYDVQQHDAhZaW5jaHVhbjENMAsGA1U ECgwEQ1dDQTENMAsGA1UEAwwETlhDQTAMBgNVHRMEBTADAQEA MA0GCSqGSIb3DQEBBQUAA4IBAQUC3xiFrUKD65oe9bq4uxE1CxPYj EpyzkHb36n/m5wOPSLuSaZhYGGIaS1tKFRMqj4ow/tsuujPxm3H9Lxg5wtZ j50wFAPKNJvIF+i5Hp/UmcNWsa79ZqmjBCNlhDpzlhyozt9PjvrJ8nZyKD/7/ WGYN/Pgi0zBCR6VNmf8E2p5kOOXREtX2hlYMwb832VvaJf+SCJIgGctt4n fmerdug1Y2kvyTI2r4RvJyrSaI0q5rBKNRjEiH+J2F0C20G4NYJHOKv/Z92M k8bID8HLGlS5TWaP69QwwYaTqDP1oQ8VjD54gxfSKURDEJtds1B+uNb65 Z0qkq+4FK7U8w9p/3AA
证书引证	http://202.100.108.15:8181/nxca/10000000012EC700.crl
签名算法	1.2.840.113549.1.1.5

第五章
电子档案整理与归档

第一节　整理工作思路

电子档案整理是指按照档案的形成规律和特点，根据科学的理论和方法，把电子档案整序成为便于保管和利用的有序体系的业务活动。

一、基本思路

电子档案既具备与传统载体档案相同的特征，又具有自身的特点。电子档案整理需要在继承传统载体档案整理思路基础上，结合电子档案的特点和管理要求做出相应调整。

1. 统一整理单位

档案整理是实现档案规范管理、有效管理的重要前提和必要条件，需要随着理论和实践发展不断改进，以更好支撑档案管理和利用工作。传统档案整理一般以"卷"为单位进行。2000年，为提高整理效率质量、方便档案开放利用，国家档案局发布《归档文件整理规则》（DA/T 22-2000），推广以"件"为单位整理档案,有力推动档案整理理论和实践发展。不过,由于未能有效解决部分专业档案、科技档案等立卷改革的理论与实践问题,在档案整理领域事实上形成了"卷""件"并行的局面,在一定程度上增加了组织机构档案整理负担,也对统一电子档案整理工作思路带来一定影响。

为妥善解决这一问题,国家档案局2015年修订发布《归档文件整理规则》(DA/T 22-2015),进一步强化按件整理档案要求,明确将电子档案整理纳入其中,并对工作流程、档号编制等内容进行优化调整,使之更加匹配电子档案整理。同时,科技档案、专业档案在实践中也不断推行简化整理、深化检索整理理念,在装订、件的组成、档号编制等具体要求上与按件整理逐渐趋同,为确定统一的档案整理单位奠定了坚实的理论和实践基础。

电子档案具有软硬件系统依赖性,整理工作需要借助应用平台和电子档案管理系统进行,确定统一的档案整理单位有助于统一电子档案整理规则,实现电子档案集中统一管理。从本质上说,以卷为单位整理档案的卷内件与按件整理的件并无实质区别,卷、件可以看作是档案整理的两个级次,其中件为基本单位,卷则是在件这个基本单位基础上将密切联系的件组合起来,来反映一个问题或一项活动,这与采用机构(问题)分类实现同一问题档案形成组合的做法并无二致。在这种情况下,卷实际上成为档案分类的一个层级(见图5-3)。因此,在电子档案整理中统一按件进行档案整理具有充分的必要性和可行性。

2. 贯通门类要求

在多年的档案整理工作实践中,不同门类档案往往采用不同的整理标准,甚至同一门类档案也会因为整理单位不同采用不同的整理标准(见表5-1)。这在传统载体档案存在不同载体、不同形制、不同整理单位(卷、件)的情况下是合理的,也是档案管理专业化、精细化的重要体现。当然,这种做法也不可避免带来两个后果,一是标准繁复多样,使得整理工作成为档案管理中的一项难点任务;二是标准内容不统一,难以适应电子档案程式化、标准化管理需要。

表 5-1　档案整理标准

档案门类	整理规则
文书档案	《归档文件整理规则》(DA/T 22-2015) 《文书档案案卷格式》(GB/T 9705-2008)
科技档案	《科学技术研究档案管理规定》(国家档案局 科技部令 第 15 号) 《科学技术档案案卷构成的一般要求》(GB/T 11822-2008) 《建设项目档案管理规范》(DA/T 28-2018)
会计档案	《电子会计档案管理规范》(DA/T 94-2022) 《会计档案管理办法》(财政部 国家档案局令第 79 号) 《会计档案案卷格式》(DA/T 39-2008)
照片档案	《照片档案管理规范》(GB/T 11821-2002) 《数码照片归档与管理规范》(DA/T 50-2014)
录音档案 录像档案	《录音录像档案管理规范》(DA/T 78-2019)

　　电子档案由独立的比特流组成，不同门类电子档案具有相同的特征，不存在传统载体档案载体不同、形制不同的问题，必须采用不同整理规则进行相应门类档案整理的前提条件已经不复存在。当然，考虑到档案门类划分是档案分类的重要一环，统一不同门类档案整理规则、贯通档案整理要求就成为实现电子档案统一规范整理的科学路径。

　　《归档文件整理规则》(DA/T 22-2015)作为以件为单位进行档案整理的基础整理规则，不仅适用于文书档案整理，也适用于按件整理的其他门类档案。为了实现普适性，规则明确全新档号编制要求，为其他按件整理档案档号编制确定了事实规则；优化档案整理工作流程，使之能够适应其他按件整理档案门类尤其是电子档案整理。开展不同门类电子档案整理工作，要以 DA/T 22-2015 为基准，同时吸纳各门类档案整理规则的合理内容，保证不同门类电子档案的整理既能充分满足共性规定，又能适当体现个性需求。

3. 实现卷件融合

　　卷件融合是《机关档案管理规定》在档案整理方面提出的明确要求。卷件融合的本意是规范、简化档案整理规则，实现不同门类档案集中、统一、规范管理。实现卷件融合，要在统一整理单位、贯通门类要求基础上，再实现四个融合：一是整理规则融合，统一卷件整理流程和基本要求；二是档号编制融合，统一卷件不同整理方式档号编制规则；三是目录融合，统一卷件目录和元数据编制要求；四是管理融合，统一开展卷件档案管理，避免因为整理方式不同，导致管理系统开发负担、档案资源割裂等问题。

二、整理原则

传统载体档案整理要求遵循文件材料的形成规律，保持文件材料之间的有机联系，区分不同价值，便于保管和利用等原则。这对电子档案来说同样应当适用。除此以外，电子档案整理还应遵循标准化原则、专业化原则、自动化原则、智能化原则。

1. 标准化原则

整理标准化是指电子档案整理要基于统一的规范标准。电子档案整理主要依赖系统实现，需要比传统载体档案整理更为规范统一的整理规则，以方便植入系统并依托系统进行电子档案整理工作。整理规则包括但不限于以下内容：统一的整理流程、统一的流程工作规则、统一的档号编制要求、统一的命名要求、统一的格式要求、统一的元数据要求、统一的存储要求等。

2. 专业化原则

整理专业化是指电子档案整理要基于电子档案的基本特点和规律，进行必要和科学地整理。电子档案整理专业化首先要符合档案管理的专业要求，避免出现因不合理应用理论或唯技术论而违背档案部门职责分工和档案管理规律的情况出现。电子档案整理专业化还包括要广泛借鉴使用数据治理、知识管理的方法策略，积极应用新技术提升电子档案整理效率和质量。

3. 自动化原则

电子档案整理与传统载体档案整理最大的区别是前者主要由人工进行，而后者主要通过系统自动完成。这就要求在进行业务系统或电子档案管理系统设计建设时，充分考虑电子档案整理功能的实现目标、要求和方式，以更好地通过系统进行电子档案整理。同时，在确定组织机构整理规范时也要充分考虑系统自动处理的需要，避免纳入诸如装盒、排架等实体档案管理的要求，以免影响整理工作的自动执行效率。

4. 智能化原则

相对传统载体档案，电子档案本身以及在管理过程中会产生元数据、日志等更为丰富的信息，这为电子档案智能整理提供了更多途径和方法。比如通过照片元数据对照片从时间、地点等角度进行智能化分类。另外，随着科技的进步发展，一些新技术也不断引入电子档案整理工作，大幅提升整理工作的智能化水平。比如通过人工智能技术实现人脸识别分类、声音识别分类等，取代了过去需要人工进行的识别、著录工作，为电子档案整理提供了更为丰富的路径和方法。其中最为常见的是在手机、电脑、服务器等各种平台运行的相册管理工具，目前已经能够按照人物、位置、标签等对照片进行高质量的分类管理（见图 5-1）。

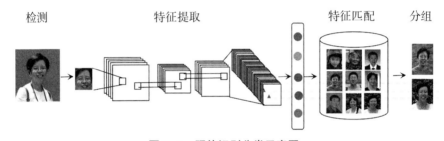

检测　　　　特征提取　　　　　　　特征匹配　　分组

图 5-1　照片识别分类示意图

电子档案整理要积极采用引入新技术，不断提升电子档案整理的智能化水平。当然，智能化整理并不排斥也不能取代按照档案管理规律进行的档案基础整理工作。合理的做法是将二者有机结合起来。

三、整理程序

电子档案整理程序主要包括组件、分类、排列、编号、编目等（见图 5-2）。这些整理要求是适用各个门类电子档案整理的通用要求，也称作电子档案整理的一般要求。此外，电子档案整理还包括格式转换、命名、封装等内容。这些整理要求与电子档案整理的一般要求共同构成了完整的电子档案整理工作内容。

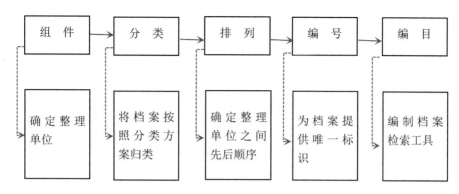

图 5-2　电子档案整理步骤

在电子档案整理的一般要求中，组件是为了确定整理单位；分类是按照分类方案对档案进行归类、为了揭示档案之间的内在联系，使全宗成为一个有机整体；排列是为了确定每个整理单位之间的先后顺序；编号是组件、分类和排列等整理工作的固化，为每件档案提供唯一标识；编目为档案编制检索工具，满足检索需要。

第二节　整理工作要求

电子档案整理的组件、分类、排列、编号、编目程序的基本要求和工作方法如下。

一、组件程序

1. 基本要求

件是档案最小而且有意义的单位，能够独立反映事务情况，并可以根据一定规则组合成案卷、类、全宗。需要说明的是，此处案卷不作为整理单位，而是作为分类后形成的组合结果。

组件的主要任务就是确定电子档案管理的基本整理单位、管理单位，是整理工作的第一步。电子档案组件要遵循两项原则：

（1）独立反映事务情况

电子档案一般以"自然件"为一件，即以单份文件作为一件，如一张照片、一段录音、一段录像、一个文档、一组数据等。一般情况下，一张照片、一段录音、一段录像、一个文档、一组数据能够独立反映一个场景、一项事务，但也存在需要多个文档、多组数据才能反映一项事务的情况，需要将多个文档、多组数据组合成"一件"，确保每件档案能够独立反映事务情况。

（2）无法进行有意义分割

件是电子档案整理和管理的基本单位，一般由独立存在的一个比特流或多个比特流组成，比如一张照片，一件收文中的文件处理单和电子公文正本。在这种情况下，将一张照片再进行分割，或者将一件收文中的文件处理单和电子公文正本分割开来不具有档案管理上的意义，也就不能构成电子档案整理或管理上的"件"。

2. 组件方法

组件需要明确两方面内容，一是件的构成，即件由哪几部分构成；二是件内排序，确定这些构成部分的排序要求。

（1）件的构成

在件的构成中，照片、录音、录像档案相对简单，一张照片、一段录音、一段录像为一件。文书、科技、专业等档案件的构成要复杂一些，一般一件档案会包括多个文档，比如正本、定稿、修改稿、翻译本、外文本等。按照DA/T 22-2015，正文、附件为一件；文件正本、定稿、花脸稿为一件；转发文与被转发文为一件；原件与复制件为一件；正本与翻译本为一件；中文本与外文本为一件；简报、周报等材料一期为一件；会议纪要、会议记录一般一次会议为一件；有文件处理单或发文稿纸的，文件处理单或发文稿纸与相关文件为一件。为了方便电子档案管理和利用，来文与复文（请示与批复、报告与批示、函与复函等）一般独立成件，不建议作为一件处理。

（2）件内排序

一件照片、录音、录像档案不存在件内排序问题。文书、科技、专业等档案一件档案存在多个文档，需要进行件内排序：正文在前，附件在后；正本在前，定稿在后；转发文在前，被转发文在后；原件在前，复制件在后；不同文字的文本，无特殊规定的，汉文文本在前，少数民族文字文本在后；中文本在前，外文本在后；有文件处理单或发文稿纸的，文件处理单在前，收文在后；正本在前，发文稿纸和定稿在后。

二、分类程序

分类指的是档案归类，即将完成组件的电子档案按照分类方案划分、归入相应的层次和类别，以揭示档案内在联系，使档案形成一套有机体系。ISO 15489-1:2016 将分类定义为："依据逻辑结构约定、方法和程序规则，对业务活动和 / 或档案按照类目进行的系统标识和 / 或整理。"

1.基本要求

常见的分类方法有职能分类法、年度分类法、机构分类法、问题分类法等。其中，年度分类法、机构分类法、问题分类法都是传统载体档案实体分类采取的方法，职能分类法（即基于职能的分类方法）是电子环境下引入的分类方法。这种分类法需要从业务活动分析入手，对业务活动、职能、活动、事务等进行分析，在此基础上形成档案分类方案，是目前国际电子档案管理领域比较常用的分类方法。结合各种分类法的特点和我国档案分类实践，确定电子档案分类应遵循以下几项原则：

（1）充分继承传统载体档案分类的思路和成果，保持分类方法稳定性。将档案按照不同门类进行区分，在门类下再按照年度、机构、问题等进行复分，是多年来行之有效的分类方法。档案门类分为文书、科技、会计、人事、专业等档案门类，实际上对应的是行政、科研、财务、人事、业务等不同类型职能活动，在划分门类基础上再按照机构或问题进行分类，同样也是对职能活动的进一步细化。而且，在后续档案保管期限表编制中，会对各部门或各个问题履行职责开展的活动再行细分。从这个意义上说，目前我国档案工作中采用的档案分类等做法与职能分类法以"职能—活动—事务"进行分类的做法并无本质区别。

（2）充分吸纳不同分类法中的合理要求和做法，保持分类方法科学性。从实践中来看，目前档案分类采用的都是复分法，只用一种分类方法对档案进行分类既不科学也不可行。确定电子档案分类法，可以在年度分类法、机构分类法、问题分类法基础上，将职能分类法作为复式分类中的分类项，或者在机构、问题分类时充分考虑职能划分需要，将职能分类的思路通过这些分类项体现出来。

（3）充分考虑分类方法的可操作性和可执行性，保持分类方法实用性。机构、年度分类法简单易行，职能分类法与问题分类法类似，都存在操作难度大、执行性不足等问题，尤其是在现行档案工作体制机制情况下，按照职能或问题分类容易造成标准不一，电子档案收集、整理、归档等工作后移等问题，既不利于档案工作开展，也不便于各部门利用档案。因此确定电子档案分类时要充分考虑各方面情况，选择既满足科学分类要求又满足工作实际的分类方法。

2.分类方法

分类主要包括两方面工作：一是制定分类方案，二是按照分类方案对档案进行归类。

（1）分类方案

分类方案也称分类体系，是指导机构进行档案分类的工具。按照前述分类原则，电子档案分类方案宜按照先划分门类，再按照年度、机构或问题进行复式分类的方法确定分类方案（见图5-3）。

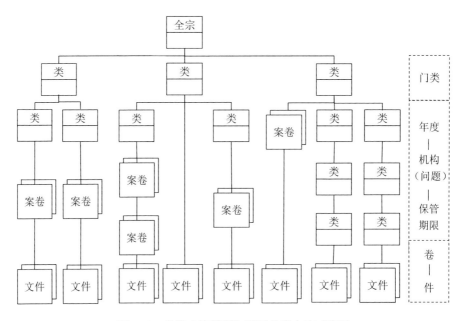

图5-3　分类方案模型与现行分类方法对应图

第一，在档案门类方面，组织机构应当按照《机关档案管理规定》《企业档案管理规定》等相关要求将电子档案划分为一级、二级门类（见表

5-2）。其中，文书（管理类）档案是各机构反映党务、行政管理等活动的档案；科技档案是反映科学技术研究、生产、基本建设等活动的档案，包括科研档案、基建档案、设备档案和产品档案；人事档案是反映人事管理工作的档案；会计档案是反映会计核算过程的档案；专业档案是组织机构在履行行业特有职责时形成的档案，二级门类按照相关规定和实际设置；照片、录音、录像档案是通过影像、声音记录组织机构履行职责过程的档案；业务数据档案是指组织机构在履职过程中通过业务系统形成的业务数据库；公务电子邮件档案是指组织机构在公务活动中产生的并经由电子邮件系统传输的公务电子邮件；网页信息档案是指组织机构网站发布的网页和机关采集其他网站发布的反映本机构职能工作的网页；社交媒体档案是指组织机构通过微信、微博、短视频等社交媒体平台发布的信息。

表 5-2 电子档案门类划分

档案类别	一级门类	二级门类
通用类	文书（管理，WS）	
	科技（KJ）	科研（KJ·KY） 基建（KJ·JJ） 设备（KJ·SB） 产品（KJ·CP）
	人事（RS）	
	会计（KU）	
专业类	专业（业务，ZY）	按照相关规定和实际设置
音像类	照片（ZP）	
	录音（LY）	
	录像（LX）	
数字类	业务数据（SJ）	
	公务电子邮件（YJ）	
	网页信息（WY）	
	社交媒体（MT）	

第二，在档案分类方面，电子档案分类一般按照年度（或课题、项目、型号）、机构（或问题）、保管期限进行复式分类。一个机构内部分类方法应当相对统一、协调呼应，建议以"年度（或课题、项目、型号）—机构（或问

题）—保管期限"为蓝本,结合各门类档案特点分别确定各门类档案分类方法。

档案门类划分要求、档案分类要求确定后，按照一定形式组织起来就形成了电子档案分类方案（见第四章第二节表4-5）。

（2）档案归类

从整理意义上来说，档案分类就是按照上述分类方案，将完成组件的电子档案进行划分、归入相应的层次和类别。电子档案的归类与传统载体档案手工归类不同，电子档案分类方案制定完毕后，需要在系统中进行配置，具体的分类工作可以由系统按照预设条件自动或半自动完成。

三、排列程序

排列是指在分类方案的最低一级类目内，根据一定的方法确定档案先后次序的过程。

1. 基本要求

DA/T 22-2015确定了"时间结合事由"的排列原则。这种排列原则，充分考虑电子档案形成、管理特点，将按时间排列作为优先原则；同时为了保证检索效率、兼顾线下实体管理需要，要求在排列时要结合事由进行。所谓事由，是一个比较原则性的概念，可以是指一件具体的事，或一个具体的问题，或一段较紧密的工作过程等。通过界定事由，可以使密切相关的档案相对集中，对于长期、安全保持档案之间有机历史联系，充分体现档案凭证价值具有重要意义。目前，通过事由建立的有机历史联系，单靠技术手段或通过人工智能还无法完全实现，因而电子档案在排列中依旧需要继续贯彻实施。换句话说，电子档案的排列，仍旧应当遵循"时间结合事由"的排列原则。

2. 排列方法

按照"时间结合事由"原则，常见门类档案的排列要求如下：

（1）文书档案

文书档案在最低一级类目内，按时间结合事由排列。同一事由中的档案，按形成先后顺序排列。会议文件、统计报表等成套性文件可集中排列。

（2）科技档案

科技档案中的科研档案按照课题可行性研究立项、方案论证、研究实验、总结鉴定、成果和知识产权申报、推广应用等阶段排列。基建档案按照项目前期、项目设计、项目施工、项目监理、项目竣工、项目验收及项目后评估等阶段排列。设备档案按照设备仪器立项审批、外购设备仪器开箱验收（自制设备仪器的设计、制造、验收）、设备仪器安装调试、随机文件材料、设备仪器运行、设备仪器维护等阶段或工作程序排列。产品档案按照部件、批次、名称、规格或型号排列。

（3）照片档案、录音档案、录像档案

照片档案、录音档案、录像档案，在最低一级类目内，按时间排列即可。

四、编号程序

档号是在档案整理过程中赋予的，体现档案来源、门类、整理分类体系和排列顺序等要素的一组数字、字符的集合，能够反映档案的基本属性，指示档案在全宗中的位置。在电子档案管理中，科学规范的档号编制是实现对不同类型档案进行统一管理的重要前提，也是进行电子档案命名、封装、存储的重要基础。

1. 基本要求

档号编制应当符合唯一性、合理性、稳定性、扩充性、简单性要求。确定电子档案编号应遵循以下几项原则：

（1）明确导向

立卷改革是档案整理领域一项重大突破，对于减轻档案人员工作压力，提高档案整理质量，方便运用计算机管理档案具有重要意义。立卷改革的重要特征，就是将档案立卷改为以件单位整理，当然反映在档号编制上，也要求与新的整理方式相适应。DA/T 22-2015 规定的档号编制要求，一方面考虑了以件为单位整理档案的需要，另一方面也考虑了电子档案管理的需要，应当作为不同门类电子档案档号编制的基础标准。

（2）科学编制

《机关档案管理规定》规定档号应当体现档案来源、档案门类、整理分类体系和排列顺序等档案基本属性，同时要求不同载体或形式的档号编制方法应当协调呼应。这就要求档号要具有一定的识别意义，能够充分反映档案的基本属性；不同载体或形式的档号编制应当统一规则、统一位数、统一要求，避免出现一类档案一种规则、不同类档案编号不兼容的情况。

（3）有限适度

档号长度适度，编制时要重点反映档案分类方案中的基本属性信息，其他有用信息可以通过目录数据等方式留存，要避免把所有档案属性信息都体现在档号上，造成档号层级过多、位数过长，给管理带来不便。

2.编号方法

（1）档案编号

按照上述编号原则，同时参照 DA/T 22-2015 规定的档号结构，不同门类、不同整理方式电子档案宜统一采用如下通用档号结构（见图5-4）。在具体编制要求上，档号按照分类方法分段组成，上、下位代码之间用"–"（短横）连接，同一级代码之间用"·"（小圆点）隔开。

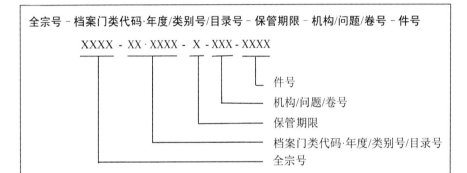

全宗号：采用4位数字或者字母与数字的结合标识。

档案门类代码：采用2位字母标识。存在二级门类的，一、二级门类均采用2位字母标识，中间用"·"隔开。

年度：采用4位数字标识。

类别号、目录号（包括课题号、项目号、型号）：采用4位数字或字母与数字的组合标识。

保管期限代码：采用字母或字母与数字的组合标识。保管期限永久、定期30年、定期10年分别以代码Y、D30、D10标识。

机构（问题）代码：采用3位数字或字母与数字的组合标识。

卷号：采用3位数字标识，不足3位的前面用"0"补足。

件号：采用4位数字标识，不足4位的前面用"0"补足。

图 5-4　通用档号结构及编制要求

比如 Z109 全宗电子公文 2022 年度永久档案办公室第 1 件、Z109 全宗数码照片 2022 年度永久档案第 1 问题第 1 件、Z109 全宗数字录音 2022 年度定期 30 年档案第 5 问题第 1 件、Z109 全宗数字录像 2022 年度定期 10 年档案第 4 问题第 1 件，按照本规则确定的档号分别为：

电子公文：Z109-WS·2022-Y-BGS-0001

数码照片：Z109-ZP·2022-Y-001-0001

数字录音：Z109-LY·2022-D30-005-0001

数字录像：Z109-LX·2022-D10-004-0001

（2）档案命名

命名是指采用由字母和阿拉伯数字构成的一个字符串为存储于硬磁盘、光盘、磁带等载体中的电子档案命名，该字符串即电子档案的计算机文件名。电子档案应当采用档号为计算机文件命名，以保持电子档案及其组成部分内在有机联系和排列顺序，同时通过计算机文件名元数据建立电子档案与相应元数据的关联。采用随机形成的一串无规则的字符串，或者采用电子档案中文标题作为命名的构成要素不能完整地反映、维护电子档案内在有机联系，不应作为电子档案的命名方式。

电子档案宜采用"档号"+"D"+"两位流水号"的方式进行命名。比如档号为 Z109-WS·2022-Y-BGS-0001 电子公文收文的计算机文件名为：

Z109-WS·2022-Y-BGS-0001D01.OFD（收文单）

Z109-WS·2022-Y-BGS-0001D02.OFD（正本）

档号为 Z109-WS·2022-Y-YWC-0002 电子公文发文的计算机文件名为：

Z109-WS·2022-Y-YWC-0002D01.OFD（正本）

Z109-WS·2022-Y-YWC-0002D02.OFD（发文稿纸）

Z109-WS·2022-Y-YWC-0002D03.OFD（定稿）

Z109-WS·2022-Y-YWC-0002D04.WPS（留痕稿）

上述电子公文收文、发文一般不建议将多个文档合并成一个 OFD 文件，避免给日后利用、信息公开、管理等增加不必要的负担。

五、编目程序

目录是将档案的著录条目按照一定次序编排而成的检索工具。编目实现了档案从一次文献向二次文献的初步转化，为档案保管、鉴定、利用、统计等工作开展提供了基本条件。

1. 基本要求

编目应当以系统化工作为前提，以反映全宗内档案的体系结构和排序为目的。电子档案编目应遵循以下几项原则：

（1）准确反映整理结果

编目应当按照档案整理单位逐件开展，每一件档案均在目录中体现为一个条目，不能一件档案多个条目或者多个档案一个条目。传统上以卷（组）为单位整理的，档案目录也应当逐件编目，同时编制案卷目录。编目应当按照分类、排列的结果，依据档号顺序进行，编制完成的目录应当准确反映分类体系和排列方法。

（2）著录项目齐全完整

档案著录项目设计符合《档案著录规则》（DA/T 18—2022）和该门类档案管理具体要求，不缺项漏项；设置著录项目时一并明确项目内容长度、格式、值域和必著项，并通过系统自动控制用户著录内容的准确性，确保目录数据库齐全完整、著录规范。

（3）呈现方式科学规范

档案应依据档号顺序编制目录，编目应按照整理方法，逐卷、逐件进行，每一卷档案、每一件档案在目录中体现为一条条目。编目成果以目录数据库形式呈现，并可以根据需要转化为不同形式纸质目录、电子目录。

（4）与元数据管理相统一

对电子档案来说，目录编制应当与元数据管理统一起来，系统应当能够支持从元数据表中按照一定规则抽取数据组成目录。

2. 编目方法

电子档案目录应当以件为单位编制，目录应当以序号、档号、文号、责任者、文件题名、案卷题名、日期、密级、页数、备注等项目（可以按需继续扩展）组织起来，形成较为规范、统一目录形式。

可以考虑建立涵盖各个门类、包含卷件不同整理方式的通用档案基本目录（见表5-3）。统一的档案目录有助于数据的规范、标准和统一，对于档案目录数据库建设和方便计算机对不同整理方式档案进行统一管理和检索具有重要意义。

表 5-3　通用档案基本目录

序号	档号	文号	责任者	案卷题名	文件题名	日期	密级	页数	备注

通用档案基本目录各项目的填写要求如下：

序号：填写归档文件顺序号。

档号：档号按照本节档号编制要求填写。

文号：文件的发文字号。没有文号的，不用标识。

责任者：制发文件的组织或个人，即文件的发文机关或署名者。

案卷题名：案卷拟写标题，应简明、准确地概括和揭示卷内文件的内容。

文件题名：文件标题。没有标题、标题不规范，或者标题不能反映文件主要内容、不方便检索的，应全部或部分自拟标题，自拟内容外加方括号"[ ]"。

日期：文件的形成时间，以国际标准日期表示法标注年月日，如20220202。

密级：文件密级按文件实际标注情况填写。没有密级的，不用标识。

页数：每一件归档文件的页面总数。文件中有图文的页面为一页。

备注：注释文件需说明的情况。

第三节 归档工作要求与评价

归档是指将具有凭证、查考和保存价值且办理完毕、经系统整理的电子数据（文件）及其元数据管理权限向档案部门提交的过程。归档主要包括捕获、录入、检测、登记等工作步骤。

一、捕获程序

捕获（capture）又称作采集，是指适时获取电子数据（文件）及其元数据的方法与过程。对于实现方式不同的电子档案管理系统，捕获的时机不太一致。比如嵌入式电子档案管理系统的捕获指的是电子数据（文件）及其元数据进入电子档案管理系统之时；独立式电子档案管理系统的捕获指的是电子数据（文件）及其元数据进入电子档案管理系统的预归档模块；整合式电子档案管理系统的捕获指的是电子数据（文件）及其元数据从业务系统预归档模块进入电子档案管理系统（见图5-5）。考虑到整合式是比较理想的电子档案管理系统实现方式，本书的捕获以整合式电子档案管理系统为例。

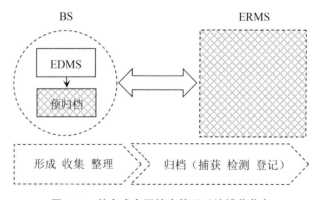

图5-5 整合式电子档案管理系统捕获节点

1. 捕获方式

（1）自动捕获和手动捕获

按照捕获主体不同，捕获分为自动捕获和手动捕获。自动捕获是指ERMS通过应用程序接口（API）按照预先定义好的范围、规则从业务系统中自动获取数据对象及其元数据。手动捕获是指档案形成者通过手工提交或者档案人员通过手工选取的方式获取数据对象及其元数据。为保证工作效率和捕获质量，电子档案管理中应当采取自动捕获方式，手动方式仅用于修正自动捕获结果或针对特殊情况处理上。

（2）物理捕获和逻辑捕获

按照捕获后处理方式不同，捕获分为物理捕获和逻辑捕获。物理捕获是指捕获之后数字对象及其元数据一起保存在 ERMS 中。逻辑捕获是指捕获之后仅将全部或部分元数据保存在 ERMS 中，但是其内容仍然存储在原业务系统中。由于逻辑捕获未完全实现电子档案管理权限的转移，也不便于对电子档案进行管理和处置，因而在电子档案管理中应采用物理捕获方式，不采用逻辑捕获方式。

（3）实时捕获和定期捕获

按照实施时间，捕获分为实时捕获和定期捕获。实时捕获是指电子数据（文件）办理完毕或达到法定条件立即捕获。定期捕获是指电子数据形成或电子文件办理完毕后一段时间再行捕获。选择实时捕获还是定期捕获，要根据机构业务办理习惯和档案工作特点进行。一般建议尽量实时捕获，采用定期捕获的，也应在较短时间内完成，以保证电子档案管理和利用的实效性。

（4）逐份捕获和批量捕获

按照捕获文件的数量，捕获分为逐份捕获和批量捕获。逐份捕获是指每次捕获的文件数量为一份。批量捕获则指每次捕获的文件数量为多份。逐份捕获和批量捕获一般与实时捕获和定期捕获密切相关，应当根据机构相关情况统筹考虑安排。

2. 捕获途径

（1）WebService 归档接口

WebService 是一种部署在 Web 上的应用程序，是基于 HTTP 的数据传输技术，支持异构应用系统之间、不同开发语言之间的互操作，具有良好的开放性，是建立分布式、可互操作应用程序的新平台。WebService 归档接口主要包括服务器端和客户端两部分，WebService 归档接口的主要业务在电子档案管理系统服务器端实现，业务系统经客户端与服务器端连通，通过计算机可识别的网络服务描述语言（Web Services Description Language，WSDL），实现业务系统和电子档案管理系统之间的数据交换，这是一个实时的双方"握手"机制（见图 5-6）。经 WebService 归档接口，可以交换符合接口规范要求的若干个电子档案和一组元数据，也可交换一个归档信息包，比如符合规范存储结构要求的归档信息包。

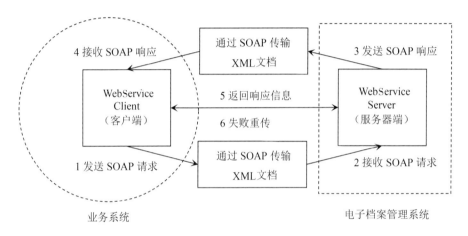

图 5-6　WebService 归档接口示意图

通过 WebService 方式进行数据捕获，有三个比较明显的优点：一是实时性好，在业务系统中调用 WebService，可以实时将数据转入电子档案管理系统；二是通用性好，业务系统与电子档案管理系统耦合度低，一方的需求或系统变动不会带来另一方开发工作量的增加；三是安全性好，系统之间只需沟通传递的数据内容和格式，均不需要了解对方数据库地址和表结构，不会对对方数据造成潜在危险。

总之，WebService 方式符合电子档案管理需要，是理想的电子数据（文件）捕获方式。

（2）中间数据库归档接口

中间数据库接口是指通过定义一套对接双方需要的中间数据库表结构，将各业务系统的信息数据转存到该中间库中，电子档案管理系统通过一定的间隔时间进行整表或增量的同步更新，从而实现数据共享和交互。

基本过程是业务系统将电子档案及其元数据转换成统一、标准格式数据库表文件，上传到中间数据库，电子档案管理系统从中间数据库提取数据，并将表文件映射到电子档案管理系统的数据库字段中（见图5-7）。

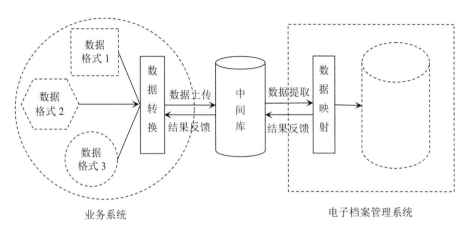

图 5-7　中间数据库归档接口示意图

通过中间数据库方式进行数据捕获，只需要按照定义的中间库表结构提供或获取数据信息即可，对接双方不需要直接访问，具有开发环境简单统一，应用程序开发简便，部署方便快捷等优点，但也存在比较明显的缺点：一是中间数据库方式电子档案管理系统不能够及时处理数据，无法在第一时间验证数据准确性，在数据实时处理、真实性保障、可追溯性上存在一定缺陷。二是如果过于集中使用中间数据库，将核心数据都放在了一个数据库中，出现问题时可能会大面积影响相关系统的正常运转。三是中间数据库归档方式由于需要直接操作数据库，在安全性上存在隐患，也需要采取更多防范措施。总之，相对电子档案管理目标来说，中间数据库方式存在难以克服的缺点，一般不建议作为电子数据（文件）捕获方式。

（3）存储结构归档接口

存储结构归档接口是指通过存取规范结构的归档信息包实现不同系统间数据交换的接口方式。存储结构归档接口是一个多级文件夹设置和数据存储规则，业务系统按照规则建立文件夹，将需归档的电子数据（文件）、元数据以及归档说明文件等存储在相应的文件夹中（见图5-8）。业务系统按规则生成电子数据（文件）归档信息包后，可存入在线暂存池或专用离线存储介质，电子档案管理系统即可对归档信息包进行读取操作，之后便可执行清点等归档程序。

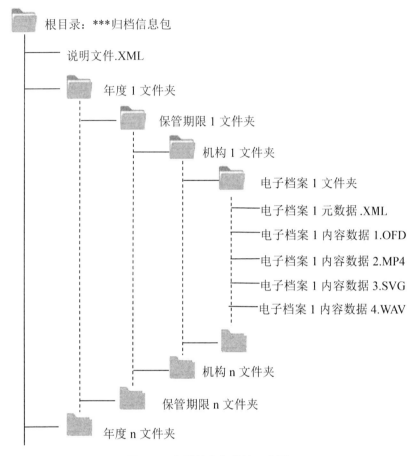

根目录: ***归档信息包

说明文件.XML

年度 1 文件夹

保管期限 1 文件夹

机构 1 文件夹

电子档案 1 文件夹

电子档案 1 元数据.XML

电子档案 1 内容数据 1.OFD

电子档案 1 内容数据 2.MP4

电子档案 1 内容数据 3.SVG

电子档案 1 内容数据 4.WAV

机构 n 文件夹

保管期限 n 文件夹

年度 n 文件夹

图 5-8　归档信息包结构示意图

同 WebService 归档接口、中间数据库归档接口相比，存储结构归档接口在安全性、数据真实性保障、可追溯性上表现最差，不建议单独作为电子数据（文件）的捕获方式。

当然，如果将存储结构归档接口的归档信息包与 WebService 结合起来，既能保证数据的规范性，又能保证接口的安全性，是目前电子数据（文件）捕获的最佳方式。《党政机关电子公文归档规范》（GB/T 39362–2020）中要求，电子公文归档应采用信息包的方式进行数据交换，归档接口宜采用 WebService 服务调用的方式实现。

3. 捕获要求

电子数据（文件）及其元数据在捕获时应当满足整体捕获、有效关联、脱除依赖和保持稳定的要求。

（1）整体捕获

整体性原则是指要将构成电子档案的内容、结构、背景等所有要素作为一个整体予以捕获，在 ERMS 中始终作为一个对象加以管理、查询和处置。捕获对象应当齐全完整，包括收集范围内全部电子数据（文件）及其元数据。

（2）有效关联

捕获对象由多个要素构成时，如包含多个文档或往复文件，捕获时要保持要素之间的有效联系；捕获文件有多种版本时，要记录并维护不同版本之间的联系；要将电子数据（文件）与其元数据一并捕获，保持每份文件与其元数据之间的正确联系。捕获对象要与分类方案建立关联，即揭示文件之间的有机联系，将文件作为有机整体的一部分存入系统。

（3）脱除依赖

为保障电子档案可用性，避免因为技术措施影响电子档案的可读性和长久保存，电子档案应当采用开放的技术、避免非开放技术。电子档案捕获时不得包含非开放的压缩、加密、签名、印章、时间戳等技术措施，存在压缩、加密等技术或者签名、印章、时间戳等技术措施影响电子档案完整性与可用性应当予以脱除，进行去技术化处理。不影响电子档案完整性与可用性的签名、印章、时间戳等技术措施可以保留。

（4）保持稳定

捕获之后电子档案应当与形成时一致，任何用户不得修改和编辑。除因电子档案正常管理需要且经授权处置外，不得删除、销毁。捕获的元数据内容若需修改，只能由档案管理员或授权用户更改。任何企图修改、编辑、删除、销毁文件和元数据的操作都应该被作为审计日志记录下来。格式转换等整理工作应当在捕获之前完成。

二、录入程序

录入是指对于部分未经业务系统形成或流转的电子档案及其元数据导入电子档案管理系统，或者对所有经过或未经业务系统形成的电子档案的元数据进行补充录入的过程。根据工作内容不同，分为数据导入和元数据补录两种情况。

1. 数据导入

数据导入针对的是未经业务系统形成或流转的照片、录音、录像等电子档案。电子档案管理系统应当为数据导入提供操作界面，满足上传挂接和批量导入需要。上传挂接一般指单件电子档案及其元数据的导入；批量导入使用"档案目录＋归档信息包"形式，可以一次导入数量较多电子档案（见图5-9）。

导入数据

请选择您要进行的操作　　　　○仅上传目录　○仅挂接原文　○上传目录并挂接原文

上传目录数据

① 选择档案门类
根据程序设置，每次导入数据只能选择一种门类

已选择的门类：文书档案（件）

② 选择待导入的数据表格
目前只支持从Excel文件导入数据，若为按卷整理从Excel表需包含案卷和文件集两个表格，案卷与文件集通过档号

请选择数据目录文件

［选择文件］

③ 字段映射
匹配表格字段与系统字段关系

导入表格	系统中类型	规则名称	操作

没有数据表导入

□ 是否覆盖重复数据

挂接原文
本地建立以档号为文件夹名称的本地文件夹，选择建立好的本地文件夹外层挂接

请选择目录数据文件

［选择上传类型］

□ 是否覆盖重复数据

图 5-9　录入界面

2. 元数据补录

元数据一般可以通过捕获来实现，但有些元数据比如聚合层次、来源、关系描述等，以及照片、录音、录像有关摄录者等内容需要人工填写录入。元数据补录针对经过或未经业务系统形成的电子档案的元数据进行补充录入，是保证元数据齐全完整的重要举措。电子档案管理系统应当为元数据补录提供便利，比如提供录入建议、列表选择等。

三、检测程序

电子档案检测主要是指对电子档案的真实性、完整性、可用性和安全性进行检测。文书类档案检测按照《文书类电子档案检测一般要求》（DA/T 70–2018）执行，其他门类电子档案的检测工作可以参考执行。

1. 真实性检测

真实性检测主要包括电子档案来源真实性检测、电子档案元数据真实性检测、电子档案内容真实性检测、元数据与内容关联真实性检测和归档信息包真实性检测。

（1）电子档案来源真实性检测。通过检测电子档案中的固化信息是否有效来确认电子档案来源的真实性，检测项目为固化信息有效性检测。

（2）电子档案元数据真实性检测。检测电子档案元数据是否符合文书、照片、录音录像等元数据方案要求，包括数据类型、长度、格式、值域以及元数据项著录是否合理等，检测项目包括元数据项数据长度检测、元数据项数据类型及格式检测、设定值域的元数据项值域符合度检测、元数据项数据值合理性检测、元数据项数据包含特殊字符检测、档号规范性检测、元数据项数据重复性检测。

（3）电子档案内容真实性检测。检测电子档案内容数据中包含的电子属性信息与电子档案元数据中记录的信息是否一致，检测项目为内容数据的电子属性一致性检测。

（4）元数据与内容关联真实性检测。检测电子档案元数据与内容数据是否关联，检测元数据中记录的文件存储位置与电子档案内容数据的实际存储位置是否一致，检测项目为元数据是否关联内容数据检测。

（5）归档信息包真实性检测。检测归档信息包的信息组织结构和内容是否符合国家有关规定，检测归档信息包与业务部门发送的数据包是否一致，检测项目包括说明文件和目录文件规范性检测、信息包目录结构规范性检测、信息包一致性检测。

具体检测项目、检测依据和方法见表5–4。

表 5-4 真实性检测表

编号	检测项目	检测依据和方法
1-1	固化信息有效性检测	对归档电子文件中包含的数字摘要、电子签名、电子印章、时间戳等技术措施的固化信息的有效性进行验证
1-2	元数据项数据长度检测	依据 DA/T 46-2009 中元数据项或自定义的元数据项进行检测：1）对数据库中电子文件元数据项进行数据项长度检测；2）对归档信息包中元数据项进行长度检测
1-3	元数据项数据类型、格式检测	依据 DA/T 46-2009 中元数据项或自定义的元数据项进行检测：1）对数据库中电子文件元数据项进行数据类型和格式的检测；2）对归档信息包中元数据项进行数据类型和格式的检测
1-4	设定值域的元数据项值域符合度检测	依据 DA/T 46-2009 中元数据项或自定义的元数据项进行检测：1）对数据库中电子文件元数据项进行值域范围的检测；2）对归档信息包中元数据项进行值域范围的检测
1-5	元数据项数据值合理性检测	依据 DA/T 18 中的著录项目、DA/T 46-2009 中元数据项或自定义的元数据项进行检测：1）对数据库中电子文件元数据项进行数据值是否在合理范围内的检测；2）对归档信息包中元数据项进行数据值是否在合理范围内的检测
1-6	元数据项数据包含特殊字符检测	依据 GB18030 中的双字节非汉字符号或自定义的特殊字符进行检测：1）对数据库中电子文件元数据项进行数据值是否包含特殊字符的检测；2）对归档信息包中元数据项进行数据值是否包含特殊字符的检测
1-7	档号规范性检测	依据 DA/T 13 和用户自定义的档号/归档号编制规则进行检测：1）对数据库中的归档号/档号进行检测；2）对归档信息包中的归档号/档号进行检测
1-8	元数据项数据重复性检测	依据用户自定义的元数据项（档号、文号、题名）进行数据库记录和归档信息包的数据重复性检测
1-9	内容数据的电子属性一致性检测	捕获电子文件内容数据的电子属性与电子属性信息中记录的数据进行比对（文件名、文件大小、文件格式、创建时间等）

编号	检测项目	检测依据和方法
1-10	元数据是否关联内容数据检测	依据元数据中记录的文件存储路径检测电子文件内容数据是否存在
1-11	说明文件和目录文件规范性检测	依据国家有关规定，检测说明文字和目录文件信息组织是否符合规范
1-12	信息包目录结构规范性检测	依据国家有关规定，检测归档信息包内文件夹结构是否符合规范
1-13	信息包一致性检测	采用数字摘要比对等方式对归档信息包的一致性进行检测，归档前计算归档信息包的数字摘要，接收时重新计算数字摘要并和归档前的数字摘要进行比对

2. 完整性检测

完整性检测主要包括电子档案数据总量检测、电子档案元数据完整性检测、电子档案内容完整性检测和归档信息包完整性检测。

（1）电子档案数据总量检测。检测《电子数据（文件）归档登记表》登记的电子档案数量和字节数与实际归档的电子档案数量和字节数是否相符，检测项目包括总件数相符性检测、总字节数相符性检测。

（2）电子档案元数据完整性检测。对照文书、照片、录音录像等元数据方案要求检测元数据项是否齐全完整，具有连续编号的元数据项，如归档号、件内顺序号等是否有漏号现象，反映重要问题的电子档案是否包括主要修改过程和办理情况记录等，检测项目包括元数据项完整性检测、元数据必填著录项目检测、过程信息完整性检测、连续性元数据项检测。

（3）电子档案内容完整性检测。检测电子档案是否有对应的内容数据，内容数据是否齐全完整，检测项目包括内容数据完整性检测、附件数据完整性检测。

（4）归档信息包完整性检测。对照归档信息包的组织方式以及单位的归档范围，逐项检测信息包的内容数据和元数据是否齐全完整，检测项目包括归档范围检测、信息包内容数据完整性检测。

具体检测项目、检测依据和方法见表5-5。

表 5-5 完整性检测表

编号	检测项目	检测依据和方法
2-1	总件数相符性检测	统计电子文件总件数，并和 GB/T 18894-2016 表 A.1《电子文件归档登记表》中登记的归档电子文件数量比对
2-2	总字节数相符性检测	统计电子文件总字节数，并和 GB/T 18894-2016 表 A.1《电子文件归档登记表》中登记的归档电子文件总字节数比对
2-3	元数据项完整性检测	依据 DA/T 46-2009 中的元数据项或自定义的元数据项进行检测，判断电子文件元数据项是否存在缺项情况
2-4	元数据必填著录项目检测	依据 DA/T 46-2009 中的元数据项或自定义的元数据项进行检测，判断元数据必填项是否为空
2-5	过程信息完整性检测	逐一检查归档电子文件元数据中包含的处理过程信息是否完整
2-6	连续性元数据项检测	依据 DA/T 22 以及用户自定义的具有连续编号性质的元数据项和起始号规则进行检测，具有连续编号性质的元数据项是否按顺序编号，是否从指定的起始号开始编写
2-7	内容数据完整性检测	打开电子文件内容数据进行人工检测
2-8	附件数据完整性检测	打开电子文件附件数据进行人工检测
2-9	归档范围检测	依据单位归档范围和保管期限表对归档信息包中的元数据和内容数据进行检测，判断其是否存在遗漏或错误情况
2-10	信息包内容数据完整性检测	依据归档信息元数据中记录的文件数量检测归档信息包中实际包含的电子文件数量，比对两者是否相符

3. 可用性检测

可用性检测主要包括电子档案元数据可用性检测、电子档案内容可用性检测、电子档案软硬件环境检测和归档信息包可用性检测。

（1）电子档案元数据可用性检测。检测电子档案元数据是否可以被正常访问，检测项目包括信息包中元数据的可读性检测、目标数据库中的元数据可访问性检测。

（2）电子档案内容可用性检测。检测电子档案内容数据是否可以被正常打开和浏览，内容数据格式是否符合归档要求，检测项目包括内容数据格式检测、内容数据的可读性检测。

（3）电子档案软硬件环境检测。检测电子属性元数据中记录的软硬件环境信息是否符合归档要求，检测项目为软硬件环境合规性检测。

（4）归档信息包可用性检测。检测归档信息包是否包含影响其可用性的因素，如使用非公开压缩算法、加密等，检测项目为信息包中包含的内容数据格式合规性检测。

具体检测项目、检测依据和方法见表5-6。

表5-6　可用性检测表

编号	检测项目	检测依据和方法
3-1	信息包中元数据的可读性检测	检测归档信息包中存放元数据的 XML 文件是否可以正常解析、读取数据
3-2	目标数据库中的元数据可访问性检测	检测是否可以正常连接数据库，是否可以正常访问元数据表中的记录
3-3	内容数据格式检测	依据电子文件归档要求对电子文件内容数据格式进行检测，判断其是否符合 GB/T 18894-2016、GB/T 33190 等标准要求
3-4	内容数据的可读性检测	人工打开文件进行检测
3-5	软硬件环境合规性检测	对电子属性信息中记录的软硬件环境信息进行检测、判断其是否符合归档要求
3-6	信息包中包含的内容数据格式合规性检测	对归档信息包是否包含非公开压缩算法、是否加密、是否包含不符合归档要求的文件格式等进行检测

4. 安全性检测

安全性检测主要包括归档信息包病毒检测、载体安全性检测和归档过程安全性检测。

（1）归档信息包病毒检测。检测归档信息包是否包含恶意代码，检测项目为系统环境中是否安装杀毒软件检测、病毒感染检测。

（2）载体安全性检测。检测载体内是否含有非归档文件；通过外观、读取情况等判定载体是否安全、可靠；针对光盘，检测其是否符合《电子文件归档光盘技术要求和应用规范》（DA/T 38-2008）的有关要求，检测项目为载体中多余文件检测、载体读取速度检测、载体外观检测、光盘合格性检测。

（3）归档过程安全性检测。检测归档信息包在归档和保存过程中是否安全、可控，检测项目为操作过程安全性检测。

具体检测项目、检测依据和方法见表5-7。

表 5-7　安全性检测表

编号	检测项目	检测依据和方法
4-1	系统环境中是否安装杀毒软件检测	检测操作系统是否安装国内通用杀毒软件
4-2	病毒感染检测	调用国内通用杀毒软件接口，检测归档信息包是否感染病毒
4-3	载体中多余文件检测	对载体进行读取操作，判断载体内是否含有非归档文件
4-4	载体读取速度检测	对载体进行读取操作，和常规的读取速度进行比对判断载体是否安全可靠
4-5	载体外观检测	人工判断载体外观是否正常
4-6	光盘合格线检测	依据 DA/T 38 的要求对光盘的奇偶校验内码错误（PIE）、奇偶校验外码失败（POF）、块错误率（BLER）等指标进行检测，判断光盘是否合格
4-7	操作过程安全性检测	按照国家安全保密要求从技术和管理等方面采取措施，确保归档信息包在归档和保存过程中安全、可控

检测结束后，应当形成"四性"检测报告（见图5-10）。

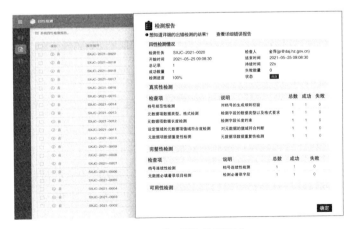

图 5-10　"四性"检测报告

四、登记程序

登记（registration）是指电子数据（文件）进入电子档案管理系统时，给其一个唯一标识符的行为。登记规则要科学、合理，并尽量做到系统自动完成，过程透明。登记工作主要包括形成归档登记表、记录归档过程元数据。

1. 形成归档登记表

对于电子数据（文件）来说，登记是指在经历了捕获、检测等各个环节之后，正式归档进入 ERMS 系统中，标志着档案人员和移交人员之间对电子数据（文件）管理职责权利的正式交接。登记手续一般与交接手续合二为一，通过系统自动完成，并按批次或按件形成电子数据（文件）归档登记表（见表 5-8），完成归档工作。

表 5-8　电子数据（文件）归档登记表

单位名称			
归档时间		电子档案门类	
归档数量	卷　件　张　分钟　字节		
归档方式	□在线归档　　　　□离线归档		
检测项目	检测结果		
真实性检验			
完整性检验			
可用性检验			
安全性检验			
技术方法与相关软件说明登记表、软件、说明资料检验			
电子档案形成或办理部门（签章） 年　月　日		档案部门（签章） 年　月　日	

当登记工作无法由系统完成时，应手工填写《电子数据（文件）归档登记表》，附上检索参考工具（即清点核对的目录），由交接双方签字后并

各自留存。

2.记录归档过程元数据

电子数据（文件）归档是电子档案管理过程中的重要环节，需要将归档工作通过归档过程元数据记录下来。归档过程元数据可以与归档登记表内容相互补充印证，对电子档案"四性"管理具有重要意义。

五、归档结果评价

在电子档案管理过程中，归档是一个具有特殊意义的管理工作流程。由于各个组织机构业务系统和电子档案管理系统复杂多样，实践中往往很难严格按照形成、收集、整理、归档的先后顺序和界限进行电子档案管理工作，各个工作流程可能依次顺序完成，也可能会调整顺序实现，可能瞬间完成，也可能分几个步骤进行，但归档的完成意味着形成、收集、整理等工作全部完结，电子档案管理工作进入实质管理阶段。

总体来说，形成、收集、整理、归档在电子档案管理工作中要重点解决的是如何将电子数据（文件）规范、完整、纳入档案部门的管理范畴，但在分工上各有侧重：形成关注的是电子档案的形成规范，收集关注的是确定收集范围、应收尽收，整理关注的是规范整理、科学封装，归档要解决的问题是归档程序规范。

形成、收集、整理、归档结果是对电子档案形成、收集、整理、归档工作的总检验，因而归档结果的情况对于各个工作流程是否实现目标具有指标性意义。归档工作完成后，应当依托电子档案管理系统从以下方面对形成、收集、整理、归档工作进行评价（见表5-9）。

表5-9　归档结果评价表

评价域	评价项	具体要求	本书相关内容
形成	要件齐备	要求形成的电子档案具有国家规定的样式和生效要件，具备有效的电子签名（电子印章）	第四章第一节
	格式规范	按照要求形成电子档案格式，格式不符合要求的，应当在归档前进行格式转换	
	品质合格	照片、录音、录像电子档案的影像、语音质量具备较高的品质	

评价域	评价项	具体要求	本书相关内容
收集	应收尽收	收集范围与档案保管期限表一致	第四章第二节、第三节、第四节
	齐全完整	电子档案、元数据、电子签名的收集要求齐全完整	
整理	规范有序	按照《归档文件整理规则》（DA/T 22-2015）等要求对电子档案进行组件、分类、排列、编号、编目	第五章第一节、第二节
	科学封装	封装结构科学，归档信息包要与档号实现"三结合"，以档号结构逐级建立文件夹；最低一层文件夹以档号命名；文件夹内的元数据 XML 文件、各个稿本文件均以档号为基础命名	
归档	安全捕获	通过 WebService 接口捕获或录入方式实现信息包从业务系统到电子档案管理系统数据交换	第五章第三节
	通过检测	按照《文书类电子档案检测一般要求》（DA/T 22-2015）完成对电子档案真实性、完整性、可用性和安全性检测	
	合法登记	按批次或按件形成固定样式的《电子文件归档登记表》，待双方签章或签名确认后完成归档工作	

归档结果评价可以用于组织机构对自身工作的评价，也可用于档案主管部门对组织机构工作情况的评价。归档结果评价可以对电子档案形成、收集、整理、归档各个阶段的效果评价，也可以在完成归档后一并评价。

第四节　档案数据库建设

档案数据库建设是电子档案整理归档工作的延续和深化，也是进行电子档案保管与保护、利用与开发、鉴定与销毁、移交与统计等后续工作的重要基础。

一、数据库

1. 数据库

数据库（DataBase，DB）是存储在计算机内、有组织、可共享的大量数据的集合。数据库中的数据按一定的数据模型组织、描述和存储，具有较小的冗余度、较小的数据独立性和易扩展性，并可为各种用户共享。数据库可以理解为是一个存放计算机数据的仓库，这个仓库按照一定的数据结构（即数据的组织形式或数据之间的联系）来对数据进行组织和存储，可以通过数据库提供的多种方法来管理其中的数据。

2. 数据库管理系统

数据库管理系统（DataBase Management System，DBMS）是位于用户与操作系统之间的数据管理软件（见图5-11）。数据库管理系统和操作系统一样是计算机的基础软件，主要功能包括：

（1）数据定义功能

数据库管理系统提供数据定义语言（Data Definition Language，DDL），用户通过它可以方便地对数据库中的数据对象的组成与结构进行定义。

（2）数据组织、存储和管理

数据库管理系统要分类组织、存储和管理各种数据，包括数据字典、用户数据、数据的存取路径等。数据组织和存储的基本目标是提高存储空间利用率和方便存取，提供多种存取方法（如索引查找、hash查找、顺序查找等）来提高存取效率。

（3）数据操纵功能

数据库管理系统还提供数据操纵语言（Data Manipulation Language，DML），用户可以使用它操纵数据，实现对数据的基本操作，如查询、插入、删除和修改等。

（4）数据库的事务管理和运行管理

数据库在建立、运用和维护时由数据库管理系统统一管理和控制，以保证事务的正确运行，保证数据的安全性、完整性、多用户对数据的并发使用及发生故障后的系统恢复。

（5）数据库的建立和维护功能

数据库的建立和维护功能包括数据库初始数据的输入、转换功能，数据库的转储、恢复功能，数据库的重组织功能和性能监视、分析功能等。这些功能通常是由一些实用程序或管理工具完成的。

（6）其他功能

其他功能包括数据库管理系统与网络中其他软件系统的通信功能，一个数据库管理系统与另一个数据库管理系统或文件系统的数据转换功能，异构数据库之间的互访和互操作功能等。

图 5-11　计算机系统层次结构图

3. 数据库系统

数据库系统（Data Base System，DBS）是由数据库、数据库管理系统（及其应用开发工具）、应用系统和数据库管理员（DataBase Administrator，DBA）等组成的存储、管理、处理和维护数据的系统（见图5-12）。其中，数据库提供数据的存储功能，数据库管理系统提供数据的组织、存取、管理和维护等基础功能，应用系统根据应用需求使用数据库，数据库管理员负责全面管理数据库系统。在实践中，人们常常将数据库系统简称为数据库。

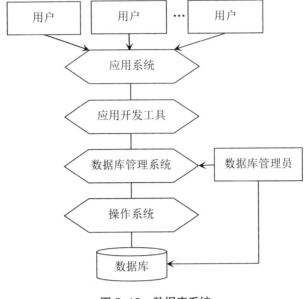

图 5-12　数据库系统

二、数据库类型

数据库按照不同的角度有多种分类方法。按照数据模型分类，早期一般分为层次式数据库、网络式数据库和关系型数据库，现在一般分为关系型数据库和非关系型数据库。按照架构模型分类，数据库可以分为单机数据库、集中式数据库和分布式数据库。按照部署模型分类，数据库可以分为本地数据库和云数据库。

1. 关系型数据库

关系型数据库（Relational Database, RDB）是用关系模型来组织数据信息的数据库。关系模型指的是二维表格模型，一个关系型数据库便是由二维表格以及表之间的关系所构成的一个数据集合（详见第一章图 1-3）。简而言之，关系型数据库是由多张能互相连接的表组成的数据库。在关系型数据库中，对数据的操作几乎全部建立在一个或多个关系表格上，通过这些关联的表格分类、合并、连接或选取等运算来实现数据的管理。

关系型数据库都支持 ACID 特性，也就是数据库管理系统在写入或更新资料的过程中具备的原子性（atomicity）、一致性（consistency）、独立性

（isolation）、持久性（durability），技术成熟通用，是使用最广泛的数据库。关系型数据库大数据量性能不足，无法应用于非结构化数据管理。基于关系型数据库的数据库软件有很多，目前常见的商用数据库有 Oracle、SQL Server、DB2、南大通用、武汉达梦、人大金仓、神舟通用、OceanBase 数据库等，开源数据库有 MySQL、PostgreSQL、TiDB、华为 openGauss 等，桌面数据库有 Microsoft Access 等，嵌入式数据库有 Sqlite 等。

2. 非关系型数据库

非关系型数据库（NoSQL）又称作"Not Only SQL"（不仅仅是结构代查询语句，还可以存储更多类型数据），是非关系型的，分布式的，使用键值对存储数据且一般不保证遵循 ACID 原则的数据库。非关系型数据库中根据应用场景又可分为键值数据库、列存储数据库、文档数据库、图数据库等。

（1）键值（Key-Value）数据库采用哈希表或者树结构存储数据，将数据存储为键值对集合。键值数据库数据都可以表示成键和值的形式，其中键作为唯一标识符，数据结构简单，也非常高效。比如存储文档信息时可以采用数字对象唯一标识符（DOI）作为键，需要存储的文档对象作为值。常见的键值数据库典型有 Redis、Memcached 等。

（2）列存储（Column-Based）数据库是相对于传统关系型数据库的行式存储（Row-Basedstorage）来说的，表中的数据则是以列为单位逐列存储在磁盘中。列存储数据库可以看作扩展版的键值数据库，在底层采用键值的方式存储数据，但赋予数据结构表现上的灵活性。通过存储方式的调整，列存储数据库的查询性能得到极大的提升。常见的列存储数据库有 HBase 等。

（3）文档数据库可视为其值可查的键值数据库，文档数据库所存放的文档就相当于键值数据库所存放的"值"。文档数据库不要求定义表结构，所有的数据都以文档形式存储，兼具关系型数据库和键值数据库的优势，它既能提供完整的索引支持以及复杂的查询功能，又具备无结构化存储能力。常见的文档数据库有 MongDB、CouchDB 等。

（4）图数据库是采用图结构存储数据的数据库。图数据库不是用于存储图片的数据库，而是以"图"这种数据结构存储和查询数据的数据库。常见图数据库有 Neo4J、InfoGrid、星环 StellarDB 等。

非关系型数据库具有表结构较灵活，扩展性好，支持大数据量，支持非结构化数据，不支持或有限支持事务性，技术多样，通用性较差等特点。

总之，关系型数据库和非关系型数据库各有优劣，是一个互补关系，应用在不同的场合（见表5–10）。

表5–10　关系型数据库与非关系型数据库对比

	优点	缺点
关系型 数据库	便于理解：二维表构造非常贴近逻辑； 应用方便：支持通用的SQL（结构化查询语言）语句； 易于维护：全部由表结构组成，文件格式一致； 复杂操作：可以用SQL语句在多个表之间做非常繁杂的查询； 事务管理：能保证系统中事务的正确执行，同时提供事务的恢复、回滚、并发控制和死锁问题的解决。	读写性能差，尤其是海量信息的效率高读写能力； 固定不动的表构造，缺乏灵便度； 高并发读写时，硬盘I/O存在瓶颈； 可扩展性不足，不能通过简单添加硬件和服务节点来拓展性能和负荷工作能力。
非关系型 数据库	格式灵活：数据存储格式多样，应用领域广泛； 性能优越：不用历经SQL层的分析，性能非常高； 可扩展性强：数据之间耦合度极低，容易水平扩展； 成本较低：非关系型数据库部署简易，且大部分可以开源使用。	不支持SQL； 学习和运用成本比较高； 无事务处理机制； 数据结构导致复杂查询不容易实现。

三、档案数据库

档案数据库是以电子档案管理为基础，兼顾数据库设计和应用发展的需要，将档案目录信息、元数据信息、电子档案等各种类型数据按照特定数据模型进行组织的数据集合。档案数据库一般包括目录数据库、元数据库、内容数据库、主题数据库等。

1. 档案目录数据库

档案目录数据库是关系型数据库，主要通过电子档案管理系统自动采集或从电子档案元数据库中提取形成，部分需要通过人工著录完成。机构各种门类载体档案均应开展目录数据库建设，以卷为单位整理的档案应建立案卷级和卷内文件级目录数据库，以件为单位整理的档案应建立文件级目录数据库。目录数据库建立主要包括三项内容：一是选择档案著录项目，二是确定著录项目数据格式；三是自动采集或录入著录信息。

（1）选择档案著录项目

档案著录项目主要以不同门类档案整理规则确定的档案目录项目为依据，结合各门类元数据收集范围确定。在实际确定著录项目时应当充分考虑不同门类档案特点和管理要求，不缺项漏项。

（2）确定著录项目的数据格式

著录项目的数据格式指的是著录项目（记录字段）的字段名称、字段类型和字段长度、约束条件等（文书、照片、录音、录像档案目录数据库结构示例见表5–11、表5–12）。档案数据库管理系统所管理的数据对象是结构化的，必须事先确定好档案目录数据格式，只有结构一致、格式规范的目录数据才能集成管理、并库共享。

组织机构在确定著录项目数据格式时应当按照各门类档案整理规则、著录规则等国家相关标准规范，结合实际制定本行业、本专业、本单位标准规范，为档案数据库建设提供标准支持。档案信息系统开发特别是数据库结构设计时应严格执行相关标准和规范，防止数据库设计的盲目性和随意性，确保档案数据的一致性、准确性和规范性。

表5–11　文书档案目录数据库结构示例

序号	字段英文名	字段中文名	类型	长度	能否为空	备注
1	id	序号	字符型	10		
2	department	保管单位	字符型	20		档案实体保管部门（档案馆接收后填写）
3	unitCode	档号	字符型	25	否	按档号编制规则赋予的一组字符代码
4	fondNo	全宗号	字符型	4	否	
5	year	年度	字符型	4	否	采用4位阿拉伯数字标识，例如：2011

序号	字段英文名	字段中文名	类型	长度	能否为空	备注
6	shortforInst	机构（问题）代码	字符型	3		采用 3 位大写汉语拼音字母或阿拉伯数字标识，例如：办公厅代码"BGT"
7	Institution	机构（问题）	字符型	20		机构的名称或规范性简称，例如：办公厅、法规司
8	unitNo	件号	字符型	4	否	采用 4 位阿拉伯数字标识，例如：0001、0023、0122、1123
9	pageNum	页数	整数型		否	为整数，不能有类似 AB 等字符出现
10	secret	密级	字符型	20		文件密级按文件实际标注情况填写，没有密级的不用标识
11	period	保管期限	字符型	8	否	保管期限分为永久、定期 30 年、定期 10 年，分别以代码"Y""D30""D10"标识
12	date	日期	字符型	8	否	格式为 yyyymmdd，例如：19491001；年月日不详相应位补零，例如：19490000、00001112
13	recordNo	文号	字符型	50		文件的发文字号
14	author	责任者	字符型	100	否	制发文件的组织或个人，即文件的发文机关或署名者
15	title	题名	字符型	250	否	文件的标题
16	path	原文路径	字符型	200		通常由系统根据档号、页数等字段项自动生成
17	note	备注	字符型	250		注释文件需要说明的情况

表 5-12　照片、录音、录像档案目录数据库结构示例

序号	字段英文名	字段中文名	类型	长度	能否为空	备注
1	id	序号	字符型	10		
2	department	保管单位	字符型	20		档案实体保管部门（档案馆接收后填写）
3	unitCode	档号	字符型	25	否	按档号编制规则赋予的一组字符代码
4	fondNo	全宗号	字符型	4	否	
5	year	年度	字符型	4	否	采用 4 位阿拉伯数字标识，例如：2011
6	shortforInst	机构(问题)代码	字符型	3		采用 3 位大写汉语拼音字母或阿拉伯数字标识，例如：办公厅代码"BGT"
7	Institution	机构(问题)	字符型	20		机构的名称或规范性简称，例如：办公厅、法规司
8	unitNo	件号	字符型	4	否	采用 4 位阿拉伯数字标识，例如：0001、0023、0122、1123
9	secret	密级	字符型	20		文件密级按文件实际标注情况填写，没有密级的不用标识
10	period	保管期限	字符型	8	否	保管期限分为永久、定期 30 年、定期 10 年，分别以代码"Y""D30""D10"标识
11	date	日期	字符型	8	否	格式为 yyyymmdd，例如：19491001；年月日不详相应位补零，例如：19490000、00001112
12	title	题名	字符型	250	否	能揭示照片、录音、录像文件中心主题的标题或名称
13	person	人物	字符型	250		照片、录像中主要人物及位置，录音中讲话人
14	location	地点	字符型	100		照片、录音、录像的摄录地点

序号	字段英文名	字段中文名	类型	长度	能否为空	备注
15	cameraman	摄录者	字符型	100		照片、录音、录像的摄录单位或摄录人
16	duration	时长	字符型	8		录音、录像文件的时长，格式为 hh:mm:ss，例如：00:30:15
17	fileSize	文件大小	字符型	8		录音、录像电子档案的大小，非电子形式的不需要填写
18	format	文件格式	字符型	8		照片、录音、录像电子档案的格式
19	path	原文路径	字符型	200		通常由系统根据档号等字段项自动生成
20	note	备注	字符型	250		注释文件需要说明的情况

（3）自动采集或录入著录信息

档案的著录标引和著录信息录入，是建立档案目录数据库的关键环节。为了提高档案著录、数据录入的速度和质量，可以采取三个方面对策：一是在数据库建设中控制数据结构定义，通过控制数据结构定义规范引导录入并控制用户著录内容准确性。比如对于用户录入的非法字符、无效内容、缺漏字段等及时进行提示等。二是通过电子档案管理系统自动采集或从电子档案元数据库中提取著录信息或者通过计算机自动处理后录入数据，如自动生成序号、档号、页数等，避免录入差错，提高效率。三是使用代码录入，确保著录信息和档案特征一致。比如通过代码和组织机构的严格对应，通过录入代码著录组织机构全称或简称。自动采集或录入著录信息后，还应对著录的目录数据库进行系统自动检查和人工抽查相结合的核查校验，确保目录数据库齐全完整、著录规范。

2. 档案元数据库

档案元数据库是关系型数据库，是按照电子档案元数据规范要求建立的档案数据库。档案元数据库建设可按照《文书类电子文件元数据方案》（DA/T 46-2009）、《照片类电子档案元数据方案》（DA/T 54-2014）、《录音录像类电子档案元数据方案》（DA/T 63-2017）和本书第一章第四节、第四章第三节确定的相关范围和要求执行。

档案元数据库可以与档案目录数据库合并建设，也可以统筹规划、分别建设。尤其是在一件电子档案存在多个组件的情况下，需要在建设目录数据库的同时对每个文档的元数据信息进行著录，这种情况下一般需要将目录数据库与元数据库予以分别建设。档案元数据库建设的具体方法和要求可以参照档案目录数据库执行。

3. 档案内容数据库

档案内容数据库包含全文数据库、多媒体数据库。档案内容数据库是非关系型数据库，是通过数据库技术对文本、图像、图形、声音、视频（及其组合）等电子档案数据进行统一管理的数据库系统。从建设方式上，可以将档案内容数据库看作档案目录数据库与电子档案挂接而成的档案数据库。挂接的方法一般有基于文件方法和二进制域方法两种。

（1）基于文件方法

基于文件的方法又称作链接法，是指将独立存储于计算机载体中的多媒体档案的名字与位置（即路径）存入（即"链接"于）档案目录数据相应的记录中，而不是真正将档案存储在数据库中。当数据库管理系统访问电子档案时，根据目录数据库中记录的电子档案名称和路径访问。这种方法的优点是，尽管电子档案容量大，但是不会给目录数据库增加负担而影响目录数据库的运行效率。缺点是电子档案与目录数据库的关系不够紧密，容易因系统或数据的迁移而断链，造成通过目录找不到对应电子档案的问题。

（2）二进制域方法

二进制域方法又称作嵌入法，是指把电子档案嵌入档案目录数据中能存储大文件的 BLOB 字段（即"二进制域"）中。该字段有两种：一种是 Memo（备注）字段，它可以存储大文本文件，容量相对较小。另一种是 OLE（对象嵌入）字段，可以存储大二进制文件，如电子档案等。比如 ORACLE 数据库的一个 BLOB 字段可存储不大于 4G 的电子档案。这种方法的优点是电子档案与目录数据的关系相当紧密，不会断链。缺点是大容量的电子档案会增加目录数据库的负担，影响其运行效率。因此，在使用二进制域方法时，需要采用一些技术手段来弥补其缺陷。

4. 档案主题数据库

档案主题数据库是按照一定主题组织起来的档案数据库。档案主题数据库的建设一般是以现有档案目录数据库、档案元数据库和档案内容数据库为基础，经过数据抽取、组织形成。

四、建设步骤

档案数据库的建设步骤主要包括建库论证、整体设计、数据组织、审核发布和维护完善五个阶段。

1. 建库论证

建库论证首先应选定建库小组的成员，至少要包含档案专家或资深档案工作者、数据库技术专家、某一学科领域专家，以及数据分析、整理、录入人员等。其次要从用户需求、档案资源等几方面着手进行选题分析。在此基础上，确定以用户需求为牵引，以档案资源为基础，以相关资料为依托的档案数据库的选题和类型。

2. 整体设计

整体设计包括制定标准规范、选定系统平台、制定建设方案、制定工作计划等。制定标准规范应当包括著录与标引、数字化加工、数据库成果的发布与使用等内容。系统平台则要选择合适的系统开发平台、开发语言以及数据库管理平台。建设方案主要包括确定数据库的层次和规模、设计数据库结构及子库、设计数据库功能（如全文检索、关键字检索等）、确定数据类型（文本、多媒体）、明确成果发布形式等。工作计划主要是确定进度安排、人员分工等，是指导数据库建设的行动指南。

3. 数据组织

数据组织阶段是数据库建设的实质性阶段，主要包括数据收集、数据选择、数据加工整理、数据录入、数据存储、数据检查等环节。其中，数据收集除了查阅本单位档案与相关资料外，还应该向其他档案馆、档案形成单位、图书馆等甚至因特网收集。数据录入需要依据标准规范设定著录项目，确保检索入口的多样化，以满足不同用户的不同检索需求和检索习惯。数据存储应根据相关标准规范选定数据存储格式、存储载体，关键是保证数据安全以及检索速度。数据检查应该从数据格式、数据长度、数据内容、空值默认值、一致性等方面进行全面检查,确保数据库中数据的准确、可靠、可读。

4. 审核发布

审核发布是在数据库基本建成后正式投入使用前,对数据库进行全方位的检查并最终发布的阶段。审核发布首先要组建由精通档案业务、计算机、数据库、网络等相关知识的专家及工作人员组成的检查小组,审查数据的质量和数量是否达标、数据库的功能是否能满足用户的多样化需求、数据库的运行状态是否稳定等。其次,设定数据库试运行周期和特定用户范围,收集用户使用意见和建议,查找数据库存在的问题和缺陷并及时修补完善。审核完善后应该及时发布并进行宣传,让用户充分了解该数据库的内容、特点、功能及使用方法,最大限度地发挥档案数据库的作用和效益。

5. 维护完善

档案数据库投入使用后,应当依托三项机制对其进行持续的维护和更新。一是建立用户反馈机制,及时了解数据库是否能满足用户需求,检索过程是否快速、便捷,检索结果是否准确、完备,是否还存在问题和不足等,以便有针对性地对数据库进行改进和升级。二是建设数据追加机制,及时对数据进行追加、替换、删除、修改和整理,在维护档案数据库稳定性的同时,保持数据的新颖性,使档案数据库更完善,利用率更高。三是建立系统维护机制,对系统运行过程中出现的问题及时采取改进措施,使之逐步完善。

第六章
电子档案保管与保护

第一节　电子档案的存储

电子档案存储（storage）是指以经济、有效、安全的方式保护、存取和管理电子档案以便利用的过程。本书使用在线存储、在线备份、近线备份、离线备份等相关概念区分电子档案存储和备份工作。

一、存储（备份）载体

载体又称作介质（medium），是指可将信息记录于其上或其中的物质材料。电子档案载体类型包括磁介质、光介质、电介质（半导体介质）、胶介质（数字胶片）、DNA 介质等。其中磁介质、光介质、电介质应用广泛，胶介质（数字胶片）、DNA 介质尚未实现规模化应用。

1. 光介质

光介质是利用光信息作为数据载体的一种记录材料，它是用激光扫描的记录和读出方式保存信息的一种介质。光介质具有存储密度高、信息容量大、可移动、成本低等特点。常见的光介质包括光盘、玻璃存储、全息存储等，其中光盘应用最为广泛，玻璃存储、全息存储还处在研究开发阶段。

（1）光盘

光盘是利用激光束投射在光盘记录层上进行信息记录和读取的盘状记录介质。按照技术特征和存储容量，光盘可以分为 CD 光盘、DVD 光盘、蓝光光盘（BD）等（见图 6-1）。CD 采用波长为 780～790nm 的红外激光器读写数据，容量一般为 650~700MB；DVD 采用波长为 635～650nm 的红外激光器读写数据，一般单层容量为 4.7GB，双层容量可达 8.5GB；BD 采用波长 405nm 的蓝色激光束读写数据，一般为单层容量为 23.5 GB，双层容量可达 50GB。

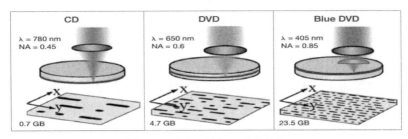

图 6-1　CD、DVD、蓝光光盘

按照光盘读写特性，光盘分为预录类光盘、可录类光盘和可擦写光盘（见表 6-1）。预录类光盘又称作只读型光盘，只能读取光盘上已经记录的各种信息，但不能修改或写入新的信息，主要有 CD-ROM、DVD-ROM、BD-ROM 等类型。可录类光盘又称作一次写入型光盘，可以一次写入多次读出，主要包括 CD-R、DVD-R、DVD+R、BD-R 等类型。可擦写光盘又称作可重写光盘，光盘可以多次重复擦写，刻录后使用软件擦除数据后可以再次使用，主要有 CD-RW、DVD-RW、DVD-RDL、BD-RE 等类型。只读型和可录类光盘用于存储数据的记录层主要由有机染料构成，完成烧录后不可更改；可擦写光盘用于存储数据的记录层由碳性材料构成，完成烧录后可以通过极性改变进行擦写。

表 6-1　预录类、可录类和可重写光盘分类

	读取特性	常见类型
预录类	不能写入，只能读取	CD-ROM、DVD-ROM、BD-ROM
可录类	一次写入，多次读取	CD-R、DVD-R、DVD+R、BD-R
可擦写	多次重复擦写	CD-RW、DVD-RW、DVD-RDL、BD-RE

光盘保存年限一般在 10～20 年，档案级 CD、DVD 光盘保存寿命大于 20 年，档案级蓝光光盘保存寿命大于 30 年。光盘稳定性好、可靠性高、价格低廉，但存取较慢，单位存储容量较低，适宜用作离线备份或长期保存介质。考虑数据可录性和安全性，电子档案存储应当选用 CD-R、DVD-R、DVD+R、BD-R 等可录类光盘。光盘技术指标和应用应当符合《档案级可录类光盘 CD-R、DVD-R、DVD+R 技术要求和应用规范》（DA/T 38-2021）和《电子档案存储用可录类蓝光光盘（BD-R）技术要求和应用规范》（DA/T 74-2019）的相关规定。

（2）玻璃存储

玻璃存储是通过飞秒激光在石英玻璃薄片上制造点阵，以二进制方式存储数据的光存储新方法（见图 6-2），是目前光存储研究主要方向之一。石英玻璃存储采用熔融石英材料，利用飞秒激光直写技术在石英内部形成"纳米光栅"的双折射结构来保存信息。与传统光盘不同的是，石英玻璃存储读取时采用透射而非反射光路，激光穿过被测存储单元后，读取光包含了双折射的慢轴角度、光程延迟值等信息，加上石英玻璃的三维空间，一共五个复用维度，因而具有更大的数据存储密度。玻璃介质存储的信息可采用普通的光学显微镜读取，信息转换可靠性高。与现有光存储技术相比，玻璃存储技术稳定性高、体积小、存储能力强、耐受高湿度、高酸度、高碱度环境以及电磁辐射和电离辐射能力强，理论寿命可达千年，适用于海量信息的长时间安全存储，是未来电子档案备份或长期保存介质的重要选择方向。

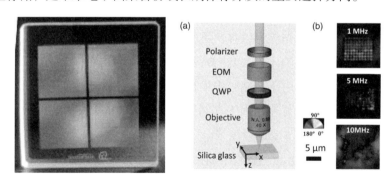

图 6-2　玻璃存储介质和存储技术

（3）全息存储

全息存储又称作 3D 存储，是一种利用激光全息摄影原理将图文等信息记录在感光介质上的大容量信息存储方式。全息存储与传统二维存储机理完全不同：激光器输出激光束经分光镜分为两束光，一束光经过空间调制器后携带物体的二维信息成为物光，另一束作为参考光束。两束光相遇发生干涉，使得数据信息以全息图的方式被记录在存储材料中。读取时，利用之前记录的参考光照射存储介质，在原信号光方向再现出信号光，由CCD 或 CMOS 图像传感器等光电探测器完成数据的读取，有极高的数据传输速率。全息存储具有信息存储容量大、记录速度快、记录信息不易丢失、便于长期保存的特点，是一种很有前景的光存储技术。

2. 磁介质

磁介质也就是磁记录材料，是利用磁特性和磁效应实现信息记录和存储功能的磁性材料。磁介质的基本原理是用非磁性金属或塑料做基体，在其表面涂敷、电镀、沉积或溅射一层很薄的磁面，用磁层的两种剩磁状态记录信息 "0" 和 "1"。作为最早应用于计算机存储技术的一种载体，磁介质具有技术成熟度高、数据读取方便等特点。常见的磁介质包括硬磁盘、磁带等。

（1）硬磁盘

硬磁盘（Hard Disk Drive，HDD）又称作机械硬盘，是使用以铝或玻璃为基材的表面溅射磁性材料的圆盘状材料作为主要记录介质，由控制电机、盘片、磁头以及相关控制电路组成的数据存储载体。按照记录技术，目前硬磁盘主要有采用垂直磁记录技术（PMR）的垂直式硬盘和采用叠瓦式磁记录技术（SMR）的叠瓦式硬盘，其中 PMR 硬盘属于传统技术硬盘，可靠性高；SMR 硬盘能够提高硬盘容量，但会影响性能，降低可靠性（见图 6-3）。氦气硬盘是内部填充氦气的硬磁盘，可以通过减少气体对盘片的阻力来降低硬磁盘的工作温度与能耗，提升硬磁盘的环境适应性。硬磁盘读写时盘片高速旋转，摆臂控制磁头将盘片上记录的磁性转化为 0 或 1 或者将 0 或 1 转化为相应的磁性写入盘片，从而实现读写功能。如果其间受到剧烈振荡，磁盘表面就容易被划伤，损坏盘上存储的数据。

硬磁盘保存年限一般在 5~10 年，具有存储容量大、随机存取快、数据传输率高，可以用作电子档案在线存储和离线备份介质，但不适宜用作长期保存介质。硬磁盘用于离线备份时应当采用 PMR 硬盘，并且符合《档案数据硬磁盘离线存储管理规范》（DA/T 75-2019）相关要求。在高温、高湿、多尘、高海拔等恶劣环境条件下，宜使用氦气硬盘。

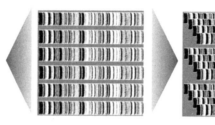
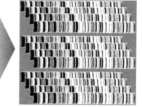

盘片

磁头

磁头摆臂

PMR 记录方式   SMR 记录方式

图 6-3　硬磁盘（PMR、SMR 记录方式示意图）

（2）磁带

磁带是用于记录声音、图像、数字或其他信号的载有磁层的带状材料，通常是在塑料薄膜带基上涂覆一层颗粒状磁性材料或蒸发沉积上一层磁性氧化物或合金薄膜而成（见图 6-4）。LTO 磁带是采用线性磁带开放协议（Linear Tape-Open，LTO）的数据流磁带，是目前数据磁带的主流。LTO磁带包括 LTO1-LTO9 多种规格，磁带机驱动器支持同代和前一代磁带读写，但对再前一代磁带只能读取不能写入（隔二代不兼容）。

磁带保存年限一般在 30~50 年，具有高容量低密度、防病毒强、纠错能力高、文件系统独立、能耗低等优点，但采用顺序方式记录、读取数据，读取速度慢，适宜用作离线备份或长期保存介质。电子档案采用磁带存储时应当选用 LTO 磁带，磁带技术指标和应用应当符合《档案数据存储用LTO 磁带应用规范》（DA/T 83-2019）相关要求。

图 6-4　磁带及读取设备

3. 电介质

电介质是使用半导体大规模集成电路作为存储媒体的一种介质。常见的电介质有 U 盘、存储卡、固态硬盘（Solid State Disk，SSD）（见图 6–5）等，其中固态硬盘是在数据存储领域常用的半导体存储器。固态硬盘是用固态电子存储芯片阵列制成的硬盘，由控制单元和存储单元（FLASH、DRAM 或 3D XPoint）组成。

电介质保存年限一般在 3~5 年，具有体积小、功耗低、存储速度快、与逻辑电路接口容易等优点，但由于存在读取次数限制、数据恢复能力差，一般只用于电子档案数据转移或临时存储，不适于电子档案备份和长期保存。

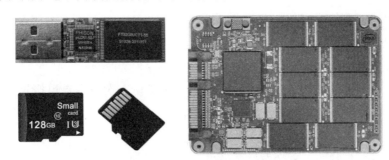

图 6–5　U 盘、存储卡和固态硬盘

4. 胶介质

胶介质存储是指通过数字胶片作为存储介质的存储方式。数字胶片存储使用传统缩微胶片，采用"数—胶—数"的胶片应用新模式，将数据编码处理之后生成高密度二维码图像打印到胶片上，再通过光学仪器读取胶片上的编码图像进行解码处理之后还原成数据（见图 6–6）。数字胶片能够实现任意格式数据随存随取，在突破传统胶片技术局限性的同时又继承了胶片载体的固有优势，是目前数据存储研究主要方向之一，可以作为未来电子档案备份或长期保存介质的选择方向。

图 6–6　数字胶片

5.DNA 存储

DNA 存储是使用人工合成的 DNA 存储文本、图片、声音、视频文件等数据，随后完整读取的存储方式。DNA 数据存储过程大致可以分成信息编码、DNA 合成（写入）、DNA 测序（读取）和信息解码四个步骤，基本原理是用遗传代码 A、C、G、T 替代计算机代码 0 和 1，实现从数字信号转换到化学信号的过程。DNA 存储很多特性和现有存储技术相比都是颠覆性的，但目前还存在读写速度慢、稳定性差、成本高、技术不成熟等问题，离实际应用还有相当距离。

二、存储（备份）设备

1.设备类型

在电子档案管理工作中，主流的存储（备份）设备主要包括光盘库、磁盘阵列、磁带库、数字胶片库以及磁光电混合存储设备等。

（1）光盘库

光盘库是基于光盘的存储备份设备，一般由驱动器、放置光盘的光盘架和自动换盘机构（机械手）三部分组成（图 6-7）。光盘库可以用于电子档案近线备份或离线备份。

图 6-7　光盘库

（2）磁盘阵列

磁盘阵列是基于磁盘的存储备份设备，一般由中央控制器、容错机制和多块甚至数百块高速、大容量专用硬磁盘等构成的大型磁盘组（见图 6-8）。磁盘阵列储存数据时，会将数据切割成许多区段分别存放在不同硬磁盘上，再通过容错技术（Redundant Arrays of Independent Disks，RAID）容错、热备硬磁盘，当其中一个或多个硬磁盘发生故障时保证数据不丢失，为存储其中的数据提供最大安全保障。RAID 的常见级别包括 RAID0、RAID1、RAID5、RAID10 等。磁盘阵列存储容量大且可扩展、随机存取快、数据传输率高、可靠性高，可以用于电子档案在线存储或近线备份。

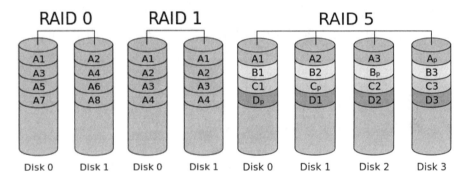

图 6-8　磁盘阵列及 RAID 示意图

（3）磁带库

磁带库是基于磁带的存储备份设备，一般由驱动器、磁带、机械手臂组成，并可由机械手臂自动实现磁带的拆卸和装填（见图 6-9）。磁带库存储容量达到 PB（1PB=1024TB）级，多个驱动器可以并行工作，也可以指向不同的服务器做备份，具备连续备份、自动搜索磁带等功能，并可在管理软件的支持下实现智能恢复、实时监控和统计，可用于电子档案的近线备份或离线备份。

图 6-9　磁带库

虚拟磁带库（VTL）是指使用基于磁盘（而非磁带）的存储介质，仿真磁带库功能的存储设备。虚拟磁带库是电子化的机械磁带库，可以与现有磁带库集成，提高数据保护的整体安全性和性能，降低数据保护成本。

（4）磁光电混合存储设备

磁光电混合存储设备是指带有光盘，同时包含磁盘、固态盘卡中的一种及以上存储媒体，且通过软件管理对外提供统一存储空间的存储系统（见图 6-10）。磁光电混合存储设备包括第一级存储（用于数据短期存储的装置／系统，数据保存时间较短，存储媒体一般为磁盘或和固态盘／卡）、第二级存储（用于数据长期存储的装置系统，数据保存时间较长，存储媒体一般为光盘）。磁光电混合存储设备应当符合《磁光电混合存储系统通用规范》（GB/T 41785-2022）相关要求。

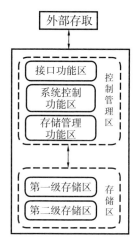

图 6-10　磁光电混合存储设备

2.存储（备份）设备选用

综合上述内容，磁盘阵列、光盘库、磁带库、磁光电混合存储设备比较见表 6-2。

表 6-2　存储（备份）设备对比

存储（备份）设备	速度	技术成熟度	适用场景
磁盘阵列	快	高	在线存储、近线备份
光盘库	慢	较低	近线备份、离线备份
磁带库	较快	高	近线备份、离线备份
磁光电混合存储设备	较快	低	近线备份、离线备份

三、存储方式

按照开放程度，存储方式可以分为封闭存储系统和开放存储系统两类（见图 6-11）。封闭存储系统无法将存储设备拆分出来单独管理，比如大型一体机存储、手机内置存储芯片等。开放存储系统分为内置存储和外挂存储。常见的内置存储包括计算机、服务器硬盘等；外挂存储可以分为直接附加存储（Direct-Attached Storage，DAS）和网络存储（Fabric-Attached Storage，FAS）、云存储（Cloud Storage）。其中，网络存储又可以分为网络附加存储（Network Attached Storage，NAS）和存储区域网络（Storage Area Network，SAN）以及分布式存储（Distributed Storage Network，DSN）。

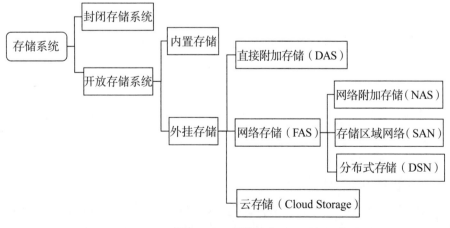

图 6-11　存储方式

电子档案采用开放存储系统外挂存储，不使用封闭存储系统和服务器硬盘等内置存储。电子档案存储方式主要包括直接附加存储（DAS）、网络附加存储（NAS）、存储区域网络（SAN）、云存储（Cloud Storage）等（见图6-12）。

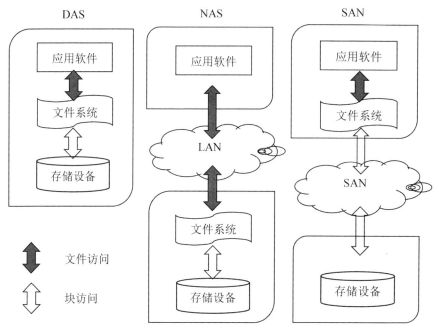

图 6-12　DAS、NAS、SAN 示意图

1. 直接附加存储

直接附加存储（DAS）又称作直连式存储，是指将存储设备直接连接到服务器并提供数据块访问的存储架构。DAS是以服务器为中心的存储架构，存储设备（一般是磁盘阵列）通过 SCSI 接口或者 FC 接口直接连在服务器主机上，客户端需要通过服务器访问存储设备上的资源。DAS存储设备与服务器是紧耦合关系，服务器性能瓶颈将直接决定整个存储系统的性能瓶颈，数据量越大，对服务器硬件的依赖性和影响就越大，而且，存储不能在服务器间动态分配，数据处理复杂度高。直连式存储仅适用于数据量、数据读写量和用户数相对较小的电子档案管理系统。

2. 网络附加存储

网络附加存储（NAS）又称作附网存储，是指将存储设备直接联网并使用网络文件共享协议提供文件级数据访问的存储架构。NAS将存储设备直接通过网络接口与网络连接，为网络上的计算机提供文件和数据的读写访问与共享，凡有权限的计算机及其用户均可访问 NAS。NAS 的部署相对简单，即插即用，后期还可通过扩展柜扩容，能够快速解决用户存储容量扩展需求。NAS 自身拥有操作系统，对它的所有访问由该操作系统负责指挥和管理，会消耗一定的网络资源，当针对 NAS 的访问量和数据量达到一定量级时，这一运转机制便成了 NAS 的瓶颈。

采用 NAS 存储电子档案，应当符合《附网存储设备通用规范》(GB/T 33777–2017)、《信息安全技术 网络存储安全技术要求》(GB/T 37939–2019)等标准规范要求。

3. 存储区域网络

存储区域网络(SAN)是指通过网络方式连接存储设备和应用服务器并提供数据块访问的存储构架。SAN 是由若干台存储设备、交换机、网络协议等构成的一个存储网络，根据与服务器连接方式不同，分为光纤存储区域网络(FC SAN)和以太网存储区域网络(IP SAN)。FC SAN 的磁盘阵列通过光交换机、光纤跳线、HBA 卡等设备实现互联，并为接入 FC SAN 的应用服务器提供存储空间。IP SAN 则采用普通的以太网交换机、双绞线跳线、iSCSI 卡等设备互联，建设成本低，部署相对简单，但其性能、效率和可扩展性等与 FC SAN 相比有明显差距。SAN 具有高效能、高稳定性和可扩展性，且性能优良，技术成熟，基本不会形成操作系统资源瓶颈和访问拥堵，是组织机构电子档案管理系统设计、建设存储系统的较好选择。

采用 IP-SAN 存储电子档案，应当符合《信息技术 网际互联协议的存储区域网络(IP-SAN)应用规范》(GB/T 36093–2018)、《信息安全技术 网络存储安全技术要求》(GB/T 37939–2019)等标准规范要求。

综上所述，DAS、NAS、FC SAN、IP SAN 之间成本、数据传输速度、扩展性等相关情况对比见表 6-3。

表 6-3　DAS、NAS、FC SAN、IP SAN 对比表

	DAS	NAS	FC-SAN	IP-SAN
成本	低	较低	高	较高
数据传输速度	快	慢	极快	较快
扩展性	无扩展性	较低	易于扩展	最易扩展

	DAS	NAS	FC-SAN	IP-SAN
服务器访问存储方式	直接访问存储数据块	以文件方式访问	直接访问存储数据块	直接访问存储
服务器系统性能开销	低	较低	低	较高
安全性	高	低	高	低
是否集中管理存储	否	是	是	是
备份效率	低	较低	高	较高
网络传输协议	无	TCP/IP	Fibre Channel	TCP/IP

4. 云存储

云存储（Cloud Storage）由云计算概念延伸和衍生发展而来，是指通过集群应用、网格技术或分布式文件系统等功能，将网络中大量不同类型的存储设备通过应用软件集合起来协同工作，共同对外提供数据存储和业务访问功能的系统。云存储一般可分为公共云存储、私有云存储。公共云存储是指专为大规模、多用户而设计的云存储。公共云存储的所有包件都建立在共享基础设施上，通过虚拟化技术、数据访问、数据管理等技术对公共存储设备进行逻辑分区，实现对用户的按需分配。公共云存储的存储设备通常设置在用户端的防火墙外部，因此安全性取决于存储设备所采用的安全措施。私有云存储也称为内部云存储，是针对特定用户设计的云存储。与公共云存储不同的是，私有云存储运行在数据中心的专用存储设备上，可以满足安全性及性能的需求。不过私有云存储也存在可扩展性相对较差的缺点。云存储能节省投资费用，简化复杂的设置和管理任务，已经成为未来存储发展的一种趋势。

采用通过云存储方式存储电子档案，应当符合《国家档案局办公室关于档案部门使用政务云平台中加强档案信息安全管理的意见》《信息技术 云数据存储与管理 第 1 部分：总则》（GB/T 31916.1-2015）等标准规范要求。

四、存储要求

电子档案的存储要求是指电子档案在存储介质上的存储路径、存储结构。综合考虑电子档案集中统一和规范有序的管理要求，应当依据档案整理的结果和档案管理的要求分门别类、集中有序地存储电子档案，并在元数据中自动记录电子档案在线存储路径，确保通过电子档案存储路径从另一个角度描述、展示电子档案的来源、保管期限等信息。当遇到电子档案管理系统崩溃等极端困难时，能根据提前规划好的存储结构逐步理清、恢复存储设备中的电子档案，同时保持电子档案之间、电子档案内部正常关联关系。

从多年的实践来看，实现电子档案科学、合理存储最为简单、有效、可靠的方法是用档号构成要素，比如全宗号、档案门类代码、年度、机构或问题代码、保管期限代码等，在计算机存储器中逐级建立文件夹，再在最低一级文件夹中集中存储相应的电子档案。这样做的好处是电子档案的存储结构与电子档案整理结果相对应，存储结构本身固化了电子档案的整理结果，对于电子档案备份、长期保存提供了安全保障和便利。为实现这一要求，电子档案管理系统必须具备按规则逐级建立文件夹、命名文件夹并存储相应电子档案的功能。

例如，某组织机构 2022 年形成的两件文书类电子档案档号分别为 Z109-WS·2022-Y-BGS-0001、Z109-WS·2022-Y-YWC-0002，分别有 2 个和 4 个组件，电子档案管理系统按内置存储规则存储两件电子档案，具体存储结构与路径如图 6-13 所示：

图 6-13　存储结构示例

第二节 电子档案的备份

电子档案备份（backup）是指将电子档案或电子档案管理系统的全部或部分复制或转换到存储载体或独立的系统上。备份可以恢复受损或丢失的电子档案，并为崩溃的电子档案管理系统提供有效的恢复手段。

一、备份分类

按照备份对象、备份方法、备份地点、备份介质和备份技术不同，备份有不同的分类（见图6-14）。

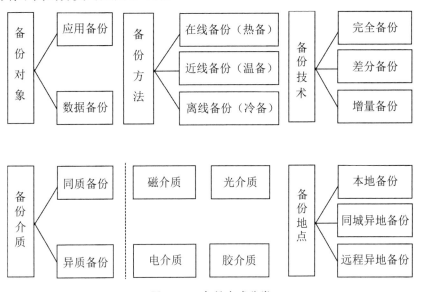

图6-14 备份方式分类

1.按备份对象划分

按照备份对象不同，备份可分为应用备份、数据备份。

（1）应用备份是对应用系统及其运行环境所实施的备份，应用级备份通常都是热备。实施应用级备份目的是在遇到应用系统崩溃的危急情形时，能够立即启用备份在异地的应用系统，在最短时间内恢复全部或主要业务功能的正常运转。

（2）数据备份是指由备份系统按照设定规则经网络自动读取应用系统在线存储设备中的完整或部分数据，并复制到备份系统存储器中，当应用系统在线存储设备中的数据损毁时，可以将备份的数据按照原存储结构写回在线存储设备。

2. 按备份方法划分

按照备份的方法（是否需要数据库离线）不同，备份可分为在线备份、近线备份和离线备份。

（1）在线备份又称作"热备"，是指存储设备与计算机系统物理连接，操作系统、文件系统或应用系统可随时读取、管理存储于其中的电子档案。

（2）近线备份又称作"温备"，是指存储设备与计算机系统物理连接，操作系统或应用系统不可随时读取和修改备份于其中的电子档案，备份策略、恢复方式等通过独立于操作系统、应用系统的存储管理系统实施。

（3）离线备份又称作"冷备"，是指将电子档案存储于可脱离计算机、存储系统保存的存储介质上，比如光盘、磁带等。

3. 按备份技术划分

按照备份技术不同，备份可分为完全备份、差分备份和增量备份（见图6-15）。

（1）完全备份又称作全量备份，是指对某一个时间点上的所有数据进行的一个完全复制。当发生数据丢失时，完全备份无须依赖其他信息即可实现100%数据恢复，其恢复时间最短且操作最方便。

（2）差分备份又称作差异备份，是指每次备份的数据是相对于上一次完全备份之后新增加的和修改过的数据。差分备份恢复数据的时间较短，因为只需要最后一次完全备份和最后一次差异备份，但是一次差分备份所需时间较长。在实际数据备份中，一般采用完全备份与差异备份相结合的方式，以便获得相对较高的数据备份和恢复效率。

（3）增量备份是指在一次备份后，每次只需备份与前一次相比增加或者被修改的数据。增量备份优点是每次备份数据量小，需要的时间短，缺点是恢复时需要依赖之前的多次备份记录，存在一定风险。

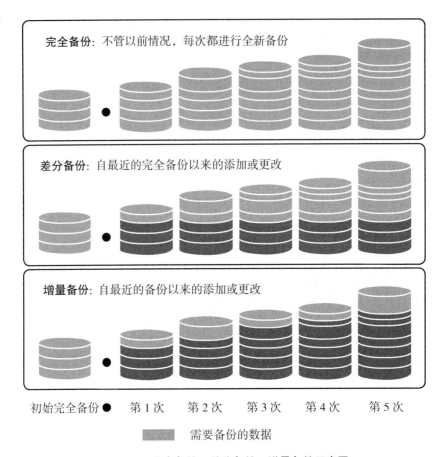

完全备份：不管以前情况，每次都进行全新备份

差分备份：自最近的完全备份以来的添加或更改

增量备份：自最近的备份以来的添加或更改

初始完全备份 ●　　第1次　　第2次　　第3次　　第4次　　第5次

　需要备份的数据

图6-15　完全备份、差分备份、增量备份示意图

4.按备份介质划分

按照备份介质异同，备份可分为同质备份、异质备份。

（1）同质备份是指同一信息形态在相同介质之间备份。比如电子档案从光介质到光介质（从光盘备份到光盘），从磁介质到磁介质（从硬磁盘到磁带）等都属于同质备份。同质备份方便快捷，但安全性相对较差。

（2）异质备份是将信息转换到其他类型的载体上，是不同信息形态之间的转换备份。比如将电子档案从磁介质转为光介质、电介质为异质备份。异质备份相对烦琐，但安全性较高。

需要说明的是，档案领域一般将不同信息形态之间的转换也视为异质备份（比如将电子档案打印为纸质），这与计算机领域将异质备份看作同一信息形态在不同介质之间的备份不同，在实践中应当注意区分。

5. 按备份地点划分

按照备份地点不同，备份可分为本地备份、同城异地备份和远程异地备份。

（1）本地备份是指将备份内容存储于实施备份组织机构同一建筑或建筑群内。

（2）同城异地备份又称作同城备份，是指将备份内容存储于本地与实施备份组织机构不同地域的场所。同城特点是速度相对较快，缺点是一旦发生突发灾难，将无法保证本地备份的数据和系统仍可用。

（3）远程异地备份又称作灾难备份，是指将备份内容存储于外地适当的场所。远程异地备份的场所应当选择在与本市相距 300 公里以上，不属同一江河流域、不属同一电网、不属同一地震带的地区，有较强的应对突发灾难能力。

二、备份规则

在数据备份领域，国际上比较通行的做法是"3-2-1 备份规则"（3-2-1 Backup rule/Strategy）。"3-2-1 备份规则"又称作"3-2-1 备份策略""3-2-1 备份准则"，是美国摄影家彼得·克罗（Peter Krogh）2009 年在《数字资产管理书：摄影师的数字资产管理》（The DAM Book：Digital Asset Management for Photographers, 2nd Edition）中首先提出并得到广泛传播和普遍应用，被认为是数据备份的黄金标准（The gold standard）。随着存储技术的不断发展，尤其是为应对数据受到勒索病毒等极端情况影响，"3-2-1 备份规则"衍生出了"3-2-1-1-0 备份规则""4-3-2 备份规则"。

1. 3-2-1 备份规则

"3-2-1 备份规则"被公认为是数据存储备份和数据安全保护领域的最佳实践（见图 6-16），其主要内容包括：

（1）至少要保存 3 份备份数据。

（2）备份数据要采用 2 种不同的存储介质。

（3）1 份备份数据要保存在异地。

3 份备份数据　　　　　　　2 种存储介质　　　　　　　1 份异地保存

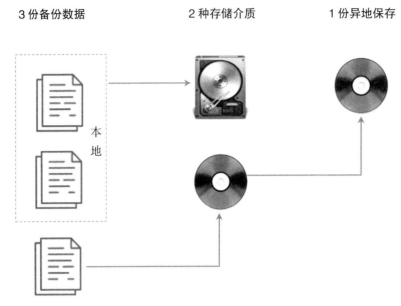

图 6-16　3-2-1 备份规则

"3-2-1 备份规则"保存 3 份备份的意义在于降低所有备份同时被毁的可能性；采用不同的介质是为了降低因为某种原因对单一种类介质造成的损害；将 1 份备份放在其他地点，是为了避免自然灾害等原因造成数据"团灭"。"3-2-1 备份规则"虽然不能保证所有数据都不会受到损害，但能够最大限度避免单一故障或事故造成的数据风险。实际上,同城多活、异地多活、冷热结合等备份策略,都是"3-2-1"备份策略的实现或者变体。

2.3-2-1-1-0 备份规则

"3-2-1-1-0 备份规则"是从"3-2-1 备份规则"发展来的（见图 6-17）。其主要内容包括：

（1）至少要保存 3 份备份数据。

（2）备份数据要采用 2 种不同的存储介质。

（3）1 份备份数据要保存在异地。

（4）1 份备份数据要离线或者保存在物理隔离（air-gapped）的环境下。

（5）确保所有备份恢复的错误率为 0。

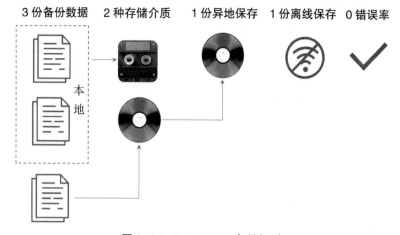

图 6-17　3-2-1-1-0 备份规则

3. 4-3-2 备份规则

"4-3-2 备份规则"在"3-2-1 备份规则"基础上做了全面升级（见图 6-18）。其主要内容是：

（1）至少要保存 4 份备份数据。

（2）备份数据要采用 3 种不同的存储介质。

（3）2 份备份数据要保存在异地。

"4-3-2 备份规则"意味着备份是重复的，并且异地的地理位置上有一定距离，以在自然灾难等不可抗力事件中为数据提供更好防护，同时也能够防止黑客对备份文件进行删除或加密。

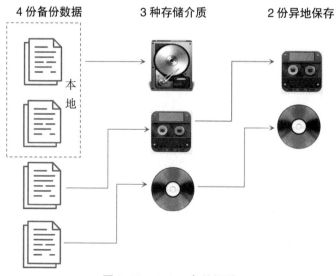

图 6-18　4-3-2 备份规则

三、电子档案备份策略

备份策略是指为了达到数据恢复和重建目标所确定的备份步骤和行为。制定电子档案备份策略通常要考虑备份对象、备份方法、备份地点、备份介质、备份技术的选择和适用,同时还要确定备份周期、备份窗口等。

1. 备份对象

电子档案备份对象首先要保证电子档案及其元数据、电子档案管理系统的配置数据和日志数据等为对象的数据级备份。当电子档案数量达到一定量且条件许可时,可实施电子档案管理系统和数据库的应用级备份。

2. 备份方法

电子档案备份一般要同时使用在线备份、近线备份和离线备份方法,至少保证 3 份电子档案备份数据。一般情况下可以采用"近线 1 份 + 离线 2 份"或"在线 1 份 + 近线 1 份 + 离线 1 份"的方式进行备份。当电子档案数量达到一定量且条件许可时,可以再增加 1 份备份数据。

3. 备份地点

电子档案要求异地备份。异地备份至少要求同城异地或远程异地 1 份;电子档案数量达到一定量且条件许可时,应当采用"同城异地 1 份 + 远程异地 1 份"或远程异地 2 份的方式进行备份。

4. 备份介质

电子档案要求异质备份。异质备份要求至少采用 2 种存储介质进行备份(硬磁盘或磁盘阵列、光盘或光盘库、磁带或磁带库任选 2 种);电子档案数量达到一定量且条件许可时,应当采用 3 种以上存储介质进行备份(硬磁盘或磁盘阵列、光盘或光盘库、磁带或磁带库各 1 种)。

综合备份对象、备份方法、备份地点、备份介质要求,并参考前述备份规则,建议电子档案一般按照"3-2-1 规则"进行备份;符合条件的,宜采用"4-3-2 规则"进行备份(见表 6-4)。

表 6-4　电子档案备份规则

	3-2-1	4-3-2
备份对象	数据备份	应用备份 + 数据备份
备份方法	近线 1 份 + 离线 2 份；或在线 1 份 + 近线 1 份 + 离线 1 份	在线 1 份 + 近线 1 份 + 离线 2 份
备份介质	硬磁盘或磁盘阵列、磁带或磁带库 2 种选 1+ 光盘或光盘库	硬磁盘或磁盘阵列 1 种 + 磁带或磁带库 1 种 + 光盘或光盘库 1 种
备份地点	同城异地 1 份；或远程异地 1 份	同城异地 1 份 + 远程异地 1 份；或远程异地 2 份

5. 备份技术

电子档案备份技术的选择一般根据电子档案数量、存储空间、备份及恢复要求等情况确定，实践中一般采用完全备份与差分备份或增量备份相结合的方式，以便获得相对较高的数据备份的恢复效率（见表 6-5）。

表 6-5　完全备份、差分备份、增量备份属性比较

	完全备份	差分备份	增量备份
备份速度	慢	中	快
恢复速度	快	中	慢
恢复所需数据	仅最新备份	最新完整备份和最新差异备份	最近的完全备份和自完全备份以来的所有增量备份
存储空间	高	中	低
重复数据	多	少	无

6. 备份周期

备份周期是指每隔多长时间进行一次备份（见图 6-19）。电子档案备份周期需要和备份方式以及备份窗口相结合来设计，一般需要参考恢复点目标（Recovery point objective，RPO）、恢复时间目标（Recovery time objective，RTO）指标的设定。

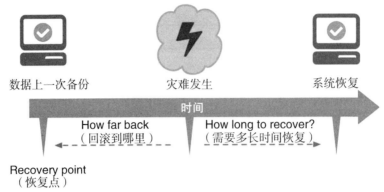

图 6-19　备份周期

7. 备份窗口

备份窗口是指每次数据备份何时开始，所占用的时间窗口。由于备份作业会占用系统资源，需要合理规划出一个时间段来进行备份，避免影响日常业务开展。

四、电子档案备份与恢复

电子档案备份的处理流程是把备份对象从数据源端复制到备份目标端的过程，该过程包括备份数据的获取、数据转换、数据发送、数据传输、数据接收，以及把接收到的备份数据写到备份目标端的存储媒体中，该过程中"数据转换"为可选处理动作。当备份数据需要恢复时，数据备份的恢复处理流程是把备份数据从备份目标端恢复到数据源端的过程，该过程包括数据的获取、数据转换、数据发送、数据传输、数据接收，以及把接收到的数据写到备份数据源端的存储媒体中，该过程中"数据转换"为可选处理动作（见图 6-20）。

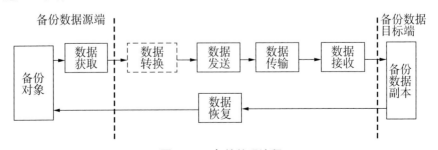

图 6-20　备份处理流程

电子档案备份技术应用、存储备份等级测试方法参照《信息技术 备份存储 备份技术应用要求》（GB/T 36092-2018）、《存储备份系统等级和测试方法》（GB/T 33138-2016）执行。电子档案的灾难备份和灾难恢复应参照《信息安全技术 信息系统灾难恢复规范》（GB/T 20988-2007）等标准要求执行。

第三节　电子档案长期保存

电子档案保存（preservation）又称作电子档案长期保存，是指确保电子档案得到长期维护所涉及的过程和操作。电子档案长期保存是一项综合性工作，需要电子档案长期保存系统、长期保存技术和管理策略。

一、长期保存模型

电子档案长期保存策略制定、长期保存系统的建设一般基于《空间数据和信息传输系统 开放档案信息系统（OAIS）参考模型》（ISO 14721:2012 Space data and information transfer systems—Open archival information system（OAIS）—Reference model）开展。

OAIS 模型是数字仓储和长期保存系统广泛采用的一个概念模型，利用此模型可以让不同应用平台下产生的电子档案互联互通、资源整合，实现信息共享、长期保存以及持续可读的目的。OAIS 模型是置身于信息形成者、利用者和管理者之间的一个存档体系（见图 6-21），核心内容包括功能实体、信息模型、信息包在各功能模块之间的转换等。

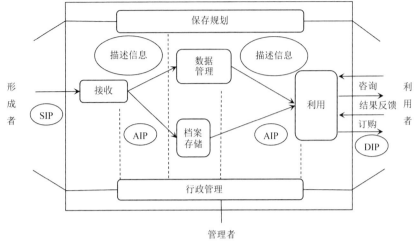

（SIP：提交信息包；AIP：存档案信息包；DIP：分发信息包）

图 6-21　OAIS 模型

OAIS 功能模型分为接收功能实体（Ingest Functional Entity）、档案存储功能实体（Archival Storage Functional Entity）、数据管理功能实体（Data Management Functional Entity）、行政管理功能实体（Administration Functional Entity）、保存规划功能实体（Preservation Planning Functional Entity）、利用功能实体（Access Functional Entity）六大功能实体，定义了提交信息包（Submission Information Package, SIP）、存档信息包（Archival Information Package, AIP）和分发信息包（Dissemination Information Package, DIP）三大信息包。

1. 接收功能实体

这一实体主要是从档案形成者接收 SIP，并且对提交信息进行检查、转换、规范处理，使得提交的信息能够在长期保存系统中进行存储和管理。主要功能包括：接收 SIP，对 SIP 进行质量确认，生成符合管理系统数据格式和文件标准的 AIP，从 AIP 中抽取出描述信息以存入存档数据库，并且协调档案存储功能实体和数据管理功能实体，实现相关数据的修改。

2. 档案存储功能实体

这一实体主要实现对 AIP 的存储、维护和检索。主要功能包括：从接收功能实体接收 AIP 并将其存储到长期保存系统之中，管理保存系统的组织结构，对存储数字档案的介质进行管理、更新，执行日常的系统维护工作，进行特定的错误检查，提供灾难恢复能力，并且为利用功能实体提供AIP以实现对所存储档案的提取和利用。

3. 数据管理功能实体

这一实体主要实现档案资源的描述信息和管理系统数据的装载、维护和访问存取。主要功能包括：管理档案数据库（维护数据库中概念模型及视图的定义，维护系统的参照完整性等），执行数据库更新（装载新的描述信息或档案管理系统数据），提供查询功能实现数据查询，根据查询结果生成相关报告。

4. 行政管理功能实体

这一实体主要实现管理整体的运行管理。主要功能包括：与档案形成者进行商讨并形成提交协议，对提交信息进行审计以确保提交内容符合档案标准，对系统软件环境进行配置和管理，监测并提高档案系统运行效率，记录和报告档案内容的状况，对档案进行迁移和修改。另外还包括建立并维护档案标准和政策、提供客户支持等业务工作。

5. 保存规划功能实体

这一实体主要是监测 OAIS 的环境，对档案保存提出相关建议，以确保在 OAIS 中长期保存的信息仍然能够被相应的目标用户理解和应用。主要功能包括：对长期保存系统中的存储内容进行评估，周期性提供档案信息的保存建议并及时处理存在风险的档案信息，对长期保存系统的标准和政策提出建议，监测技术环境和目标用户的服务需求及知识背景的变化。另外还包括设计信息包的模板，对不同的提交信息制定特定的 SIP 和 AIP，制定详细的迁移计划，开发迁移软件原型系统和相应测试计划以实现管理迁移目标等。

6. 利用功能实体

这一实体主要是帮助利用者了解、定位以及访问存储在 OAIS 中的信息，让档案利用者可以请求并接收信息产品。主要功能包括：提供交换界面让利用者可以请求并获取 OAIS 的档案信息，对某些受特别保护的信息进行管理控制以限制访问，协调请求的执行以实现请求的及时响应，生成响应（DIP、结果集、报告）并且将这些响应传送给档案利用者。

开放存档信息系统的六个信息功能实体解释了数字保存系统的功能结

构框架，明确了数字保存系统的系统功能组成以及各个功能组件的主要任务，对于认识数字保存的技术体系结构，设计和实现数字保存系统具有指导作用。

二、可信数字仓储

可信数字仓储(Trusted Digital Repositories,TDR)是实施OAIS参考模型、实现数字资源长期保存的重要途径。可信数字仓储从组织机构、系统功能、基础设施等多个角度对数字信息长期保存进行规范，为包括电子档案在内的数字信息长期保存提供了建设思路和框架，同时，可信数字仓储审计及认证要求也为电子档案长期保存状况提供了评价方法。

1.可信数字仓储

数字仓储（ Digital Repositories ）的概念最早由 William H. Inmom 提出，2002 年 5 月，美国研究图书馆协会（ Research Library Group，RLG ）和在线计算机图书馆中心（ Online Computer Library Center，OCLC ）TDR 项目组发布《可信数字仓储：属性和责任》(Trusted Digital Repositories: Attributes and Responsibilities ）提出，可信数字仓储（TDR）要按照公认的惯例和标准设计其系统以确保存放在其中的材料的持续管理、访问和安全，具有可被审计和衡量的政策、实践和绩效，建立符合期望的系统评价方法，具有明确的职责等。

2007 年，RLG 与美国国家档案和文件署（ National Archives and Records Administration，NARA ）发布《可信任仓储审计及认证：指标与列表》(Trust worthy Repositories Audit & Certification: Criteria and Checklist，TRAC)。2012 年，TRAC 正式成为国际标准《空间数据和信息传输系统 可信数字仓储审核与认证》(ISO 16363:2012 Space data and information transfer systems—Audit and certification of trustworthy digital repositories)。

2017 年，适用于档案领域的国际标准《信息和文献 数字档案第三方可信数字仓储》(ISO/TR 17068:2017 information and documentation – Trusted third party repository for digital records ）发布实施，为数字档案长期保存的审计及认证提出针对性要求。

2. 认证框架

可信数字仓储认证框架主要包括 ISO 16363:2012、DIN 31644、CoreTrustSeal 等。

（1）ISO 16363:2012 认证

ISO 16363:2012 可信数字仓储认证继承了 TRAC 中 "三位一体" 的认证框架，从 TDR 组织机构、系统功能、基础设施三方面进行考量和评估。组织机构认证重点是制度政策、人力、财力和法律四个方面，要求组织机构本身要有完整的制度政策，拥有长期保存的战略规划，为 TDR 的建设提供指导思想。系统功能认证是对应 OAIS 的六大功能实体进行。基础设施的认证主要包括技术设施的完备性、安全性以及风险管理要求等。ISO 16363-2012 的基本认证指标为四级指标体系，针对每一项指标都提供了指标内容、支持文本、样例、讨论四部分内容，以供对指标进行深入理解并指导实践（见表 6-6）。

表 6-6　ISO 16363-2012 前三级指标清单

第一级指标	第二级指标	第三级指标
组织的基础设施	管理和组织的基本要求	提供任务声明
		提供保存战略规划
		提供收藏政策或其他文件
	组织结构和人员	明确职责
		选用足够数量的合适（技能和经验）工作人员
		提供有效的人才专业发展计划
	过程的可说明性及保存政策框架	明确定义其目标社团和相关的知识基础，并在适当的范围内提供
		提供保存政策，以确保其保存战略规划的实施
		有对其运营方式、实施过程、软件和硬件变化的历史记载
		对影响数字内容保存的所有仓储库运营管理的活动，都保持一定的透明度和可说明性
		定义、收集、跟踪并适当地提供对信息完整性的测量
		定期进行自我评估和外部认证

（续表）

第一级指标	第二级指标	第三级指标
组织的基础设施	财务的可持续性	提供短期和长期的业务规划流程，确保仓储库可持续发展
		提供透明的、符合相关会计准则及惯例的财务实践和程序，并按照各国法律规定由第三方对其进行审核
		承诺持续地对财政的风险、效益、投资和支出（包括资产、许可证和负债）进行分析和报告
	合同、许可及责任	能对其所管理、保存和/或提供访问的数字材料提供适当的合同或存缴协议
		所签订的合同或存缴协议中应说明并获得所有必要的保存权的转让且记录在案
		按存缴协议、合同或许可的要求，对知识产权和仓储库内容的使用限制进行跟踪和管理
数字对象管理	获取内容	明确将要保存的内容信息和信息特性
		清楚地说明与保存内容信息相关联的信息
		具有适当的规范以识别和解析 SIP
		提供一套机制来正确验证所有内容生产方的身份信息
		提供一套接收规范来检验每一个 SIP 的完整性和正确性
		获得保存数字对象所需的足够的控制（权限）
		能在接收过程中的约定节点给生产者/寄存者提供适当的存档反馈
		对获取内容相关的操作和管理流程提供同期记录
	接收形成的 AIP	对于保存的每一个 AIP 或某一类 AIP，都必须拥有满足 AIP 解析和长期保存需求的相关定义
		应描述如何使用 SIP 构建 AIP
		应记录所有 SIPs 的最终存缴情况
	保存计划	对已存记录应具备相应的保存策略文档
		应具备适当的保存环境监测机制
		应具有根据监测结果改变保存计划的机制
		应提供证据证明其保存活动的有效性

第一级指标	第二级指标	第三级指标
数字对象管理	AIP 保存	应详细描述 AIPs 在底层的位级（Bits）存储情况
		应具备关于 AIPs 存储和保存相关操作和管理流程的同期记录
	信息管理	为使指定的用户群发现和识别感兴趣的资料，仓储须注明最低限度的信息需求
		应捕获或创建最小的描述性信息，并确保其与 AIP 的关联
		应维护每个 AIP 与其描述信息的双向关联
	访问管理	应遵循访问政策
		应遵循一定政策和过程来分发数字对象，并可追溯到该数字对象的原始对象，且能够证明其真实性
基础设施和安全风险管理	技术基础设施风险管理	应识别和管理与系统基础设施相关的影响保存运营和目标的风险
		应记录所有数字对象备份的数量和位置
	安全风险管理	应对与数据、系统、人员和物理设备有关的安全风险因素保持系统性分析
		应具备实施措施以充分处理每个已定义的安全风险
		应阐明系统内实施改变的角色、职责和授权范围
		应具有合适的书面防灾备份和恢复计划，至少包括一个所有保存信息的异地备份和非现场副本的恢复计划

（2）DIN 31644 认证

DIN 31644 可信数字仓储认证是德国建立的认证框架。2003 年，德国网络信息计划（Deutsche Initi-ative fur Netzwerkinformation，DINI）针对德国机构仓储的开放存取制定了《DINI 文档与出版物服务认证》，旨在为各大学机构仓储间的标准化及基于互操作的信息服务与交流提供建议，并在全国范围开展认证活动。在此基础上，德国数字资源长期保存专业网（Network of Expertise in Long-Term Storage of Dig-ital Resources，Nestor）2006 年制定"可信赖数字仓储的指标目录"，其基本框架与 TRAC 保持一致，比 DINI 认证更为全面。2011 年，Nestor 制定的体系成为德国国家标准 DIN 31644，并依此建立了新的认证框架。

（3）CoreTrustSeal 认证

2005 年荷兰可信数据仓储认证机构数据认可印章（Data Seal of Approval，DSA）建立评估认证机制。2017 年世界数据系统（World Data System，WDS）和 DSA 合作推出 CoreTrustSeal 认证机制，取代原有 DSA 认证和 WDS 定期成员认证，为数据中心提供基于 DSA–WDS 核心可信数据存储库需求目录和过程的核心级认证。CoreTrustSeal 数字仓储认证为评估数字仓储是否可信提供了基准，并有助于确定数字仓储的优缺点。《Core Trust Seal 可信数字仓储指南（2020–2022）》从组织基础架构、数据管理、技术能力等三个大的维度，对数据知识库的工作使命、专家团队、数据质量控制、工作流、硬件基础、数据安全等 16 个角度进行评估。

此外，可信数字仓储认证框架还包括欧盟所支持的"数字仓储认证与审计框架"（European Framework for Audit and Certification of Digital Repositories）、英国数字长期保管中心开发的"基于风险管理的数字仓储审计方法"（Digital Repository Audit Method Based On Risk Assessment，DRAMBORA）。另外还有一些项目从系统成熟度的角度提出对保存系统的评估，比如澳大利亚国家及州图书馆联合会（National and State Libraries Australasia，NSLA）保存环境成熟度模型（Digital Preservation Environment Maturity Matrix，DPEMM）等。

总体而言，可信数字仓储认证为 TDR 的建设起着三方面的作用：一是建设指南的作用：从审计的角度对 TDR 做出规范的同时，也为 TDR 的构建提供客观的分析思路和框架；二是内部评估作用：用于 TDR 组织的自我评价，寻找差距，持续改进；三是外部审计认证作用：为已经建成的 TDR 提供了一套较为完整的资格认证系统。

三、长期保存技术

电子档案长期保存主要包括技术冻结、仿真、燥化、更新、复制、再生保护、格式转换、封装、迁移等。

1. 技术冻结

技术冻结（maintain original technology）又称作技术典藏、软硬件博物馆（computer museum），是指通过保留形成电子档案时的软硬件以保证电子档案正常读取的保存方法。这种方法对于短期内作为配合其他保存策略的一种补充措施具有一定可行性，但由于计算机软硬件环境更新换代速度太快，就长期而言，这种做法劣势比较明显，实际运用情况也不多。

2. 仿真

仿真（emulation）是用新的计算机系统模拟一个兼容原始数据、设备及其管理系统的运行环境，实现对原来的数据执行相同的程序，获得相同的结果。仿真可以使部分电子档案获得精准重生，适合于超文本、多媒体等复杂的以及其他依赖特别软硬件而又无法在新、旧技术平台之间进行迁移的数字信息。目前通过虚拟化技术可以较为方便地建立仿真系统，但是投入的成本与其产生的效果相比不对等，仿真技术在电子档案长期保存中的应用受到一定限制。

3. 燥化

燥化（desiccation）又称作干处理，是指从复杂电子档案中提取保存简单、机器易于还原和易于被人理解的有价值的数字对象的过程。比如将关系型数据库转为 XML 文件，从 DOC 文档抽取 TXT 文件等。燥化有利于电子档案重要内容的长期保存，但会丢失很多有意义的信息，也无法保持电子档案原有版式。因此，这种方法一般只用于特定场景，同时在燥化处理时还需要保存电子档案的原始版本以保证电子档案的真实性和完整性。

4. 更新

更新（refreshing）是指将旧载体上的电子档案信息拷贝到新载体上的方法。更新为转换（conversion）中变更载体的形式，比如将 CD 光盘内容拷贝到硬盘或磁带上。更新是对数字信息进行介质简单转换，不涉及数据读取软件的更换，是电子档案长期保存普遍应用的一种方法。

5. 复制

复制（replication）是指将电子档案信息拷贝到载体其他存储位置的过程。复制与更新相同的是两者都保持电子档案数据不变，更新采用替换载体的方法，复制则是在相同形式载体进行冗余保存的方法。复制后的电子档案存在多个存储位置，能够有效规避单一存储易于损毁或灭失的风险。复制也是电子档案长期保存普遍应用的一种方法。

6. 再生保护

再生保护（regenerative protection）又称作硬拷贝输出，是指将电子档案打印成纸介质或转换成缩微品的一种保护措施。对于重要电子档案而言，再生保护是各国档案机构普遍采用的保护性措施。一方面纸介质或缩微品安全保管期限比较长，另一方面由于载有档案收藏单位的法定代表人签名或印章标记的缩微品或其他复制形式的具有与原件同等效力，因而是比较理想长期保存技术措施之一。再生保护成本较高，一般只用于重要电子档案的异质备份和长期保存。

7. 格式转换

格式转换（format conversion）是将电子档案转换成一种或者多种主流标准格式，可以提供各种各样的系统和软件共享。由于电子档案的文件格式在转换成标准格式时不可避免会产生信息损失，这种方法会丢失部分信息，但由于实施成本较低，方便易行，是目前采用较为广泛的技术措施。

8. 封装

封装（encapsulation）是对数字资源进行存储、传输、分发之前所进行的数据打包、压缩、分组编码等技术过程。电子档案封装是指对电子档案及其元数据按指定结构打包的过程，是保持电子档案数据和元数据可靠联系的最有效方法。电子档案封装可以做到封装格式和计算机的软硬件环境无关，实现电子档案的自包含、自描述和自证明，利于电子档案长期保存、交换和利用。常见的封装包格式主要包括 METS 封装、VEO 封装、EEP 封装、ZIP 封装等。

（1）METS（Metadata Encoding and Transmission Standard）封装是数字图书馆联盟在美国密歇根大学和康奈尔大学合作发起的 MOA2（The Making of America II）项目基础之上提出的电子档案封装方法。METS 采用独立的模块来描述电子档案的元数据、编码二进制内容和层次关系，模块之间互不影响，是一种"模块式"的封装格式：所有元数据统一记录在描述元数据块和管理元数据块中；所有编码的二进制档案文件内容统一封装在档案列表块中；档案的结构信息记录在结构图块中；采用链接的方式将描述元数据块和管理元数据块中的元数据链接到文件列表块和结构图块中对应文件编码上（见图 6-22）。

图 6-22　METS 封装包结构

（2）VEO（Victorian Encapsulation Object）封装是澳大利亚维多利亚州公共档案办公室（Public Record Office Victoria, PROV）电子档案管理标准（VERS Version 2: PROS 99/007 Management of Electronic Records Standard）、数字信息封装标准（VERS Version 3: PROS 15/03 Standard for the encapsulation of digital information）提出的电子档案封装方法。PROV 要求州政府机关移交具有永久保存价值的电子档案时，必须将电子档案和元数据以 XML 的方式封装成满足 VERS 标准的对象，称为 VERS 封装对象（VEO）。在 VERS 2 版标准中，VEO 主要采用"一体式"封装方式，即将电子档案和元数据封装成一个整体，成为一个 XML 文件，形成"洋葱结构"。在 VERS 3 版标准中，VEO 被称为 neoVEO，采用"分体式"封装方式，档案内容放在文件目录下，而档案元数据放在 VEOcontent. xml 中，档案内容、元数据、数字签名和其他相关信息打成 ZIP 包（见图 6-23）。

图 6-23　VEO 和 neoVEO 封装包结构

（3）EEP 封装是《基于 XML 的电子文件封装规范》（DA/T 48-2009）提出的电子档案封装方法。EEP 封装借鉴了 VEO、METS 封装方法，最鲜明的特点是采取了 VEO 的"洋葱结构"：最外层是档案修订元数据（每次修订就在外面再包裹一层），中层是档案元数据，最里层是编码之后的档案文件二进制内容，每一层都用数字签名进行锁定，采用层层包裹的方式实现对电子档案内容的封装（见图 6-24）。

图 6-24　EEP 封装包结构

（4）ZIP 封装是指将电子档案元数据和内容数据按照一定的结构组织好之后打成 ZIP 的方式进行封装。ZIP 封装实质上是用压缩包方式对电子档案和元数据进行"打包"，并不是严格意义上的封装方式（详见第五章第三节图 5-8）。

综合来看，METS"模块式"封装思路，neoVEO"分体式"封装方式和 ZIP 封装比较适于电子数据（文件）归档、电子档案利用等，是电子档案封装中比较可行的解决方案。比如《党政机关电子公文归档规范》（GB/T 39362-2020）就采用了电子公文归档信息包形式进行封装。VEO、EEP 封装更适合电子档案长期保存封装要求，一般不建议作为归档、利用等情况下的电子档案封装。需要特别说明的是，封装并不能一劳永逸解决电子档案长期保存问题，当外部环境发生变化，封装包中的电子档案依然存在不可用的风险，因此需要和格式转换、迁移等技术结合使用。

9. 迁移

迁移（migration）是根据软硬件技术的发展将数字资源从一种技术环境转移到另一种技术环境的过程。比如将数据从 Windows 系统迁移到 Linux 系统，或者从 Oracle 数据库迁移到 MySQL 数据库。迁移被普遍认为是当前保持电子档案长期可用真正切实可行的技术措施。当然迁移也不是一劳永逸的，当电子档案所依赖的系统运行环境发生变化的时候就需要发起新一轮迁移操作。

第四节　电子档案的保护

电子档案保护（conservation）是指采用物理和化学方法保持电子档案载体和信息稳定性的行为。电子档案的保护分为电子档案载体保护和信息保护，其中信息保护主要包括档案信息系统安全、电子档案转换与迁移、应急处理等。本节重点讲述电子档案载体保护、档案信息系统安全、电子档案转换与迁移。

一、电子档案载体保护

电子档案载体保护包含两方面内容，一是尽量选择符合长期保存要求的载体；二是根据载体的物理特征采取相应的保护措施。

1. 长期保存载体选择

根据近些年电子档案长期保存工作实践，结合英国国家档案馆《数字保存指引说明 2：选择长期保存存储介质》（ Digital Preservation Guidance Note 2: Selecting storage media for long-term preservation ）、新西兰国家档案馆《数字存储和保存最佳实践指南》（ Best practice guidance on digital storage and preservation ）和数字保存联盟（ Digital Preservation Coalition ）《数字保存手册》（ Digital Preservation Handbook ）相关内容，选择电子档案长期保存载体应该考虑下列六项因素：

（1）载体寿命

载体寿命（longevity）包含载体本身的物理寿命和技术寿命两个因素。物理寿命是指设备从投入使用起，在正常使用、维修保养条件下，经过磨损，直到技术性能不能按原有用途继续使用的全部时间。物理寿命主要取决于载体构成材料物理退化时间和载体制作质量。技术寿命是指与介质相关的技术存在的时间长短，尤其是读取载体信息的驱动设备有效性。一般来说，用于电子档案长期保存的载体寿命不应少于文书档案最低保管期限 10 年。判断载体寿命，可以结合物理寿命、技术寿命、检测时间、保修时间综合判断（见表 6-7）。

表 6-7　载体寿命确定方法

物理寿命	载体材料物理退化时间	载体最长有效时间
技术寿命	驱动器和读取技术支持时间	技术寿命少于物理寿命时间，以此时间为准
检测时间	载体实践寿命或心理寿命	载体最低有效时间
保修时间	批量载体最先出问题的时间	保修时间少于检测时间，以此时间为准

（2）数据安全

数据安全（viability）要求载体和驱动设备能够支持在读写数据时进行错误检测，写入后能够提供数据完整性测试。在数据丢失的情况下，能够提供可验证的数据恢复技术。载体应该是一次写入型，或者有可靠的写保护机制以防止意外删除并保持数据完整性。

（3）技术稳健

技术稳健（obsolescence）要求载体及其支持硬件和软件基于成熟而不是前沿技术，并且该技术应在市场上得到认可并广泛使用。一般来说，要优先选用基于开放标准的载体技术而不是单一制造商专有的载体技术。要适当考虑技术自主性因素，在可能的情况下，尽量采用技术自主性高的产品。

（4）环境敏感

环境敏感（susceptibility）要求载体对物理损伤（摔落、磕碰等）的敏感性应比较低，并能容忍广泛的环境条件而没有数据损失。磁性载体应具有较高的矫顽力值（最好超过 1000 Oersteds），以尽量减少暴露在磁场中而意外造成数据消除。

（5）存储容量

存储容量（capacity）要求所选择的载体应当满足待存储数据存储要求，同时要和存储设备的物理大小相匹配。一般来说，在同等数据量的情况下，要优先选用使用较少载体的存储方法，以提升工作效率和成本效益。

（6）保存成本

保存成本（cost）包括购买和维护存储介质、访问载体或读取信息配套购置硬件和软件、建设和维护特殊存储环境、进行数据迁移和恢复等构成的全部成本。

组织机构在评估选择电子档案长期保存载体时，可以按照上述因素进行具体分析或者直接赋分（计分为 1 分、2 分、3 分，其中 1 分表示不满足标准，3 分表示完全满足，2 分表示中间情况），通过综合分析或一定分值（总分不低于 12 分）确定既满足电子档案长期保存要求又符合组织机构特点的长期保存载体（见表 6-8、表 6-9）。

表6-8 存储载体评估（分析法）

	硬磁盘	磁带	光盘
载体寿命	低（5~10年）	高（30~50年）	较高（10~30年）
数据安全	低（可篡改、可删除）	较低（可篡改、可删除）	高（不可篡改）
技术稳健	低（技术成熟，开放性差）	较高（技术成熟，开放性好，设备隔代不兼容）	高（技术成熟，开放性好）
环境敏感	高（恒温恒湿，防磁防震防静电）	较高（恒温恒湿，防磁防霉防静电）	低（恒温恒湿）
存储容量	较高（容量较高，设备尺寸小）	高（容量高，设备尺寸较大）	低（容量低，设备尺寸较小）
保存成本	高（介质价格高，迁移成本高）	低（介质价格低，迁移成本较低）	较高（介质价格较低，迁移成本较低）

表6-9 存储载体评估（赋分法）

	载体寿命	数据安全	技术稳健	环境敏感	存储容量	保存成本	总计
硬磁盘	1	1	1	1	2	1	7
磁带	3	2	2	2	3	3	15
光盘	2	3	3	3	1	3	15

2. 载体保护要求

按照《档案数据硬磁盘离线存储管理规范》（DA/T 7-2019）、《档案数据存储用LTO磁带应用规范》（DA/T 83-2019）、《电子档案存储用可录类蓝光光盘（BD-R）技术要求和应用规范》（DA/T 74-2019）、《档案缩微品保管规范》（DA/T 21-1999）、《缩微摄影技术 银—明胶型缩微品的冲洗与保存》（GB/T 15737-2014）等相关标准规范，电子档案载体保管应当符合以下要求。

（1）控制温度湿度

不同介质保管、运输、工作等温度、相对湿度要求见表6-10。

表 6-10　不同载体温湿度要求

	温度	相对湿度	波动幅度
硬磁盘	15℃～27℃（保管） 40%～60%（保管）	4℃～40℃（运输） 30%～80%（运输）	24 小时内温度波动不超过 ±3℃，相对湿度波动不超过 ±5%；运输分别不超过 ±10℃、±10%
磁带	15℃～24℃（保存） 10℃～26℃（工作） 4℃～32℃（运输）	40%～60%（保存） 40%～70%（工作） 20%～80%（运输）	24 小时内温度波动不超过 ±3℃，相对湿度波动不超过 ±5%
光盘	4℃～20℃	20%～50%	24 小时内温度波动不应大于 ±2℃，相对湿度波动不应大于 ±5%
数字胶片	根据制成材料不同设定温度范围	20%～50%	24 小时内温度波动不应大于 ±2℃，相对湿度波动不应大于 ±5%

（2）保持空气清洁

空气中的灰尘等固体杂物对磁性载体危害极大，不仅会污染磁带、磁盘，还易进入磁性载体磨损磁性层。空气中的有害气体和灰尘化学成分，会引起磁介质、胶介质构成材料的腐蚀、降解、霉变，从而导致载体变质，如不及时处理，还有传染其他载体的可能。光盘对酸性气体抵抗能力较强，但对氧化性气体抵抗力较差，这些空气污染物会破坏盘片各分层的化学和光学特性，造成材料变形，导致信噪比下降、误码率增高。因此，电子档案库房应当保持库房洁净，预防有害气体和灰尘影响。

（3）防止光线照射

光线对电子档案存储介质的危害主要是通过紫外线造成的。紫外线对载体材质具有氧化分解作用，致使其老化；强烈的紫外光能量还可能破坏载体的记录磁性，致使信号衰减，造成识读错误。因此要严防强光影响，避免光线直接照射载体表面。

（4）防止磁场影响

防止磁场影响主要针对磁介质。磁介质中的剩磁在信息的记录与重放中起着决定性作用。外来磁场作用于磁性载体，会使剩磁发生消磁或磁化，直接影响信息记录的质量，甚至会导致信息丢失。因而磁介质一方面要远离发电机、电动机、变压器、磁铁等磁场源，磁带与磁场源距离不应少于76mm。另一方面，可以用软铁、镍铁合金的抗磁介质制成装具保护磁性载体。

（5）避免机械振动

硬磁盘、磁带和光盘都需要在高速运动的驱动设备内才能被存取，如果在运动过程中受到强烈振动，会对存储介质造成摩擦损伤，加速自然磨损。对于硬磁盘来说，磁头与盘片之间距离很小，读写数据时振动会使磁头划伤盘片造成信息丢失或损害。对于脱机管理的硬磁盘来说，要特别避免跌落、磕碰，以免造成盘片或磁头损伤。

（6）定期检测维护

硬磁盘离线存储时应放置在硬盘盒中或配备硬磁盘专用存储设备。硬磁盘应定期稳压加电，加电周期宜为 3 个月，每次加电的时长不低于 2 小时。磁带宜放置于磁带盒中竖放保存,确需堆叠保存的,叠放数量不应超过 3 盒。光盘应置于光盘盒内垂直存放。光盘不应使用粘贴标签，如果需要在标签上面书写或打印，应使用内含水性墨水软笔或支持光盘盘面打印的喷墨打印机，软笔墨水或打印机墨水应通过光盘湿热试验。

应当定期对电子档案存储介质进行检测。硬磁盘、磁带检测周期宜为2 年,保存时间超过 10 年的磁带宜进行更新或转换。光盘未达到一级预警线，每四年检测 RSER、BESum、UE 一次；从一级预警线到二级预警线（不含）之间，每两年检测一次；从二级预警线到三级预警线（不含）之间，每年检测一次。

二、电子档案信息保护

1. 档案信息系统安全

2003 年 9 月 3 日，中办、国办发布《国家信息化领导小组关于加强信息安全保障工作的意见》，明确了我国信息安全保障工作的指导方针、基本原则和主要任务，要求实行信息安全等级保护制。《国务院关于大力推进信息化发展和切实保障信息安全的若干意见》明确了涉密系统安全管理要实行分级保护制度。

（1）非涉密信息系统安全等级保护要求

等级保护又称作"等保"，针对的是非涉密信息系统的安全保护，由公安部主管。信息系统的安全保护按照受侵害客体和对客体的侵害程度分为五级（见表6-11）。

表6-11　非涉密信息系统分级

受侵害的客体	对客体的侵害程度		
	一般损害	严重损害	特别严重损害
公民、法人和其他组织的合法权益	第一级	第二级	第三级
社会秩序、公共利益	第二级	第三级	第四级
国家安全	第三级	第四级	第五级

等保应按照《信息安全等级保护管理办法》、《信息安全技术 网络安全等级保护基本要求》（GB/T 22239-2019）、《信息安全技术 网络安全等级保护安全设计技术要求》（GB/T 25070-2019）、《信息安全技术 网络安全等级保护定级指南》（GB/T 22240-2020）、《信息安全技术 网络安全等级保护实施指南》（GB/T 25058-2019）、《信息安全技术 网络安全等级保护测评要求》（GB/T 28448-2019）等要求执行。

（2）涉密信息系统安全分级保护要求

分级保护又称作"分保"，针对的是涉密信息系统的安全管理，由国家保密局主管。根据信息的涉密等级，涉密信息系统的重要性，遭到破坏后对国计民生造成的危害程度，以及涉密信息系统必须达到的安全保护水平，分级保护划分为秘密级、机密级和绝密级三个等级。

涉密信息系统建设和设计应依据《涉及国家秘密的信息系统分级保护管理办法》、《涉及国家秘密的信息系统分级保护技术要求》（BMB 17-2006）、《涉及国家秘密的信息系统分级保护管理规范》（BMB 20-2007）、《涉及国家秘密的信息系统分级保护方案设计指南》（BMB 23-2008）和《涉及国家秘密的计算机信息系统分级保护测评指南》（BMB 22-2007）进行。

（3）电子档案管理系统安全管理

国家档案局2013年印发《档案信息系统安全等级保护定级工作指南》，对档案信息系统的类型与管理对象作出明确划分，提出档案信息系统安全等级保护应遵循自主定级、重点保护、动态保护、同步建设的基本原则，并对省级及以上级别的各种档案信息系统安全保护等级的定级提出了明确指导意见（见表6-12）。按照上述意见，非涉密电子档案管理系统可比照档案信息系统的定级建议，即按照第二级或第三级保护等级要求开展信息安全工作。

表 6-12　档案信息系统安全保护等级定级建议表

系统类别	系统名称	行政级别	建议等级
档案信息管理系统	档案目录管理系统	国家级	3 或 2
		省级	3 或 2
	数字档案接收系统	国家级	3 或 2
		省级	3 或 2
档案信息管理系统	数字档案管理系统	国家级	4 或 3
		省级	3 或 2
	档案数字化加工系统	国家级	2
		省级	2
档案信息服务系统	档案利用服务系统	国家级	3 或 2
		省级	3 或 2
	档案网站系统	国家级	3 或 2
		省级	2
档案办公系统	办公业务系统	国家级	2
		省级	2

三、电子档案转换与迁移

电子档案转换（conversion）是指在确保电子档案原有信息内容不发生变化的前提下，变更电子档案的载体形式或文件格式。电子档案迁移（migration）是指在不改变文件格式的前提下，将电子档案由一种软硬件配置转移到另一种软硬件配置的过程。转换和迁移活动贯穿于电子档案管理全过程，成功与否关系到电子档案的长久保存，也是电子档案真实性、可靠性、完整性和可用性的重要保障。电子档案转换与迁移可以参照

《信息与文献 数字档案转换和迁移过程》(ISO 13008:2022 Information and documentation — Digital records conversion and migration process)、《电子文件归档与电子档案管理规范》(GB/T 18894–2016) 执行。

1. 电子档案转换与迁移对象

在电子档案存储载体出现问题或者电子档案的文件格式存在风险的情况下，需要将电子档案管理系统的电子档案内容和元数据由一种存储载体转换到另一种存储载体，由一种文件格式转换成另一种文件格式。电子档案转换主体包括电子档案内容和元数据，转换对象包括电子档案的存储载体和电子档案文件格式。

在组织机构升级电子档案管理系统、两个或以上电子档案管理系统数据整合或者升级电子档案管理基础硬件和系统软件时，需要将电子档案管理系统保存的电子档案内容和元数据由一个系统读出再写入另一个系统中，或者由一种软硬件平台读出再写入另一个软硬件平台。电子档案迁移的主体也是电子档案内容和元数据，迁移对象包括电子档案管理系统和系统软硬件平台。

2. 电子档案转换与迁移原则

电子档案转换与迁移必须以维护电子档案的真实性、可靠性、完整性和可用性为前提或目的，这是电子档案转换与迁移的原则。电子档案的转换与迁移要落实好以下四项措施：

（1）建立并落实管理制度。要明确职责与分工、实施程序、安全保障、档案管理、保障措施等。

（2）明确并有效执行规定的程序。主要包括确认转换或迁移需求、评估转换或迁移风险、制定转换或迁移方案、审批转换或迁移方案、转换或迁移测试、实施转换或迁移、评估转换或迁移结果、报告转换或迁移结果等八个步骤。

（3）全程监控与检查。转换或迁移项目实施主要责任部门要依据制度、实施方案等，对转换或迁移测试、实施转换或迁移、评估转换或迁移结果等步骤进行全过程监控、督查，及时处理出现的问题，保证项目顺利实施。

（4）保存过程记录台账。规范转换或迁移台账管理，目的是为经过转换或迁移的电子档案的真实性、可靠性、完整性和可用性提供证据，使过程可回溯、可查核。每个步骤的主要情况、结果、责任信息、时间等都应记录，转换或迁移活动完成后要整理、归档。对于格式转换，应通过管理过程元数据，自动在实施转换的应用系统中予以记录。

3.转换与迁移程序

前已述及，电子档案转换与迁移程序包括八个步骤。实践中，由于转换、迁移程序有时耗时较长，可以依据存储载体转换项目的规模和复杂程度对工作步骤做适当取舍。转换迁移应当填写登记表（见表6-13）。

表6-13　电子档案格式转换与迁移登记表

单位名称	
管理授权	
责任部门	
管理类型	□格式转换　　□迁移
源格式或系统描述	
目标格式或系统描述	
完成情况 （操作前后电子档案及其元数据内容、数量一致性情况等）	
操作起止时间	
操作者	
填表人（签名） 　　　年　月　日	审核人（签名） 　　　年　月　日　　　　　单位（签章） 　　　　年　月　日

（1）确认转换或迁移需求。转换和迁移动因出现后，对源系统及其技术架构、设计文档、格式、电子档案及元数据数量等，从标准化程度、技术支持及开放度、转换或迁移对象的范围与规模等做进一步调研、检测和论证。确需实施则提出拟用技术、软硬件设备和测试环境、安全保障、采购、经费等需求。对于重要的格式转换、在线存储系统转型、近线备份系统转型、应用软件及基础软件更新升级等项目，程序的启动可以提前到设计、论证阶段，同步跟进调研转换或迁移的经费、技术、基础设施等的需求。

（2）评估转换或迁移风险。主要从三个方面进行安全风险评估：拟采用技术的标准化程度及可靠性、兼容性和安全性等；转换或迁移环境的安全与可用，包括网络、场地、供电、计算机病毒防范、人员管理等；转换或迁移保障条件，包括职责落实、专业技术人员配备、经费等。

（3）制定转换或迁移方案。结合前两个步骤工作成果，编制转换或迁移方案，明确动因、源系统及转换或迁移对象情况、目标、技术路线与架构、安全风险管控、采购与经费需求等。对于重大的转换或迁移项目，应组织相关专家进行论证。

（4）审批转换或迁移方案。将转换或迁移方案提交单位领导审批，通过审批后即可开展采购、系统建设、人员培训等一系列工作。

（5）转换或迁移测试。在正式开始转换或迁移前，在目标系统中按照预定的方法，采用不同数量级的电子档案及元数据进行操作、验证，确认可行性。

（6）实施转换或迁移。通过测试后，正式实施电子档案、元数据的转换或迁移，并紧密监控。

（7）评估转换或迁移结果。转换或迁移过程完成后，可对结果进行评估，形成评估报告，如有必要可进行第三方检测与评估。应依据方案、采购需求等，对目标系统中的电子档案及元数据进行评估：包括电子档案及元数据数量，电子档案及元数据内容信息真实性与完整性，计算机文件格式，正确呈现与检索、利用、电子档案内在的历史联系，电子档案与元数据的一一对应，管理过程元数据采集，计算机病毒，信息泄露等。

（8）报告转换或迁移结果。向单位和相关方面报告转换或迁移项目实施的评估结果。完成电子档案及元数据转换或迁移程序后，应经过一段时间实际应用的验证，未发现存储在目标系统、载体或格式中的电子档案的真实性、可靠性、完整性和可用性存在问题，方能提出对源系统、载体或格式中的电子档案等的销毁、彻底删除等处置意见，经单位审批后予以执行。

第七章
电子档案利用与开发

第一节　电子档案的利用

电子档案利用（access）是指查找、使用或检索电子档案的权利、机会和方法。档案利用直接体现了档案工作的意义和价值，在电子档案管理工作中占有突出的地位。

一、电子档案利用特点

电子档案利用相对于传统载体档案利用，无论在利用方式和手段上，还是在利用的形式和内容、深度和广度上，都呈现出新的特点。深入把握电子档案利用的特点，对于更好、更有效开发利用档案信息资源具有重要意义。

1. 并行性

并行性又称作"共享性""非独占性"，是指在电子档案利用中，两个或两个以上利用行为可以同时进行的特性。传统载体档案一般都是"孤本"，如果不借助档案数字化技术，档案利用只能是顺序进行，多个用户要同时利用一件档案时只能按顺序逐个利用。电子档案以数字形式存储，利用的方式和手段发生了根本变化，支持多人多地同时利用，突破了利用的时间、空间和人数限制，提高了档案利用效率，也给档案利用者带来了极大便利。

2. 交互性

交互性是指电子档案利用过程中，电子档案检索系统可以根据利用者的检索需要实时响应并提交检索结果的特性。在电子档案利用过程中，利用者可以随时调整检索利用需求，比如更换检索入口、在已有检索结果中进一步查检等，相关系统会实时响应新的需求，直至利用需求得到满足。用户友好性高的系统还通过允许用户保存检索表达式和检索结果、支持为电子档案添加标签、根据用户的行为偏好提供信息线索等方式，方便用户以后的检索利用，在电子档案检索系统和用户之间实现了良好的互动。

3. 灵活性

灵活性又称作"丰富性"，是指档案机构和档案用户可以灵活处理档案信息，使之更好满足利用需要。电子档案是信息集合，其中的每一个数据都可以被灵活使用，能够实现层次更为丰富、方式更为多元、颗粒度更为细致的检索和利用。档案机构能够以一定主题、专题对电子档案进行组织加工，形成特定内容的数字集合，进一步满足利用者的深化利用需求。利用者也可以对档案中的信息进行分类、统计、汇总、打印、复制、上传、发布到社交媒体等操作，将这些信息转换成自己需要的形式，更好地满足个性化需求。

4. 便捷性

便捷性是指电子档案利用容易程度和方便程度的特性，表现为电子档案利用在时间、空间上的灵活性。传统载体档案利用通常在档案机构的档案利用场所进行，在时间、空间上受到严格的限制。电子档案既可以通过档案利用场所的计算机进行，也可以通过局域网或互联网相连的计算机等终端进行，在利用时间上也不再局限于档案机构工作时间。档案用户可以足不出户、随时随地利用档案，档案利用在时间、空间上都得到了极大扩展。

5. 非消耗性

在电子档案利用过程中，电子档案无论多少次在计算机屏幕上被显示或是无论多少次被打印在纸上，都不会使它的信息遭到任何损失和破坏。由于利用者在利用时不直接接触到其保存的主载体，只要电子档案的信息和载体得到有效保存和维护，电子档案会一直保持其真实、可信的内容和呈现方式。当然，非消耗性并不意味着电子档案载体的不受损耗，电子档案的利用同样要考虑提供利用的成本和收益，科学开展档案利用工作。

二、电子档案利用原则

2012 年国际档案理事会《档案利用原则》（Principles of Access to Archives）明确了最大限度、公开透明、积极开放、尊重权利、公平公正等 10 项原则，为档案利用提供了权威国际基准。电子档案利用要在遵循上述原则基础上，重点关注并执行以下原则。

1. 合法原则

电子档案支持以更加丰富多元的形式为更多档案利用者提供服务，这一方面为档案利用提供了更大便利和更多可能，另一方面也需要更加关注档案利用合法问题。电子档案利用应当严格遵守档案法律法规关于档案利用、开放工作要求，同时还应注意遵守保密法、数据安全法、知识产权法、个人信息保护法等相关法律法规要求，着重处理好"三对关系"：一是处理好利用与档案安全保密的关系，在保证档案信息安全保密的前提下，尽可能扩大档案信息资源的开发利用，保障公民的知情权。二是处理好利用与著作权保护的关系，在对其档案信息利用的过程中，尊重档案著作权人的合法权利，尊重他人劳动成果。三是处理利用与隐私权保护的关系，既要考虑利用者的利用权、知情权，又要尊重并保护公民的隐私权，保证电子档案利用工作顺利开展。

2. 便利原则

电子档案利用不仅要在档案内容和提供能力等方面符合用户的需求，还要具有易用性和简便性，真正为用户提供利用便利。穆尔斯定律（Mooers' Law）指出，当用户获得信息比不获得信息更痛苦和麻烦时，信息检索系统往往不会被使用（An information retrieval system will tend not to be used whenever it is more painful and troublesome for a customer to have information than for him not to have it）。这就要求电子档案利用要真正以用户为中心，从各个角度考虑用户特征、用户要求、用户习惯等，建立起各种科学、规范、易用的检索体系，开发出有价值的、实用的信息产品或信息服务并通过尽可能便利的方式提供利用，为用户提供良好的利用体验。

3. 广泛原则

广泛原则是指在遵守法律法规约束的前提下，将尽可能多的电子档案向尽可能多的用户提供利用。广泛原则不仅适合组织机构内部利用的情况，也适合组织机构、档案馆依法依规对外提供利用的情况。对于组织机构来说，对外提供档案利用并不是一项普遍义务，但是由于组织机构保存的档案是处理国家和社会事务中形成的第一手材料，依法对外提供利用对于保持机构的透明性和可信度，增进公众对机构特有历史及其社会贡献的了解，充分发挥档案对人民群众生产、生活和经济社会活动的服务作用具有深远的意义。对于档案馆来说，对外提供档案利用是一项核心职责，应按照法律法规的相关要求，应开尽开，充分发挥档案在党和国家各项事业发展中的作用。

4. 效益原则

电子档案利用需要投入一定的人力、物力和财力，需要加强成本、效益分析，选择最合理的技术手段、最科学的开发模式、最优的工作流程等，提升电子档案利用投入产出比。电子档案利用要处理好现实效益与长远效益、局部效益与整体效益、经济效益与社会效益之间的关系，既要立足现实着眼现实效益，又要放眼未来关注长远效益；既要着眼全局把握整体效益，又要重视局部兼顾局部效益；既要进行成本管理追求经济效益，又要关注社会影响追求社会效益，实现电子档案利用效益最大化。

5. 安全原则

电子档案利用应当综合采用各种有效的安全保护措施，确保档案信息内容安全、载体安全、信息系统和网络安全。档案信息内容的安全要求对电子档案使用的范围和方式进行限定，使其免受不正当的访问和使用，避免失泄密问题发生。档案信息载体安全要求合理确定提供利用档案信息载体形式，加强在利用过程中的保管保护。档案系统和网络安全要求建立健全各项规章制度，积极采用信息加密技术、访问控制技术、数字签名技术、防火墙技术等加强信息的安全保障，确保电子档案利用工作安全。当然，安全原则不应影响正常的档案利用，不应借安全之名阻止用户对电子档案的合法使用。

三、电子档案利用方式

传统档案利用方式一般包括档案阅览服务、档案外借服务、制发档案复制本、出具档案证明、提供咨询服务、印发档案目录等。电子档案利用继承了传统档案的利用方式，同时根据电子档案利用的特点进行了扩展。除出具档案证明、提供咨询服务等传统档案利用方式外，电子档案利用还包括以下几种方式。

1. 网络查询

网络查询是指借助于互联网或局域网，通过检索系统、网站、社交媒体、专门 APP 应用等方式为用户提供浏览、下载、打印相关档案利用服务，是电子档案利用最为常见的方式。对于组织机构来说，由于利用活动主要面向内部，通常会通过电子档案管理系统、决策支持系统、知识管理系统或专门检索系统、内网门户等提供电子档案利用。网站服务是目前档案馆使用比较普遍的网络利用形式，电子档案信息通过档案网站发布后，用户可以通过搜索引擎、门户网站或直接访问档案网站的多种方式进行档案利用。在线服务平台、社交媒体服务（微博账号、微信公众号）、专门 APP 应用等是网站服务后又一极具生命力的互联网服务方式，这种方式比登录网站查询利用更方便，利用方式也更丰富。

2. 信息推送

信息推送是指通过掌握用户需求规律和特点以及用户动态需求线索，利用信息推送技术主动为用户提供档案利用服务的方式。主动性是信息推送的最基本特征，是与其他档案利用方式的根本区别。目前信息推送主要分为基于用户（user-based）和基于项目（item-based）两种方式。基于用户的推送服务以用户相似度为基础，基于项目的推送服务以项目相似度为基础，通过分析既有利用记录，寻找有相似行为的用户或项目，主动向用户推送信息和服务。信息推送一般借助社交媒体、专门 APP 应用或检索系统进行，及时准确地将相关档案信息推送给用户，满足用户个性化需求。随着信息技术进步以及用户接受信息服务的习惯变化，信息推送将成为今后电子档案利用的主要方式。

3. 通信传输

通信传输是指按照用户利用需求，通过网络将电子档案直接发送档案用户的档案利用方式。通信传输一般通过电子邮件、专用网络等形式实现，比较适合馆际之间的信息资源互相交流及向相对固定的查档单位提供档案资料。由于通信传输一般会脱离现有电子档案管理系统、检索系统、网络门户等进行，无法全程记录档案利用行为，存在一定安全隐患，需要通过完善制度、细化操作指引等方式对档案利用行为进行跟踪审计，避免出现档案利用脱离监管的情况出现。

4. 阅览服务

阅览服务是档案机构开辟阅览室供利用者直接查阅电子档案的服务方式。阅览服务一般适用于网络利用无法覆盖或电子档案不宜通过网络传输利用的情况，是网络查询、信息推送方式的必要补充。档案阅览服务能为利用者提供较好的阅览条件，也便于用户全面了解与电子档案相关的现行文件、传统载体档案等相关信息，同时还可以随时咨询档案工作人员，提高档案利用效率，有助于利用者获得更好的利用体验。开展档案阅览服务要做好条件准备，包括设置阅览室，配备必要阅览设施，安排档案工作人员，准备检索工具、工具书、参考资料等。

5. 复制供应

复制供应又称作制发档案复制本，是指直接向用户提供电子档案及其信息加工产品的各种载体的复制件。复制供应是脱机服务形式，主要适用于不能通过网络查询、信息推送和阅览服务获取电子档案的情况，不是主流的电子档案利用方式。复制供应一般只针对组织机构内部人员，需要履行严格的载体出借和归还手续，必要时还可以通过加盖水印、加密、应用文档掩膜技术对特定区域进行遮盖、限制复制或打印权限等方式等加强利用监管。复制供应需要根据电子档案的性质和用户需求，选择合适的载体形式，当利用者不具备利用电子档案的软硬件平台时，也可以向用户提供打印件。

四、电子档案利用管理

档案利用管理包括对所有涉及档案利用要素的管理，比如档案提供与利用者、档案利用制度、档案利用内容、档案利用流程、档案利用权限等，分别针对档案利用的主体、制度、内容、程序、权限进行规范。电子档案利用管理与传统载体档案利用管理在档案利用主体、制度和内容上是基本一致的，但在流程管理、权限设置、安全控制等方面具有电子档案利用的独特要求。

1. 流程管理

一般来说，电子档案利用包括利用登记、利用审批（如需）、档案利用、效果反馈等程序。

（1）利用登记。利用登记应当形成档案利用登记表，明确利用内容、利用目的（工作查考、信息公开、业务研究、其他）、利用方式（阅览、下载、打印）等内容，可以通过选择框等形式供利用者选择。

（2）利用审批。档案利用一般基于权限进行，不需要进行额外的审批程序。比如组织机构各部门利用本部门档案或者档案用户利用档案馆开放档案时均可以按照权限要求进行。利用审批是指超出用户利用权限，由相关管理人员进行审批授权。利用审批应当按照利用制度规定设置审批流程（见图7-1），严格按照审批流程进行利用审批，并将审批过程记入元数据。

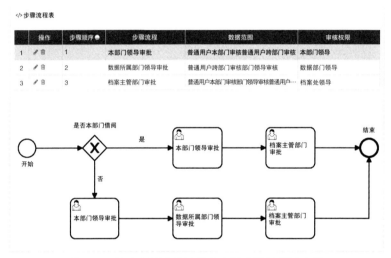

图 7-1　档案利用审批流程定义及审批流程示意图

（3）档案利用。档案利用是按照权限或审批结果进行档案阅览、复制、下载、打印等。

（4）效果反馈。效果反馈应当形成档案利用效果登记表，可以根据既往工作经验预设效果反馈意见，供利用者选择或填写。

需要注意的是，不需利用审批的电子档案利用，同样需要填写档案利用登记表和效果登记表，以备日后查考和帮助改善档案利用工作。

2. 权限设置

权限管理是指根据系统设置的安全规则和安全策略，用户可以访问而且只能访问自己被授权的资源。权限管理一般使用基于属性的访问控制模型（Attribute-Based Access Control，ABAC）或基于角色的访问控制模型（Role-Based Access Control，RBAC），其中RBAC（见图7-2）是将主体与系统中的角色进行绑定，并预先设定好每个角色的访问权限来进行访问控制，是广泛应用的访问控制模型，更为适合电子档案利用权限管理工作。

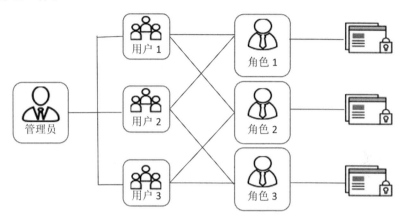

图7-2　RBAC 示意图

基于RBAC模型进行电子档案利用权限管理，可以分三步进行：

（1）确定用户与角色。根据档案开放利用制度和管理需要，设置不同的档案利用角色，赋予不同的利用权限，再把用户归入不同的角色，最终确定用户的利用权限。比如在机构内部档案利用时，可以根据实际情况将利用角色划分为档案工作人员、兼职档案工作人员、部门工作人员、部门领导、机构领导等；在面向公众提供档案利用时，可以将利用角色划分为一般利用者、组织机构利用者、国外利用者等不同角色，并对不同的角色赋予相应的档案利用权限。用户可以通过事先明确或身份认证后赋予等形式确定不同的利用角色。为了便于管理大量角色相同的用户，也可以引入分组概念，为分组赋予角色，再把用户归入分组之中。

（2）明确档案利用权限。利用权限包括利用控制的颗粒度和利用形式。电子档案利用要根据管理要求和实际情况确定档案利用控制的基本颗粒度，比如全宗、类、卷、件、文档、页等。当然，颗粒度越小管理越精细，但操作起来越复杂；颗粒度越大实现起来越容易，但管理越粗放。组织机构和档案馆应当结合对内对外利用不同情况予以确定。利用形式包括阅览、复制、下载、打印等，必要时可以通过控制阅览时间、打印次数等方法对各种利用形式的要求进行细化。

（3）确定角色权限关系。即根据已经明确的用户和角色分工、档案利用权限，在用户、角色与权限之间建立一对多、多对一对应关系。访问权限管理具体实施时可以通过建立用户表、角色表、权限表、用户角色表、角色权限表实现。

3. 安全控制

电子档案利用安全控制措施主要包括身份认证、审计跟踪、文件保护、数字水印等。

（1）身份认证

身份认证是指通过一定的手段完成对用户身份的确认，是进行用户鉴别的重要途径。电子档案利用时应当首先通过用户名、密码或数字证书认证之后登录系统，然后再进行后续操作。重要系统应当经过用户名、密码或数字证书双重认证，有利于系统对用户身份进行二次确认。要制定严格的登录认证策略，比如用户登录密码应当位数较多或是复杂程度较高，到一定期限后强制要求修改；登录时密码输入超过一定次数系统会对用户名自动锁定，并将错误信息发送至系统管理员，进行报错预警的备案处理，用户需通过严格的审核流程才能解锁；用户找回原密码要通过严格审核流程等，确保系统不被非授权用户使用或修改。

（2）审计跟踪

审计跟踪是通过审查用户操作行为记录，确保识别和跟踪未被授权行为。电子档案管理系统应当设立专门的审计系统记录所有登录用户的操作，实时跟踪查看当前人员的处理情况，在后台即时提示系统管理员发生非法情况，并对系统认为比较危险的操作进行实时报警。审计跟踪信息应当作为元数据加以管理，方便系统对浏览过的信息进行整理与统计。另外，需要采取措施保证系统记录审计日志的安全，防止日志被非法查看或修改。对于重要级别的日志文件设定查阅权限，查看后将形成查看记录。

（3）文件保护

文件保护是指通过加密或访问权限控制方式等对提供利用电子档案进行处理，防止电子档案被不当访问的技术。常见的文件保护主要包括版式固化、文件加密、限制访问权限等方式。系统提供下载的电子档案可以统一进行版式转换，避免下载之后被修改。为防止扩散，可以为每一份电子档案自动生成独立的访问密码，用户需输入检索系统所提供的开启口令才能浏览文件。同时，还可以根据情况限制电子档案打印、复制功能和有效期限等（见图7-3），降低电子档案不当使用的可能性。

图7-3　电子档案加密示意图

（4）数字水印

数字水印（Digital Watermark）是指将特定数字信息嵌入文档、图像、音频和视频等数字产品，以保护数字产品的版权、证明产品的真实可靠性、跟踪盗版行为的信息技术。

数字水印一般具有鲁棒性、隐蔽性、安全性、盲检测性特点。鲁棒性（robustness）是指数字水印必须难以（最好是不可能）被去除，试图除去或破坏数字水印应导致水印文本严重的降质而不可用。隐蔽性（invisibility）是指数字水印不应明显干扰被保护的数据，不影响被保护数据的正常使用。安全性（security）是指数字水印中的信息应是安全的，难以被篡改或伪造，只有授权方可以进行水印的检测。盲检测性（blinddetection）是指水印检测过程不需要原始的、未嵌入水印的载体信息，这一方面简化了水印的检测，另一方面则是为了加强水印的安全性。从外观形态上看，数字水印可分为明水印、盲水印两种。明水印（visible watermark）所包含的数字信息可在查看文档图片或视频时肉眼看见，盲水印（blind watermark）所包含的数字信息肉眼不可见，需要经过专门程序提取（见图7-4）。

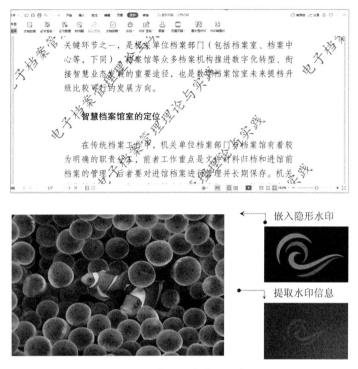

图 7-4　明水印、盲水印示意图

在电子档案利用过程中，为避免电子档案遭到不当利用，对外提供利用的电子档案一般需要进行数字水印技术处理，并根据情况采用明水印或盲水印。对于一些重要、敏感的文档、照片等电子档案一般建议采用明水印，可以在电子档案上添加版权信息、阅览信息或提示语等，保证档案用户在浏览、打印输出时，都能展示相关信息，防止电子档案信息无序扩散。

第二节　电子档案的检索

检索是档案提供利用的关键。电子档案网络查询、信息推送、阅览服务、通信传输、复制供应等各种档案利用形式都是以检索工作为基础构建起来的，检索的效率和质量很大程度决定电子档案利用服务的广度和深度。

一、电子档案检索

1.电子档案检索内容

档案检索有广义和狭义之分，广义的检索既包括档案的描述、组织、存储，又包括档案查找；狭义的检索仅指查找过程。本书采用广义档案检索概念，同时结合电子档案管理实践进行定义：电子档案检索（retrieval）是指通过著录标引、建立索引、提取特征等方式标识档案信息，以此为依托形成电子档案检索系统，并通过检索系统选择、获取特定信息的过程。

（1）电子档案的描述、组织和存储。电子档案的描述、组织和存储是指在电子档案管理过程中，通过著录标引、创建索引、提取特征等方式对电子档案的内容信息、背景信息、结构信息、特征信息等进行标识，建设档案数据库、索引库、特征库，并以此为依托形成电子档案检索系统（见图 7-5），为档案查找提供条件。

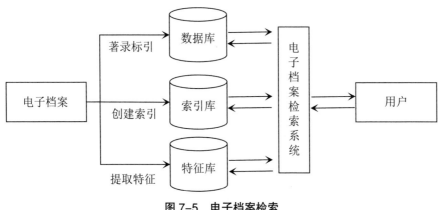

图 7-5　电子档案检索

（2）电子档案的查找。电子档案查找是指根据利用者的检索需求，利用电子档案检索系统将检索信息与数据库、索引库、特征库进行匹配，选择、定位所需要的电子档案及其信息内容。

从上述内容来看，电子档案检索主要包括电子档案著录标引、建立索引和提取特征，建立档案数据库、索引库和特征库，建设电子档案检索系统，进行电子档案检索等四项工作内容，其中著录标引、建立档案数据库、建设电子档案检索系统同时也是电子档案管理的重要内容，需要在电子档案管理过程中予以关注和处理。

2. 电子档案检索类型

档案检索按照不同的标准划分为不同种类。比如按照检索对象的内容可以分为文献检索、数据检索与事实检索；按照信息组织方式可以分为文本检索、超文本检索、超媒体检索；按照检索手段可以分为手工检索和计算机检索等。电子档案检索是基于文本、图像、图形、音频、视频、数据、多媒体、超文本等各种形式电子档案开展，不同形式电子档案具有不同的检索方式。

按照检索对象以及不同检索对象采取的检索方式，本书将电子档案检索分为目录检索、数据检索、全文检索、特征检索（见图7-6）。

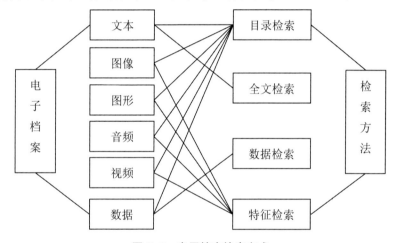

图 7-6　电子档案检索方式

（1）目录检索

目录检索是指通过著录标引建立电子档案目录信息，并通过目录进行档案查找的检索方式。目录检索一般过程是：首先对电子档案进行著录标引，形成档案目录数据库、元数据库、专题数据库等各种形式数据库；用户查询时，检索程序会使用数据库查询方法进行查找，并将查找结果反馈给用户。目录检索本质上是数据检索，是最基本的也是应用最为广泛的检索方式，适用于文本、图像、数据等所有类型电子档案的检索。

（2）全文检索

全文检索（Full Text Retrieval）是指通过计算机索引程序对文本型电子档案建立索引，并通过索引信息进行档案查找的检索方式（见图7-7），适用于文本类电子档案检索。

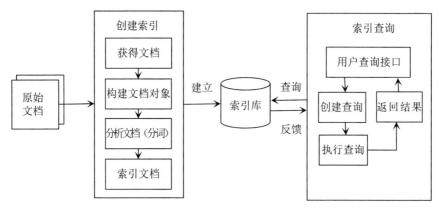

图7-7　全文检索方式

文本检索一般有顺序扫描、全文检索两种方法。比如要查找文本内容包含的某一个字符串，顺序扫描法的做法是一个文档接着一个文档进行扫描，如果此文档包含此字符串，则进行定位，然后扫描下一个文件，直到全部扫描完毕。这种方式可以实现检索任务，但速度一般比较慢。全文检索的做法是将非结构化数据中的一部分信息提取出来并重新组织，形成具有一定结构的索引信息，然后通过对索引信息进行查找实现检索任务。这种方式创建索引时比较耗时，但索引一旦创建就可以多次使用，查找时速度比较快。

全文检索的一般过程是：首先通过计算机索引程序按顺序扫描文本，对每个字（词）建立一个索引，指明该字（词）在文章中出现的次数和位置，建立索引库；用户查询时，检索程序根据建立的索引进行查找，并将查找的结果反馈给用户。全文检索主要适用于文本型电子档案的检索，音频、视频电子档案中的语音文本内容或图像、图形、音频、视频等电子档案说明性文本也可以使用全文检索方式。

（3）数据检索

数据检索又称作基于数据库的检索，是指将数据库中存储的数据根据用户的需求提取出来的检索方式，适用于各种运用数据库管理的数据型电子档案的检索，比如统计数据、观测数据、财务数据等。

数据检索依托数据库管理系统进行检索，由于数据库管理系统本身的查询功能已经非常完善，具体检索一般过程是：用户提出查询请求，用户接口程序根据查询请求构建 SQL 查询语句，提交数据库管理系统，管理系统执行查询后，将查找结果反馈给用户。数据检索不仅能够直接提供有关的数据或数值，还能提供对数据的运算推导功能以及制表、绘图功能，用户可用检索到的数值信息做进一步的定量分析。数据检索的结果会生成一个数据表，既可以放回数据库，也可以作为进一步处理的对象。

（4）特征检索

特征检索又称作基于内容的检索，是指通过计算机程序提取图像、图形、音频、视频型电子档案特征信息，并通过特征信息进行档案查找的检索方式（见图 7-8），适用于图像、图形、音频、视频类电子档案检索。

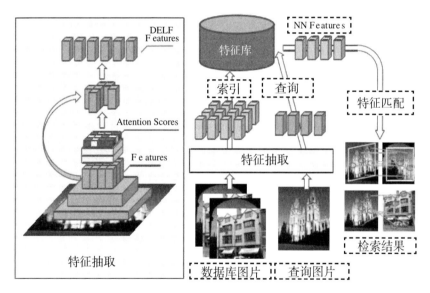

图 7-8　图像检索方式

图像、图形、音频、视频型电子档案的检索一般包括基于文本的检索和基于内容的检索（content-based retrieval）两种方式。基于文本的检索是指运用前述目录检索、全文检索方法对目录信息或者语音文本、说明性文本进行检索；基于内容的检索，也就是特征检索，是指通过对图像、图形、音频、视频等多媒体对象的内容及上下文语义环境进行检索。

特征检索的一般过程是：首先通过计算机系统对图像、图形、音频、视频内容进行分析，抽取特征和语义，比如图像的颜色、纹理、形状，声音的音调、音强、音色，视频中的场景、镜头的运动和关键帧的图像特征等，利用这些内容建立特征库；用户查询时，检索程序通过将特征与电子档案进行匹配查找，并将查找的结果反馈给用户。

二、电子档案著录标引

1. 电子档案著录

电子档案著录是为检索和管理档案资源，对档案内容、结构、背景或管理活动进行分析、选择、组织和记录的过程。由于电子档案记录方式、形成环境等与传统载体档案不同，因而与传统著录在著录目的、功能、项目、时间、方式、格式等方面均存在较大差异（见表 7-1）。

表 7-1　传统著录、电子档案著录对比

	传统著录	电子档案著录
著录目的	以实现对档案的检索为目的	用于对电子档案信息的检索，同时为了确认电子档案的真实性和完整性
著录功能	对档案的内容特征和形式特征的描述	描述电子档案的内容和形式特征，还需要描述电子档案背景信息和电子档案的结构
著录项目	传统著录项目较少，比如《档案著录规则》（DA/T 18-2022）档案著录项目分 7 类 22 项	电子档案著录项目较多，比如《文书类电子文件元数据方案》元数据项目分 4 类 88 项
著录时间	著录和标引属于档案"前处理工作"	覆盖电子档案生命周期的各个环节
著录方式	主要是采用手工著录方式	大部分由计算机系统自动生成，个别需要通过手工著录
著录格式	以著录条目形式呈现	以元数据表形式呈现实施

电子档案著录具有连续性和动态性，贯穿电子档案的整个生命周期。电子档案著录采用计算机自动著录为主，手工著录为辅的方式，大部分著录项与元数据项一致，可以由业务系统和电子档案管理系统通过预定义值域列表选择著录，少部分需要在电子档案管理系统捕获阶段著录（详见第

五章第三节）。

2.电子档案标引

电子档案标引是对电子档案的内容进行分析，根据检索语言赋予检索标识的过程。电子档案标引主要通过计算机自动进行，分为抽词标引和赋词标引两种方式。

抽词标引是指从电子档案的题名、摘要乃至全文中自动抽取能表达电子档案主题内容的关键词作为标引词的方法。抽词标引的基本方法是：计算机对电子档案题名、摘要或全文进行扫描，从中自动切分出可以组成主题词的词语，或依据独立于电子档案文本之外的主题词典选取关键词；计算机自动统计所选取的关键词在电子档案中出现的频率，进行对比、分析和筛选，并按照词频大小排序；按照规定的词频测定标准，自动将选取的关键词转换为主题词；对自动标引结果进行审核，以人工干预的方式进行必要的删改，最后确定标引词。

赋词标引是指预先编制主题词库用作标引的依据，计算机根据电子档案的主题特征，从规范的词库中选取相关主题词作为标引词的方法。赋词标引的基本方法是：编制主题词库；计算机按一定的算法扫描题名、摘要乃至正文的一连串汉字，将原文中的关键词与机内主题词库中的主题词进行对比、分析、转换，从而确定标引用词。赋词标引相对于抽词标引的优点是规范化程度高，标引质量较有保证，但须事先编制机内主题词库，难度较大，若词库质量不高，还会影响到标引质量。

三、电子档案检索系统

电子档案检索系统是集成于电子档案管理系统的专门系统或功能模块，为各种形式电子档案、各种检索方法提供检索服务和统一入口。电子档案检索系统应当满足以下要求。

1.提供通畅的导航

电子档案检索与一般数字信息检索最大的区别在于电子档案检索对象之间存在密切联系。电子档案检索系统应能够展现从全宗到单份文件的层次结构（record hierarchy），并提供通畅的导航，以便让用户获得其所需文件的完整的背景信息。一般来说，检索系统左侧应当显示档案分类体系，用户可以按照既定目录结构层层搜索；右侧显示档案具体页面，供用户在线浏览、阅读、下载。通过档案层次结构递进式检索需要有关档案来源、形成背景、档案之间内在联系等方面的专业知识，一般适于专业人员检索。

2. 提供多种检索入口

检索入口又称作检索途径。从理论上讲，电子档案存入检索系统后，该系统向用户提供的检索入口越多，它被查到的概率就越高，当然也意味着检索系统本身越复杂。电子档案检索系统要整合组织机构全文搜索引擎、数据库管理系统、专家系统、知识图谱系统等检索途径，为各种系统提供统一入口（见图7-9）。此外，检索系统还应支持对全宗、类目、案卷、文件、组件、元数据、全文等层次的检索，为这些层次的检索都提供必要的检索入口。

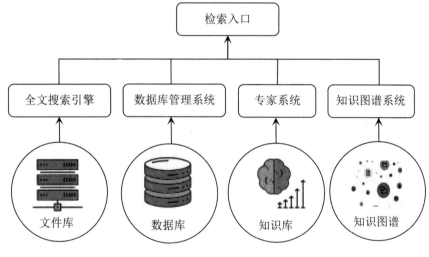

图 7-9　检索入口

3. 支持常见的检索方法

检索系统应支持布尔逻辑检索、近邻检索、字段限制检索、短语检索、加权检索等常用的检索方法，并且支持以恰当的方式组合使用上述检索方法。比如支持递进检索，即在检索范围内实施二次检索；支持只有一个检索入口的简单检索和多个检索入口组合的高级检索等。

4. 提供检索行为分析

电子档案检索系统应能够记录用户的基本标识信息、检索条件、检索时间等，从而获得第一手的反馈信息而无须增加用户的时间成本。系统应能根据用户的检索日志挖掘分析出用户检索需求趋势，发现利用率较高的档案和用户关注度较高的主题，发现与主题关联的自由词语集合，从而支持利用服务人员有目的地对电子档案进行深度加工，为用户提供更为精准的信息服务。

5. 提供安全保障功能

电子档案检索系统应当规定不同用户的访问权限，规定不同文件的使用范围和利用方式，对用户检索过程进行记录，方便追踪和审计非法访问等。在具体要求上，检索系统应遵循权限设置和访问控制要求，对没有权限的查询方式不予支持，但应显示提示信息；对于不在用户权限范围内的检索结果不予显示，但应显示提示信息；对于不可视的电子档案内容不予展示等。

四、电子档案检索方法

电子档案检索的基本方法是运用各种逻辑运算符号、位置逻辑算符、截词符及其他限制符号等来组配检索词，确定它们之间的关系，准确表达检索课题的内容。常见的检索方法包括布尔逻辑检索、近邻检索、字段限制检索、短语检索、加权检索、截词检索等。

1. 布尔逻辑检索

布尔逻辑检索是指用逻辑"或"（OR 或 + 表示）、逻辑"与"（AND 或 * 表示）、逻辑"非"（NOT 或 – 表示）等布尔逻辑运算符表达各个检索词之间的逻辑关系，查找所需信息的检索方法。布尔逻辑检索是使用面最广、使用频率最高的一种检索方法。比如对于主题词"电子档案""数字档案"来说，"电子档案 AND 数字档案"是要求检索出主题词既包括"电子档案"又包括"数字档案"的所有文件；"电子档案 + 数字档案"是要求检索出主题词包括"电子档案"或"数字档案"的所有文件；"电子档案 – 数字档案"是要求检索出主题词包含"电子档案"但不包含"数字档案"的所有文件。在一个检索式中，还可以同时使用多个逻辑运算符，构成复合逻辑检索式，实现复杂检索要求。

2. 近邻检索

近邻检索又称位置算符检索，是使用 With 或 Near 位置算符表达检索词与检索词之间的位置关系，以表达更为确切的检索要求。With 用于表示有间断有序邻接，检索式为 A（nW）B，表示所关联的两个检索词 A、B 之间可以插入 0~n 个词汇，但两个检索词在文件中出现的前后顺序保持不变。Near 用于表示有间断无序邻接，检索式为 A（nN）B，表示检索词 A 和 B 之间可以插入 0~n 个其他词汇，并且两个检索词的顺序可以颠倒。比如要检索包含"档案"和"体系"两个检索词的电子档案，中间至多包含 4 个其他词语，并且"体系"必须在"档案"之后出现，则可以采用如下检索式：档案（4W）体系。如果去掉顺序要求，则可以采用如下检索式：档案（4N）体系。

3. 字段限制检索

字段限制检索是指将检索词限定在某一特定的字段范围内进行检索。比如在搜索引擎中，将检索词"电子档案"限制在"题名"内，则检索式为：intitle:电子档案。在国家档案局网站搜索单套制，则检索式为：单套制 site:www.saac.gov.cn。当然，不同的检索系统可能采用不同字段代码，检索式形式也不太一样，需要根据相应的检索式编制规则进行编写。

4. 短语检索

短语检索又称作词组精确检索，能检索出与指定字符串完全匹配的结果，避免检索式将专用词组拆分导致无效检索结果。短语检索使用双引号""作为词组检索的运算符。比如输入"电子档案"，系统将严格匹配，检索出包含短语为电子档案的检索结果，而不会将"电子档案"分拆为"电子""档案"输出无效检索结果。

5. 加权检索

加权检索又称作定量检索，即在检索时给每一检索词一个表示其重要程度的数值（即权值），然后对含有这些检索词的文件信息进行加权计算，其和在阈值以上者可被作为检索结果输出。权值的大小可以作为对检出文件的排序依据。比如查找关于智慧档案战略方面的文献，检索时给"智慧"赋权值为 50，"档案"赋权值为 40，"战略"赋权值为 40，规定阈值为 90，则"智慧档案战略""智慧档案"权值分别为 130、90，会作为检索结果输出并依序排列，"档案战略"权值为 80，不会作为检索结果输出。

6. 截词检索

截词检索是指用截词符将检索词截断，让计算机按照检索词的局部片段同索引词进行对比，以提供族性检索的检索方式。按截断的位置，截词检索可分为前截断、后截断和前后截断三种。比如用字符"*"表示截词符，使用检索词"* 信息"为前截断，标引"图书信息""档案信息""文献信息"等词的文件均作为结果输出；使用检索词"司法 *"为后截断，标引"司法部""司法局"等词的文件均作为结果输出。"前后截断"则是指检索词与索引词中段一致时均作为结果输出。

第三节　电子档案的开发

电子档案开发即档案信息资源开发，是指运用信息化等手段对已经存在的档案信息资源进行分类、聚合、抽取、提炼、总结等活动发掘档案价值、实现档案价值升值的过程。电子档案的开发方式主要有数字汇集、数字编研、数字展陈、数字记忆等。

一、数字汇集

数字汇集（Digital Collection）是指以数字形式建立的反映某一方面情况的数据集合或文件集合，是电子档案开发的基础形式。

1. 数字汇集形式

（1）数据集合

数据集合又称作数据集、专题数据汇编，是将数据按照一定规律或要求进行重新分类、聚合形成的数据汇集。数据集合一般基于组织机构业务办理和电子档案管理过程中形成的数据生成，通常以数据库表的形式呈现。常见的数据集合包括基于业务数据形成的新的数据集或者基于电子档案基本目录形成的各种专题目录等。

（2）文件集合

文件集合又称作文件集、专题文件汇编，是将文件形式的电子档案按照一定专题重新分类、聚合起来的文件汇集。常见的文件集合包括政策法规文件汇编、会议文件汇编、发文汇编以及各类专题文件汇编等。

政策法规文件汇编是将全部或一定范围内的政策性、法规性文件加以汇集形成的文件集。按照汇集内容，可分为综合性政策法规文件汇编和专题性政策法规文件汇编。政策法规文件汇编便于利用者查找和利用，是组织机构和个人开展相关工作的重要参考依据。

会议文件汇编是将会议中形成的、具有查考利用价值的文件加以汇集形成的文件集。编制会议文件汇编便于全面系统把握会议内容、有利于推动会议精神落实和相关工作的开展。

发文汇编是将本机构某一时间段内的全部发文加以汇集形成的文件集。发文汇编一般以年度为单位，按发文字号排列，便于利用者查找利用。

除上述几种专题文件汇集外，组织机构还可以根据利用者需求和工作需要，编制其他专题文件汇集，形成形式丰富、载体多样、便于传播和利用的文件编研成果。

2. 数字汇集方法

数字汇集由系统按照汇集要求自动形成。数字汇集一般可以通过建立索引等方式形成，确有必要的，也可以通过复制原文方式建立全新的数字集合。需要说明的是，数字汇集形成的数据集或文件集应当与原数据、文件分开管理，不得影响原数据、文件的内容和管理状态。

二、数字编研

数字编研（Digital Compilation）是指对电子档案进行数据化处理，将处理形成的数据对象进行语义化重组并以多元形式展示电子档案内容的过程。数字编研是在数字环境下，面向数字用户需求，以数据化、知识化档案数据为主要对象，充分运用数字手段赋能，形成不同形式的数字出版物，实现档案价值创新转换的一种全新业务模式。

1. 数字编研特点

数字编研不是对传统编研的数字化复刻，二者在编研对象、编研方法与编研成果上存在明显差异，是传统编研方式的阶段性跃迁。

（1）编研对象不同

传统编研面向对象限于档案本身，数字编研更加关注电子档案经过数据化处理后形成的数据对象。编研对象从档案本身到数据对象，颗粒度变细，为编研成果的形成创造更多的可能性。

（2）编研方法不同

传统编研面向具有完整语义的档案本身，可以直接通过档案内容重组的方式实现档案素材的系统化编排。数字编研面向的是语义单薄的数据对象，需要通过语义化重组的方式实现对数据素材的系统化编排。语义化重组是数字编研的关键环节。

（3）编研成果不同

传统编研通过传统出版物等媒介呈现编研成果，形式较为单一。数字编研更多面向数字用户，可以通过专题网页、视频、交互APP等数字媒介以多种形式充分展示档案编研成果，呈现结果更为丰富多元。

2. 数字编研方法

进行数字编研的主要步骤包括构建专题知识库、开展数据编研、编研成果呈现等。

（1）构建专题知识库

构建专题知识库首先是为了让档案馆（室）充分熟悉、明确档案资源尤其是特色档案资源情况，收集丰富的素材以供编研利用；其次，专题知识库区别于专题数据库（见本章第四节），要求对档案数据做进一步处理，以在数据要素提取的基础上，实现数据要素知识化，构建档案数据知识单元。

（2）开展数据编研

开展数据编研主要是运用数据挖掘、文本挖掘（详见第九章第三节）、知识图谱（见本章第四节）、AI生成内容（AI-Generated Content，AIGC）等技术进行多层次多维度编研。数据挖掘、文本挖掘有助于从大量的数据、文本中自动发现有用的信息和知识。运用知识图谱技术开展编研工作，可以通过实体关系抽取及构建形成多维度数字编研知识单元网络，从中发现编研脉络及关联相关资源，为形成更多形式的新型编研成果提供依据与基础。同时，编研知识图谱本身也是一种更新型、更前沿、更能满足数字用户认知需求的数字编研成果形式。AIGC 是指按人工智能算法自动生成的文本、图片、音频和视频等多种类型的数字内容。AIGC 按照模态可以划分为文本生成（比如 ChatGPT、文心一言等）、音频生成、图像生成（比如 Midjourney、清华 CogView2 等）、视频生成及图像、视频、文本间的跨模态生成等，档案编研可以基于各种模态的成熟模型，比如文本生成的大型语言模型（Large Language Model，LLM），或者构建类似模型生成编研成果。

（3）编研成果呈现

编研成果要充分利用网页、视频、交互 APP 等视觉方式呈现与展示。同时还需要注重运用时间轴、幻灯片、知识图谱等叙事可视化技术探索编研成果如何开展叙事，以便受众更好地接受编研成果。

三、数字展陈

数字展陈（Digital Exhibitions）是基于互联网，用数字化的手段、技术和方式，在虚拟空间中实现档案展览展示核心功能的全新展陈方式。

1. 数字展陈特点

相比于传统展览展示方式，数字展陈具有以下特点。

（1）智能化

数字展陈能够通过高科技信息化手段、声光电结合的方式将需要展示的内容更好地传达给观众，将展项本体的各方面特点及其蕴含的知识最大限度地表现出来。同时，数字展陈通过物联网智能感知、观众行为分析、展项知识脉络发现等智能化技术的运用，使其具备传统展陈所不具有的智能化优势。

（2）交互化

数字展陈不同于传统展陈、普通网上虚拟展厅单向信息展示输出模式，用户可以在浏览过程中进行标注评论并与他人分享，甚至可以通过替身（avatar）和其他参观者文字交流、在虚拟场景中碰面打招呼；对于数字展厅中的展品，可以进行缩放、旋转、语言播放等互动操作；支持多视角切换，既考虑到用户体验的沉浸感觉又照顾到全景浏览的视觉感受，为用户提供了沉浸式的互动体验。

（3）分众化

分众化是依据受众需求的差异性，面向特定受众群体及其特定需求，提供有针对性的信息与服务。分众化从用户的角度来看是个性化或定制化，是指数字展陈可以将用户可能接触到的大量信息进行重新组织与关联，建立知识网络，满足不同知识结构和对浏览内容有不同喜好的参观者的需求。通过这种开放式的结构，展览内容可以随着用户的参观过程不断地自我完善和丰富。

（4）知识化

知识化是指数字展陈可以通过计算机动画、计算机图形学、虚拟现实等技术形象生动的方式，向用户传播档案知识及其背后蕴含的丰富的历史、人文、科技等知识内容，将档案蕴含的知识具象化，让用户能够切身参与并感受信息或知识的传递，亲身体验到人类优秀文化遗产的高贵品质，引起思想的共鸣。

（5）泛在化

泛在化是指数字展陈利用丰富多样的媒介技术实现档案信息无所不在的传播。数字展陈可以基于移动化的信息发布和接收终端，及时以富媒体呈现、交互式体验、多平台无缝对接的方式进行信息分享，使得人们能够突破时空限制实现与展陈对接交流。

2. 数字展陈技术

数字展陈主要应用的技术有三维虚拟实物制作技术、扩展现实技术、全息成像技术、虚拟漫游技术等。通过各种技术应用，结合线下展厅布置，数字展陈带给观众身临其境、虚拟相生的极致体验。

（1）三维虚拟实物技术

三维虚拟实物通常采用三维激光扫描技术实现。三维激光扫描技术以激光反射的原理获取静态物体表面的海量三维点云数据，采用高精度逆向三维建模及重构技术，通过计算机重构其3D数据模型再现实物实时、真实的形态特性。三维虚拟实物制作完成之后，利用专用浏览工具可以对实物模型进行深度鉴赏利用，包括旋转、缩放、漫游、测量、标注、变换背景等，也可以发布到网上以及移动终端上提供利用。

（2）扩展现实技术

扩展现实技术（Extended Reality,XR）是虚拟现实（Virtual Reality,

VR）、增强现实（Augmented Reality, AR）和混合现实（Mixed Reality,MR）等沉浸式技术的总称（见图 7-10）。VR 是利用电脑模拟产生一个三维空间的虚拟世界，提供观众关于视觉、听觉、触觉等感官的模拟，观众可以佩戴专用 VR 眼镜或头盔即时、没有限制地观察三维空间内的事物。VR 可以用于重点历史事件、档案专题等的虚拟呈现。AR 是通过电脑技术将虚拟的信息应用到真实世界，真实的环境和虚拟的物体实时地叠加到了同一个画面或空间同时存在。AR 可以用于珍贵档案的虚拟修复、平面物体的虚拟立体呈现、影像或者环境中某些物体的互动展示等，真正实现知识性与娱乐性的有机结合，让观众获得良好的体验。MR 相当于 VR 和 AR 的结合体，是将真实世界和虚拟世界混合在一起，以产生新的可视化环境。

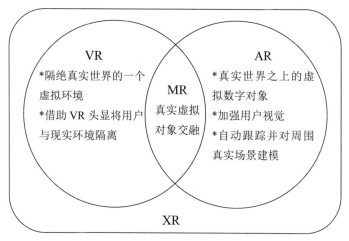

图 7-10　VR、AR、MR、XR 关系

（3）全息成像技术

目前较为成熟的全息成像技术主要是全息投影技术，是指利用干涉和衍射原理记录并再现物体真实的三维图像的技术。全息投影技术不仅可以产生立体的空中幻象，还可以使幻象与观众产生互动，产生令人震撼的展示效果。全息成像可以用于全息展示珍贵档案、立体呈现实物档案、利用全息虚拟主持人和观众进行互动等。

（4）虚拟漫游技术

虚拟漫游技术通过 3D 建模、XR、数字孪生、交互技术、视频技术、多媒体动画、Web3D 数字化展示技术、3D 云计算和 WebGL 实时渲染等技术手段结合，实现三维展厅、作品展台、展框、音乐、视频、导览和互动等展示对象的数字化、虚拟化，向浏览者提供虚拟场景下的虚拟解说员导示，为展览观众营造沉浸式的展示环境。

元宇宙（Metaverse）是当前关注度比较高的技术应用概念。从技术角度看，元宇宙可理解为基于扩展现实技术、数字孪生技术、区块链技术等实现的数字生活空间。元宇宙所具备的开放性、沉浸式体验、虚实互动等特征将催生新的展览模式，也将为数字展陈提供新的思路和动力。

3. 数字展陈方法

应用数字展陈技术举办数字展览主要分为以下几个步骤。

（1）确定展览主题和内容。根据展览的目的和受众，确定展览的主题和内容，包括展品、文字、图片、音视频等各种形式电子档案。

（2）确定展览形式和平台。根据展览的主题和内容，选择合适的数字展览形式和平台，比如网站、移动应用、虚拟现实等。

（3）策划和设计。制定展览的策划和设计方案，包括展览的整体布局，展品的排列，文字、图片、音视频等的呈现方式等。

（4）制作和整合展品。根据展览的主题和内容，制作和整合展品，并根据文字、图片、音视频等不同特点对展品进行优化和编辑。

（5）技术实现。根据展览的形式和平台，通过网站开发、应用开发、虚拟现实技术应用等进行技术实现。

（6）测试和发布。对数字展览进行测试和修正，确保展览的稳定和流畅。测试完成后发布数字展览。

（7）宣传和推广。通过各种途径宣传和推广数字展览，比如社交媒体、广告、公关等，吸引更多的受众参观。

四、数字记忆

数字记忆（Digital Memory）是指运用数字采集、数字存储、数字处理、数字呈现、数字传播等数字技术手段，将特定档案资源建构形成可保存、可关联、可再组、可共享的数字记忆形态的过程，是从宏观角度开展的档案资源开发活动。

1. 数字记忆的特点

档案具有社会记忆属性，是建构社会记忆不可替代的要素。数字记忆以档案资源为核心对象，用技术挖掘脉络，讲述档案故事，建构记忆，开辟了新环境下档案开发利用的新角度。

（1）主题鲜明

数字档案资源丰富多样，异构分布，单一档案部门无法在一定时空范围内对所有的数字档案资源进行有效的语义描述与揭示。数字记忆聚焦于档案资源的记忆属性，以项目作为牵引，可以对一定范围内的数字档案资源进行深层聚合与开发，具有目标明确性与对象针对性，可提高开发主体的积极性，避免档案开发时无从下手的情况。

（2）公众参与

数字记忆旨在构建大众的数字记忆，强调用户的体验和感受，鼓励公众以多种方式参与记忆共享共建活动，为数字档案开发利用提供多方参与，尤其是公众参与的创新模式。比如美国 NARA 的公民档案员（Citizen Archivist）项目（见图 7-11）等，主要围绕公众参与理念下的数字档案众筹、众包等开发模式以及不同主体类型的参与式建设图景等进行了探索。

图 7-11　公民档案员项目

（3）技术升级

数字记忆为数字档案开发利用提供数据化、细粒度、体验式的创新手段，要求运用数据管理技术与分析技术从语义入手，实现档案资源数据层面的深度挖掘与加工，进而发现资源间的语义互联关系。此外，还要求运用机器学习技术、VR/AR 技术、可视化技术等，从不同层次丰富档案开发与利用的宽度与广度，拓展档案价值传播与服务提供方式，实现了档案资源开发技术的升级。比如通过机器学习重现古城历史的"威尼斯时光机"项目，将数字化与关联脉络发现相结合的中国台湾数位典藏计划等。

（4）场景多元

数字记忆为数字档案开发利用提供面向多元立体化利用需求的创新场景，呈现出利用领域社会化、利用需求立体化、利用主体全面化、利用客体多样化、利用手段现代化等新特点。数字记忆构建不仅发挥了档案的传统价值，还延伸了档案的研究价值与参考价值等，可满足政府部门管理决策、公民文化消费、社会发展、教学育人等多方面、多维度、多层次需求。

2. 数字记忆技术

数字记忆主要应用的技术包括数字保存技术、知识开发技术、可视呈现技术等。

（1）数字保存技术

数字记忆档案资源需要经过标准化的档案管理程序实现长期保存，离不开数据采集、鉴定和保管的技术。在数据采集前，需要分析数据来源，明确产权归属，根据主题确认采集的范围，并利用自动采集工具获取数据；在数据采集的基础上，通过鉴定技术过滤掉那些失真、不完整或不可读的数据信息，进而完成标准化著录与长期保存；在数据保存方面，在多重备份基础上适时采用转换与迁移技术、仿真与封装技术等。比如"北京记忆"架构了基于OAIS的资源长期保存平台。

（2）知识开发技术

数字记忆的核心价值不单单在于拓展了记忆的容量和性能，更在于基于数据分析和知识挖掘的记忆管理。数字记忆智能化的数据驱动模式需要一整套的技术体系支撑，包括基于数据管理的数据开采、文本编码、信息抽取、本体建模、语义技术、智能搜索、数据库设计等管理技术和基于数据分析的内容挖掘、主题分析、文本聚类、时序关联、空间定位、社交网络分析等分析技术。此外，还包括以机器学习为核心的人工智能技术等。

（3）可视呈现技术

可视化是数字记忆的显性特征，涉及多维层面及相关技术的支撑。首先要在资源组织结构层面实现可视化，需借助网站管理、界面设计、信息组织与检索、信息交互、分享与传播等技术支持；其次在资源形态呈现上实现可视化，需要突破文本、图像、视频、动画等传统形式的限制，利用数据统计技术、词云图工具、关系网络技术、三维光学测量系统、全景技术、场景模拟、历史仿真、沉浸技术、GIS 技术等实现从记录数据到空间数据的全面可视化；最后在资源终端呈现上不断拓展可视化路径，通过平台开发与升级、大数据可视化大屏、全媒体融合、移动客户端开发等技术支撑，实现跨媒体多平台的可视化展示系统。

3.数字记忆方法

开展数字记忆项目主要分为以下几个步骤。

（1）确定主题和目的。数字记忆研究领域广泛，可以涉及个人、家族、社区、城市、国家等不同主题，目的包括保存历史、传承文化、促进教育等，要首先确定好主题和目的，明确研究方向。

（2）配备基础设施。包括数字化设备（如扫描仪、数字照相设备、数字录音设备等）、数字存储设备（如硬盘、云存储等）、数字化软件（如OCR 识别、音频转换等）、数据分析工具和可视化工具、资源展示平台与互动平台等配备与建设等。

（3）收集数字资源。数字记忆研究需要大量的数字资源，包括文书、照片、录音、视频、艺术品、建筑等多种形式。收集途径包括数字档案馆室、数字图书馆、数字博物馆等，也可以通过互联网搜索或者联系相关机构获取。

（4）数字化处理素材。未实现数字化的素材需要转换为数字形式进行处理，使其更易于保存、搜索和展示。对于收集到的数字资源要进行清理和处理，包括数据清洗、数据转换、数据整合等，以便后续分析和研究。

（5）建立数字记忆数据库。将数字化处理后的素材保存在数据库中，按照主题、时间、地点等分类整理，为后续的展示和传播做好准备。

（6）数据分析和可视化。利用数据分析工具和可视化工具对处理后的数据进行分析和展示，比如制作图表、地图、时间轴等。可以使用网站、应用程序、虚拟现实等多种方式，将数字记忆呈现给观众，让他们更好地了解历史、文化和社会生活。

（7）结果呈现和交流。通过社交媒体、网络广告等方式将研究结果呈现给受众，让更多的人了解数字记忆，参与到数字记忆的建设中来。

数字人文（Digital Humanities）是与数字记忆密切相关的一个研究领域。二者都是数字时代对人类文化和记忆进行保护和传承的手段。数字人文是运用数字技术对人文学科进行研究和教学的领域，侧重于通过数字化技术更好地研究和理解人类文化的发展，而数字记忆是一种数字化的记忆方式，侧重于通过数字化技术更好地保存和传承人类的记忆，在具体开展数字记忆项目时应当将二者结合起来。

第四节 电子档案信息服务

档案信息服务是运用信息管理学的理论和知识，从宏观角度探讨档案部门在服务理念支配下向社会和公众提供档案信息，进行档案信息传播，以最大限度发挥档案信息价值的思路、方法和路径。档案信息服务不同于一般意义的档案工作流程，它是档案利用、检索、开发等工作的深化和发展。

一、档案信息服务

1. 档案信息服务要素

档案信息服务是指档案部门以保障公民档案信息资源利用权利和满足公众档案信息需求为目的，对档案资源的收集、整理、存储、加工、处理和分析，在服务理念支配下向社会和公众提供档案信息，进行档案信息传播，以最大限度发挥档案信息社会价值和经济价值的活动与过程。档案信息服务包括服务主体、服务对象、服务内容和服务策略四个要素（见图7-12）。

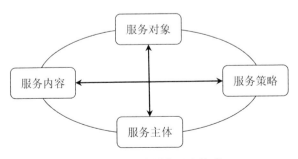

图 7-12 信息服务要素构成

（1）服务主体

服务主体又称作信息服务提供者。档案信息服务主体包括提供档案信息服务活动的一切组织、机构或个人，比如档案馆、组织机构档案部门及档案人员等。服务主体需要在全面、准确地了解和把握服务对象的需求基础上，运用适当的服务策略把相应的服务内容提供给服务对象，是服务对象与服务内容之间的纽带。

（2）服务对象

服务对象又称作信息用户，是信息服务的接受者、信息服务产品的使用者。档案信息服务对象一般称作档案用户，是指具有一定信息需求而选择、接受档案服务的组织机构和个人。服务对象是信息服务的出发点和导向。

（3）服务内容

服务内容是信息服务主体提供给服务对象的主要内容或最终成果，是信息服务活动顺利开展的基础。不同信息服务之间在质上的区别主要是由服务内容的差异造成的。

（4）服务策略

服务策略是由服务方式和手段、服务程序等组成的信息服务的保障和路径，是档案信息服务主体和档案用户连接、沟通的桥梁。服务策略对于信息服务中如何为服务内容寻求合适的服务对象、为服务对象寻求合适的服务内容具有重要意义，也是信息服务模式构成的关键要素。

信息服务四要素既各自发挥独特作用，又紧密相连和相互作用，共同构成信息服务活动，并促进信息服务活动的发展。

2. 档案信息服务模式

档案信息服务模式是对信息服务活动的组成要素及这些要素之间相互关系的描述，本质就是信息服务在其活动过程中为满足用户对信息需求，调整各构成要素之间相互关系组合而形成的一种工作模式。根据不同的分类，档案信息服务可以分为不同的模式（见表7-2）。

表 7-2 档案信息服务模式

分类依据	服务模式
构成要素重要程度	馆员中心服务模式
	资源中心服务模式
	用户中心服务模式
组织机构关联程度	分散式服务模式
	集中式服务模式
	分布式服务模式
	集成式服务模式
提供信息服务内容	自助服务信息模式
	个性化信息服务模式
	知识服务模式

（1）按照档案信息服务要素在信息服务中的重要程度，档案信息服务可分为馆员中心服务模式、资源中心服务模式、用户中心服务模式。

馆员中心服务模式是从档案信息服务主体出发，并以信息服务主体为中心的服务模式。信息服务主体在这一模式中处于主动、主要和中心的地位，档案用户不能主动选择和参与信息服务产品的生产，只能选择特定的服务方式查询、检索、利用有限的信息资源。

资源中心服务模式是面向档案资源并以信息服务产品为中心的信息服务模式，强调对档案信息资源加工增值形成信息服务产品提供给信息用户使用。比如对传统载体档案进行数字化并提供给档案用户使用。这种服务模式关注信息资源的加工和服务产品的生产，档案信息服务主体的特定服务和档案用户的能动性都受到忽视。

用户中心服务模式就是档案信息服务工作一切从档案用户信息活动出发，基于用户的信息需求并以用户信息需求的满足与问题解决为目标的信息服务工作模式。这一模式特别强调档案用户在信息服务活动中主观能动与参与作用，档案服务主体居于辅助地位，主要形式是构建数字化的档案信息服务平台并根据用户的需求提供信息服务。

在上述三种模式中，馆员中心服务模式、资源中心服务模式都属于传统档案信息服务模式，在一定时期发挥过重要作用，但已经无法适应信息化条件下档案信息服务需要。用户中心服务模式从用户的信息需求出发进行档案信息服务，能够激发档案服务主体的主动性、服务内容的精准性和信息用户的参与性，是一种适合电子档案信息服务的模式。

（2）按照各组织机构间在开展服务活动中关联程度，档案信息服务分为分散式服务模式、集中式服务模式、分布式服务模式和集成式服务模式。

分散式服务模式是指提供档案服务信息的组织机构各自为政，独立提供档案信息服务模式。这种模式档案信息产品与服务提供都是以独立的体系出现，各组织机构之间缺少必要的、有效的联系和协调。

集中式服务模式是指在一定区域、行业或领域内，按照统一标准建设信息资源与服务系统，通过标准统一的协议建立各自之间的联结，集中提供信息产品与服务的信息服务模式。

分布式服务模式是在分布式的网络信息环境中，有效融合信息资源、技术资源和人力资源，实现各提供档案信息服务组织机构之间、馆员之间、用户与馆员之间、用户与用户之间的信息实时交互的一种档案信息服务工作模式。

集成式服务模式是对具有差异性、分布性、管理的自治性的数字信息资源、技术、人员、机构与服务功能进行集成，使用户得到在时间和空间上一致的全方位、多层次、多元化的信息服务的模式。

在上述四种模式中，分散式服务模式目前还是档案信息服务的主流方式，集中式服务模式、分布式服务模式、集成式服务模式更有利于满足档案用户信息需求，应当根据实际情况积极应用。

（3）按照提供信息服务内容，档案信息服务分为自助信息服务模式、个性化信息服务模式、知识服务模式等。

自助信息服务模式是单向的以档案用户为主体的服务，具体来说是指档案服务者通过一定途径建立开放性、社会化的档案信息服务平台，档案用户根据自己的需要、研究领域、兴趣喜好，在一定的服务规则引导下自助完成所需档案信息及知识的检索、查询、利用等环节的服务模式。

个性化信息服务模式是指根据用户特定的信息需求或通过对用户个性、使用习惯的分析，主动向用户提供其可能需要的信息和服务的一种方式。个性化信息服务模式是一种双向的服务模式，注重档案用户和档案人员之间的互动与沟通，是应用效果良好的档案信息服务模式。

知识服务模式是运用信息技术对档案信息资源进行知识挖掘、知识开发、知识重组，形成一定的知识资源，通过档案服务人员的智力和经验加工，为用户解决实际问题提供决策支持的一种服务。知识服务模式注重档案信息的知识特性，满足用户获取知识的需求，帮助解决用户遇到的知识难题，也是一项很有前景的档案信息服务模式。

3. 档案信息服务体系

档案信息服务体系是由档案信息服务要素构成，包括信息服务系统和信息服务机制的信息服务整体布局。在电子档案管理环境下，档案信息服务各要素发生重要变化：在服务主体方面，档案机构和人员服务理念向开放、主动、量化转变，服务能力上加强知识结构重构和操作技能提升；在服务对象方面，用户类型由传统型向网络型、移动型转变，用户信息需求由实体向多媒体、单一向多元、简单向综合转变；在服务内容方面，由实体档案资源向数字化档案资源和知识化档案资源转变；在服务策略方面，服务特征向全面、移动、智慧转变，服务方式向集成服务、智能服务、泛在服务等方面转变。

这些要素的变化，为传统档案信息服务体系提出了挑战，也提供了变革动力，需要从档案信息服务各要素出发，选择更加符合信息化发展要求、满足档案用户需求的档案信息服务模式，建立以用户态势感知、档案知识服务、先进服务策略等为特征的全新档案信息服务体系。

二、用户态势感知

在档案信息服务体系构建中，全面、准确、实时地了解和掌握感知用户需求、偏好、意愿，能够帮助提供档案信息服务的组织机构和个人更好把握现实状况和发展趋势，对信息筛选、处理和服务作出更为科学的决策。用户画像是实现用户态势感知，构建以用户为中心，实现个性化信息服务、知识服务模式的重要手段。

1. 用户画像

用户画像（User Profile）是指构建能够反映出目标用户真实数据信息情况的虚拟模型，本质是用户需求描述，是刻画用户需求的模型。用户画像最早由产品交互设计之父艾伦·库珀提出，通过对目标用户进行刻画，将用户诉求与设计目标联系在一起，将用户的特点、操作行为和预期数据以相对简单的方式转化联结起来，从而形成用户的虚拟代表。

用户画像作为大数据背景下信息资源服务的有效算法，通过针对用户相关数据信息及其在网络使用过程中的行为数据信息进行提取与挖掘，从而能够针对目标用户预测并获取完成满足用户需求的资源数据。对档案信息服务来说，用户画像既能对用户进行统计分析，又能剖析预测用户潜在行为，为精准化服务内容提供了明确的目标导向（见图7-13）。

图7-13　用户画像

2.用户画像构建

用户画像的构建过程需要收集大量的用户数据，并通过数据分析和建模等方法，将用户的行为模式、兴趣偏好等信息转化为可视化的用户画像，以更好地了解和满足用户的需求。用户画像构建主要步骤包括以下几个方面。

（1）收集用户数据。通过数字档案馆室、数据库系统以及第三方社交工具（如微博、微信公众号等平台）收集用户信息，包括用户基本信息（性别、职业、年龄等）、知识偏好信息（阅读兴趣、页面浏览等）、互动信息（平台交流、评论等）、会话信息（平台登录信息、下载信息等）以及情景信息（时间、地理位置等）。

（2）数据清洗和整合。对收集到的数据进行清洗和整合，去除重复数据、缺失值或异常值，将不同来源的数据整合到同一个数据集中。

（3）数据分析和挖掘。对整合后的数据进行分析和挖掘，探索发现用户的行为模式、利用习惯、兴趣偏好等信息，提取有用的特征和模式。

（4）用户画像建模。根据分析结果，建立用户画像模型，将用户信息和特征组合成一个完整的用户画像，包括用户的基本信息、特征标签和用户类型等。

（5）用户画像应用。将构建好的用户画像应用到档案信息产品或服务的设计和营销中。比如根据用户画像进行个性化推荐、定制化服务等，提升用户体验和满意度。

（6）用户画像验证和优化。通过实际应用和测试，验证用户画像的准确性和可用性，不断优化和完善用户画像模型，以适应不断变化的用户需求和行为。

用户画像的构建是一个不断迭代的过程，需要不断地收集和分析用户数据，不断优化和完善用户画像模型，以适应不断变化的用户需求和市场环境。

三、档案知识服务

档案知识服务是从知识管理、知识工程学科领域中引入的，与传统档案利用与开发等信息服务模式迥然相异的新型档案服务方式。

1.档案知识服务

档案知识服务是指基于档案知识资源或知识产品，根据用户的需求和使用场景，有针对性地提炼知识和信息内容，构建知识体系，从而解决用户需求的过程。

（1）知识服务是面向用户需求的服务。知识服务的最高体现和最高境界就是用户满意。知识服务的目标就是获取并满足用户的需求，因而需要对用户的需求变化及动态需求深入了解，提高知识服务的时效性和针对性，实现为用户提供有效、准确、全面的知识服务。

（2）档案知识服务是面向解决方案的服务。传统的档案信息服务满足于具体信息、数据或文献的提取，而档案知识服务关心并致力于向用户提供全面、完善的解决方案。

（3）档案知识服务是增值服务。档案知识服务不像档案信息服务那样仅限于以序化的方式向用户提供档案信息的存储位置和获取方式，而是对档案信息进行析取、整合、集成、创新，从而成为可直接应用的知识，进而提高用户档案知识应用和档案知识创新效率，使档案知识产生增值效应。

（4）档案知识服务是基于自主和创新的服务。知识服务不是标准化的事务性工作模式，而是要为用户提供个性化服务、专业性服务、多样化动态服务、集成服务、创新服务等，这就要求档案知识服务人员要根据每一次服务的实际需求情况，创造性地动态搜集、选择、分析、利用各种档案知识，创造性地设计、组织、安排和协调有关服务工作和产品形态，建立起相应的档案知识服务管理机制。

（5）档案知识服务是专业化和个性化的服务。专业化的知识服务是指根据社会中的不同专业的用户提供的课题进行组织和开展知识服务，这就要求知识服务人员掌握不同专业的基础知识，不断充实自己的知识体系，能够为用户提供专业化的服务，保证服务质量。个性化的知识服务是指为用户提供针对性的服务，知识服务人员要在解决用户问题过程中，对用户的个性化、动态性的需求进行分析，了解用户需求变化的规律，为用户提供量身定做的服务。

2. 档案知识服务实现

档案知识服务的实现过程就是知识工程和知识管理建设和实施过程。档案知识服务的实现目前存在两种比较可行的方式，一是通过构建和应用档案知识库的方式实现；二是通过构建和应用档案知识图谱的方式实现。档案知识库、知识图谱都是从关系数据库发展而来的新的信息组织形式（见表 7-3），是实现档案知识服务的基本工具。

表 7-3　关系数据库、知识库、知识图谱对比

	语义层	数据层
关系数据库	没有语义	丰富的数据
知识库	丰富的语义	少量的实例
知识图谱	少量的语义	丰富的实例

（1）档案知识库

档案知识库（Knowledge Base）是以档案知识元为基础、知识地图为依托的一种知识库。档案知识库的构建一般是基于分词标引、自动摘要、关联规则挖掘、序列模式分析、分类聚类、语义挖掘等多种知识发现和知识挖掘技术，通过信息资源的跨库整合、可靠性评价、知识挖掘、知识元抽取、知识地图构建、知识元组织与存储等一系列操作流程，完成基于"档案—知识元—知识地图"的档案知识加工转化过程，将档案信息资源组织和构建为知识资源，形成以档案知识元为基础、知识地图为依托，包括本体库、索引库在内的档案知识库。档案知识库的构建过程主要包括知识抽取、知识发现和知识组织存储和控制等步骤。

知识抽取。知识抽取也称作"知识元抽取"。知识元是构成知识结构的基元，是知识构建中知识控制的最小单位，其结构包括具有语义网关系的三元组（对象名称、对象属性和属性值），具有知识表示或描述的独立性、唯一性和完整性。利用软件工具可以得到由若干个句子组成的面向知识服务的知识元，这些知识元进一步组成知识矩阵，也称作"知识元谱"。之后就可以根据知识关联及其依赖关系构建知识网络结构，使档案文本知识节点形成语义网地图，从而构建并形成基于档案内容的知识体系。

知识发现。与知识元抽取相对应的还有知识发现方法，这种方法采用的技术是文本挖掘，是知识元抽取技术的一个有效补充。依此可以发现文本中更多的隐性知识点，使档案信息知识化更全面和更彻底。

知识组织、存取和控制。知识组织、存取和控制是一个交替进行的过程。对于得到的知识元，按照一定的技术和方法如标引技术对知识进行表述和组织，并利用知识存储与检索技术将构建的知识体系优化并整合于知识管理与服务系统平台之中，即可实现知识的有效控制。目前，对知识的组织、表述和系统构建一般使用 XML 技术来完成。

（2）档案知识图谱

知识图谱（Knowledge Graph）是从传统知识库的基础上发展而来、结构化的语义知识库，是由语义网络逐渐发展来的信息组织形式（见图7-14）。知识图谱的概念由谷歌 2012 年正式提出，旨在实现更智能的搜索引擎，目前随着智能信息服务应用的不断发展，已被广泛应用于智能搜索、智能问答、个性化推荐，是档案利用开发工作重要的发展方向。

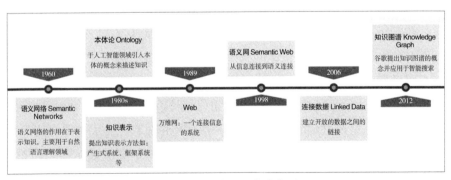

图 7-14　信息组织方式变迁

档案知识图谱可以按照一般知识图谱的构建方式进行。按照知识获取的过程，档案知识图谱的构建可以分为数据获取、信息抽取、知识融合、知识加工四个步骤（见图 7-15）。

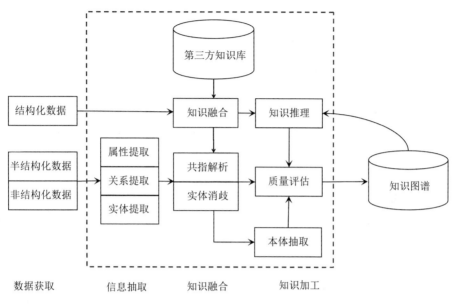

图 7-15 知识图谱构建/更新过程

数据获取是建立知识图谱的第一步，指的是从数据来源渠道获取结构化数据、半结构化数据和非结构化数据。构建知识图谱的数据来源包括内部业务数据，也可以根据需要通过网络或其他途径获取外来数据。

信息抽取是指自动化地从数据语料中提取出实体、关系与属性等知识要素，构建"实体（Entity）—关系（Relationship）—实体（Entity）"三元组，形成知识图谱的基本单位。信息抽取具体包括命名实体识别、关系抽取和属性抽取。命名实体识别(named entity recognition, NER)也称实体抽取，是指从文本数据集中自动识别出命名实体，是信息抽取中最为基础和关键的部分；关系抽取是指从相关的语料中提取出实体之间的关联关系，通过关联关系将实体（概念）联系起来，形成网状的知识结构；属性抽取的目标是从不同信息源中采集特定实体的属性信息。

知识融合是指消除实体指称项与实体对象之间的歧义，得到一系列基本的事实表达。信息抽取结果中可能包含大量的冗余和错误信息，数据之间的关系也是扁平化的，缺乏层次性和逻辑性，因此有必要对其进行清理和整合，即知识融合。知识融合包括实体链接和知识合并。实体链接(entity linking）是指对于从文本中抽取得到的实体对象，将其链接到知识库中对应的正确实体对象的操作。知识合并是指在构建知识图谱时，从第三方知识库产品或已有结构化数据获取知识输入的过程。

知识加工是指通过本体（ontology）构建、知识推理和质量评估获得结构化、网络化的知识体系。本体是对概念进行建模的规范，是描述客观世界的抽象模型，以形式化的方式对概念及其之间的联系给出明确定义。本体最大的特点在于它是共享的，本体反映的知识是一种明确定义的共识，比如"人""事""物"。知识推理是指从知识库中已有的实体关系数据出发，进行计算机推理，建立实体间的新关联，从而拓展和丰富知识网络。知识推理是知识图谱构建的重要手段和关键环节，通过知识推理，能够从现有知识中发现新的知识。质量评估可以对知识的可信度进行量化，通过舍弃置信度较低的知识，可以保障知识库的质量。

四、先进服务策略

服务策略对于信息服务中如何为服务内容寻求合适的服务对象、为服务对象寻求合适的服务内容具有重要意义，也是运用先进服务理念形成档案信息服务模式、构建档案信息服务体系的重要内容。在信息化条件下，先进的服务策略主要包括共享服务、集成服务、个性服务、决策服务、智能服务、泛在服务等。

1. 共享服务

共享服务是指档案信息服务主体利用云计算技术对档案资源进行有效的组织、整合，并与相应的计算资源和存储资源集中形成一个虚拟的资源池置于云端，按需提供给档案用户的服务方式。共享服务可以通过行业、区域内乃至全国范围档案共享平台，实现各类信息系统间的互联互通和各类数据资源的信息共享，并利用档案共享平台等实现档案数据的内容关联、事件关联、时序逻辑关联和因果关联，使档案用户可以按其所需来获取档案信息服务。

2. 集成服务

集成服务又称作"一站式服务"，一方面是指通过云计算技术将档案服务功能整合在 Web 站点入口上，用户通过电脑、智能手机、移动终端等便捷使用；另一方面也指各档案服务主体通过整合服务终端，将档案信息服务功能与各级政府网站、政务信息公共平台对接，实现区域范围内用户的"一站式"入口服务。通过这个服务入口或界面，用户可以实现档案资源的并发检索，一次性获取自己需要的一系列相关档案信息。

3. 个性服务

个性服务是指通过建立用户模型，并利用大数据技术对用户数据和相关档案数据进行分析，进一步丰富档案信息资源内容和形式，开发更加专业化和特殊化的档案产品，形成多样化和个性化的利用平台，更好地实现精准服务。

4. 决策服务

决策服务是档案信息服务的高级形式，主要包括三种情形：一是事前预测，通过对海量档案资源进行分析，提前对决策的各个因素进行模拟，从而增强决策活动的预见性与准确性。二是事中感知，即通过海量数据模拟事件进展，复现细节和脉络，从而更好地做出决策。三是事后反馈，即实时监测发展进程，结合档案资源数据实时反馈与调整。

5. 智能服务

智能服务包括档案服务方式的智能化和档案服务内容的智能化。档案服务方式的智能化主要体现在能够根据用户的需求特点自动选择最佳的服务方式，而不是提供所有可以提供的服务方式供用户自行选择。档案服务内容的智能化则是运用大数据技术，对档案资源内容进行语义分析和智能处理，并应用专家系统等实现档案中隐性信息、数据和知识的挖掘、转化和展现，最大限度地满足用户的信息需求乃至知识需求。

6. 泛在服务

泛在服务是一种快捷的、动态、交互式的信息传递与知识传播方式。泛在服务通过智能手机、平板电脑、智能穿戴等移动终端为传播媒介，无处不在、持续不断地通过移动网络为用户提供实时便捷的档案信息服务。泛在服务意味着更高层次的互联互通，更广覆盖的数据资源、更高质量的人本服务，档案用户可以在任何地点、以任何方式进行信息的发现与获取，可以更加灵活、准确、便捷享受动态化和个性化的档案信息服务。

第八章
电子档案鉴定与销毁

第一节　电子档案的鉴定

鉴定（appraisal）是电子档案管理工作的一个重要流程，也是贯穿电子档案管理全生命周期的一项专业性档案管理工作。这是鉴定工作区别于其他工作流程的重要特点。

一、电子档案鉴定定义

电子档案鉴定目前有两个比较有代表性的解释:《电子档案管理基本术语》（DA/T 58-2014）将鉴定定义为"对电子文件、电子档案的内容和技术状况进行评估的过程，确认其真实性、完整性、可用性、安全性及其价值等，判断其是否属于归档范围并确定其保管期限"；ISO 15489-1：2016将鉴定定义为"评估业务活动以确定需要形成和捕获的档案及其保管期限的过程"。可以看出，DA/T 58-2014 是在传统鉴定工作基础上，结合近些年电子档案管理实践尤其是技术鉴定要求形成的定义。ISO 15489-1：2016

则扩大了鉴定的内涵和外延，将对业务背景、业务活动和风险的分析纳入鉴定工作，以便形成关于档案形成、捕获和管理需求的恰当决策，几乎等同于电子档案管理决策评估。在此基础上，国际标准化组织又颁布《信息和文献 档案管理评估》（ISO/TR 21946:2018 Information and documentation-Appraisal for managing records），推广和应用 ISO 15489-1：2016 新的鉴定概念和方法。

综合考虑国内电子档案管理实践和吸纳国际电子档案管理经验的需要，本书将 ISO 15489-1：2016 中的"appraisal"分解为档案鉴定（见本章）和管理评估（见第九章第四节）两项内容，并采用如下电子档案鉴定定义：电子档案鉴定是指对电子档案的内容和技术状况进行评估的过程，确认其真实性、完整性、可用性、安全性及其保存价值等，是对电子档案价值和技术的双重鉴定。

二、电子档案鉴定特点

电子档案的鉴定工作，既具有传统载体档案鉴定工作的规律和要求，又具有新的发展趋势和特点。

1. 鉴定主体多元化

电子档案本身特点和电子档案鉴定内容的复杂性，决定了电子档案的鉴定责任无法单独由档案工作者承担，需要包括档案形成者、档案工作者、信息技术人员和相关领域专家共同参与实现多元协同鉴定。同时，电子档案网络化管理也为各行业各领域专家、学者、公众通过不同方式参与著录、标签甚至提出鉴定意见提供了条件。电子档案鉴定主体的多元化能充分体现多元主体资源管理与利用需求，并以"众包"的形式发挥多元利益主体对鉴定的作用，从不同角度体现电子档案的价值，使电子档案管理发挥更大的社会价值。缺点是鉴定主体众多且利益需求不同，鉴定标准和实践的一致性上存在较大困难。

2. 鉴定内容多维化

相对于传统档案鉴定，电子档案的鉴定内容得到了极大拓展：一是电子档案鉴定不仅仅要鉴定其内容上的有用性，还要对其档案属性、技术状况进行鉴定，从单纯价值鉴定拓展到价值鉴定和技术鉴定。二是鉴定对象从以纸质为主的传统载体档案拓展到文本、图像、图形、音频、视频、数据、多媒体、超文本等各种形式电子档案。鉴定工作既要考虑不同形式电子档案共同鉴定要求，也需要根据电子档案自身特点考虑其个性鉴定需求。三是将鉴定内容拓展到隐私与安全的识别，既要确保价值开发，又要确保隐私与安全。

3. 鉴定方法多样化

传统档案鉴定一般采用直接鉴定法或职能鉴定法等定性分析方式进行，电子档案在价值鉴定方面与传统载体档案鉴定并无明显差别，因而沿用了这些鉴定方法。同时，随着计算机科学、信息科学等新型学科知识的融入，电子档案鉴定开始借助多元知识模型或计算机技术探索智能高效的鉴定机制，比如以信息流鉴定方法赋予电子档案鉴定可量化、可操作的指标以实现定量分析，运用文本挖掘、语义分析、智能分析等实现高效智能鉴定等，为电子档案鉴定构建起新的鉴定方法和发展框架。

4. 鉴定工作智能化

电子档案鉴定工作依托业务系统和电子档案管理系统进行，自动化、智能化程度不断提高。比如归档鉴定时，在业务系统中嵌入电子档案保管期限与处置表，电子数据（文件）形成后即与电子档案保管期限与处置表确定的内容或规则对照匹配，判断是否纳入归档范围，对纳入归档范围的电子档案提出保管期限建议或直接赋予保管期限；对于保管期限届满或已到进馆时间的电子档案，系统自动提示用户进行鉴定，启动期满或进馆鉴定程序。此外，在电子档案鉴定工作中，还可以借助机器学习、自然语言处理等技术不断提升鉴定工作的智能化水平。

三、电子档案鉴定分类

1. 按鉴定工作内容划分

按照鉴定工作内容，电子档案鉴定包括价值鉴定和技术鉴定。

（1）价值鉴定

价值鉴定又称作内容鉴定、内容价值鉴定或内容分析，是指根据电子档案自身状况和信息内容来确定电子档案的价值和保管期限。即根据电子档案所含信息的有用性和社会需求鉴定电子档案的实用价值和历史意义，并在此基础上确定其保管期限。

（2）技术鉴定

技术鉴定是指对电子档案真实性、可靠性、完整性和安全性各方面状况进行全面检查，确保电子档案技术状况能够支持其被获取并实现档案价值。技术鉴定具体内容包括检查评估电子档案是否符合真实性内涵要点，电子档案及其元数据是否符合完整性要求，电子档案、载体、应用软件是否符合可用性要求，电子档案是否存在安全性缺陷等。

价值鉴定和技术鉴定是电子档案鉴定的两个重要因素，对于确定电子档案保存价值缺一不可。其中，价值鉴定的作用是确定电子档案保存价值的"必要性"，是从"应然"的角度对电子档案价值的判定，本质上是选择性鉴定；技术鉴定的作用是确定电子档案保存价值的"可行性"，是从"实然"的角度对电子档案价值的判定，本质上是确认性鉴定（见表8-1）。电子档案的鉴定要将价值鉴定和技术鉴定结果联系起来，综合判定电子档案的保存价值。

表 8-1　价值鉴定与技术鉴定对比

	鉴定对象	内容属性	本质特征
价值鉴定	档案内容价值	留存必要性	选择性鉴定
技术鉴定	档案技术状况	留存可行性	确认性鉴定

2. 按鉴定工作阶段划分

传统档案鉴定工作一般分为归档鉴定、期满鉴定、进馆鉴定、等级鉴定和开放鉴定五种（图8-1）。其中，等级鉴定是对档案价值做进一步划分，开放鉴定是对档案进行开放审核，两者都是相对独立的档案业务工作且不涉及档案"存""毁"问题，本书不作为电子档案鉴定类型。按照鉴定工作阶段，电子档案鉴定可分为归档鉴定、期满鉴定、进馆鉴定。

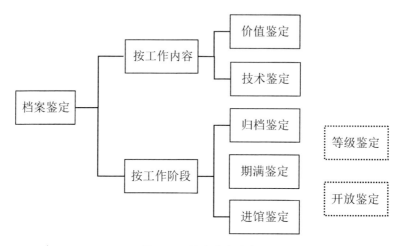

图 8-1　档案鉴定分类

（1）归档鉴定

归档鉴定是在电子数据（文件）形成后，鉴别判定其是否纳入收集归档范围、确定保管期限，并确认其真实性、完整性、可用性、安全性的过程。归档鉴定由组织机构完成，要求完整系统地保存反映本单位管理活动的历史面貌、满足单位各项管理工作需要的档案，为本单位建立结构合理的档案全宗，并为档案馆积累与提供对国家和社会有保存价值的档案奠定基础。

（2）期满鉴定

期满鉴定又称作存毁鉴定，是组织机构或档案馆对保管期限届满的电子档案根据其来源、反映的职能作用、利用价值等进行鉴别，判定仍有继续保存价值的部分予以保存并确认其真实性、完整性、可用性、安全性，不具有继续保存价值的部分予以销毁的过程。期满鉴定要求遵循精练与慎销相统一、保存价值与利用价值兼顾、社会效益与经济效益并重的原则，不断优化、提升档案资源质量。

（3）进馆鉴定

进馆鉴定是在档案馆接收电子档案时进行的，鉴别判定电子档案是否属于进馆范围，并确认其真实性、完整性、可用性、安全性的过程。进馆鉴定要求以积累和保存国家宝贵的历史文化财富为出发点，以档案本身所具有的价值和立档单位职能活动所具有的历史意义为主要依据，参考同类档案存世数量、馆藏原有结构、社会利用需求等因素，妥善处理少而精与齐全完整、立档单位利用与社会利用等关系。

第二节　电子档案价值鉴定

一、价值鉴定方法

档案价值鉴定理论自20世纪以来蓬勃发展，先后出现了年龄鉴定论、行政官员决定论、职能鉴定论、双重价值论、利用决定论和宏观鉴定论等多种具有代表性的档案鉴定理论或方法。电子档案出现后，各国结合传统档案鉴定理论积极开展电子档案鉴定工作实践，逐渐形成了内容鉴定法、职能鉴定法两种比较典型的做法。

近些年，随着信息技术在鉴定工作中的深入应用，还出现了通过在系统中建立业务规则或者运用人工智能新技术进行的鉴定方法，本书分别称为规则鉴定法、智慧鉴定法（见表8-2）。这是从实践层面提出的具体的电子档案鉴定方法，对于指导开展电子档案鉴定工作具有重要意义。

表8-2　价值鉴定方法对比

	内容鉴定法	职能鉴定法	规则鉴定法	智慧鉴定法
理论支撑	基于以双重价值论为代表的传统鉴定理论	基于现代"职能鉴定论"	宏观鉴定论	宏观鉴定论
鉴定依据	档案内容	机构职能	鉴定规则	人工智能
鉴定方式	逐件审查	批量审查	批量审查	批量审查
开展方法	依托人工	依托系统	依托系统	依托系统

1. 内容鉴定法

内容鉴定法又称作直接鉴定法，是指通过逐件逐页审查档案内容的重要性、独特性和时效性来判断档案价值的电子档案鉴定方法，其特点是直接性、具体性和微观性。内容鉴定法基于以双重价值论为代表的传统鉴定理论，要求从档案的内容、责任者、题名、可靠程度等方面全面考察分析确定其价值，适用于鉴定人员力量充足或者一些特殊、重要电子档案的鉴定工作。内容鉴定法鉴定工作质量高，但工作效率低，尤其是在电子档案形成数量繁多、形式多样的情形下，逐件逐页审查档案内容已经无法负担或无法实现。

2. 职能鉴定法

职能鉴定法是指通过考察档案形成机构职能活动的重要性来间接判断档案价值的电子档案鉴定方法，其特点是间接性、抽象性和宏观性。电子档案的职能鉴定法基于被赋予全新意义的职能鉴定论，关注的不是单件档案自身，而是档案形成者的职能、活动以及活动中的有机联系和业务的重要性，是一种根据档案来源进行的"批处理"式的鉴定法。职能鉴定法在电子档案鉴定方面具有显著优势：一是可以进行批量鉴定，显著提高鉴定效率；二是职能鉴定法与电子档案整理时采用的职能分类法一致，档案鉴定更加符合档案管理实际，更具有可操作性；三是职能鉴定法是在档案形成之前进行的"前控式"鉴定方法，更加符合电子档案全程管理要求。

3. 规则鉴定法

规则鉴定法是指通过建立并应用档案鉴定业务规则判断档案价值的电子档案鉴定方法。规则鉴定法可以应用的规则包括各种鉴定理论确定的理论规则，档案鉴定标准规范确定的制度规则、各项业务工作确定的业务规则等。理论规则比如年龄鉴定论、行政官员决定论确定的高龄档案应当受到尊重、档案形成者参与鉴定等鉴定规则；制度规则比如根据《机关文件材料归档范围和文书档案保管期限规定》（国家档案局令第 8 号）不归档范围确定的鉴定规则；业务规则比如诉讼档案等某一类型业务工作确定的归档范围等。规则鉴定法能够最大限度兼容档案鉴定理论、制度和实践，既能有效避免职能鉴定法相对固化、单一的鉴定标准，又能避免内容鉴定法过于灵活、约束性不强的缺点，是实践层面比较理想的一种鉴定方法。当然，规则鉴定法也存在一定缺陷，比如规则的实现方式会影响鉴定结果、单独应用时很难涵盖全部档案等。

4. 智慧鉴定法

智慧鉴定法是指综合运用数据挖掘、自然语言处理技术、机器学习等人工智能技术智慧化判断档案价值的电子档案鉴定方法。智慧鉴定法的具体形式很多，比如基于信息科学的信息流分析法，即在鉴定中建立客观标准及参数如相关性、密度、频率等，消除传统鉴定方法的模糊性和主观性；建立多元知识模型判断电子档案价值、属性等。智慧鉴定法的优势在于智能、高效，适于应对数量庞大电子档案的基础性鉴定工作，但也存在鉴定效力存在瑕疵、社会认可度不高、鉴定逻辑和结果具有一定程度随机性等缺陷。

二、价值鉴定实施

在上述电子档案价值鉴定方法中，职能鉴定法是基本方法，内容鉴定法是衔接传统档案鉴定工作、配合职能鉴定法的必要补充，规则鉴定法是鉴定工作合法合规的重要保证，智慧鉴定法是鉴定工作必然发展方向，都有着重要的意义和价值。实际工作中，一般以职能鉴定法为主体，综合运用内容鉴定法、规则鉴定法和智慧鉴定法开展档案鉴定工作。

1. 职能鉴定法的实施

职能鉴定法主要通过制定、实施电子档案保管期限与处置表（见表8-3）的形式开展，包括制定电子档案保管期限与处置表、将电子档案保管期限与处置表植入系统、依托系统开展自动或半自动鉴定处置工作等步骤。

表8-3　电子档案保管期限与处置表示例

档案门类	归档范围	保管期限	关键词	处置触发条件或事件	处置行为
文书	本机关党委年度工作总结、工作计划安排：年度的	永久	某某局；党委；年度；总结；计划；年度	保管满20年	向综合档案馆移交
文书	本机关党委年度工作总结、工作计划安排：半年以下的	10年	某某局；党委；年度；总结；计划；月；季度；半年	保管期满	销毁

（1）制定电子档案保管期限与处置表

电子档案保管期限与处置表是规定电子档案保管期限和处置行动的正

式工具。按照 MoReq2010 有关规定，电子档案保管期限与处置表应当明确标明每件或卷档案在触发时间或事件条件满足后，档案是永久保存、再次鉴定、移交还是予以销毁。

电子档案保管期限与处置表由电子档案保管期限表（见第四章第二节）扩展而来，具体做法就是在每个归档范围条目中增加处置触发条件或事件、处置行为要求，形成系统可识别、可执行的鉴定处置表册形式数据库文件。由于各组织机构在制定档案保管期限表的过程中已经采用了职能分类法，电子档案保管期限与处置表同样要充分体现职能分类要求，确保电子档案保管期限与处置表完整、准确反映档案形成者的职能、活动以及活动中的有机联系。

（2）将电子档案保管期限与处置表植入系统

电子档案保管期限与处置表制定完成后，应当根据系统部署情况在业务系统或电子档案管理系统中开发自动或半自动鉴定处置模块，将电子档案保管期限与处置表的归档范围、保管期限、处置触发条件或事件、处置行为等要求植入系统。需要强调的是，将电子档案保管期限与处置表植入系统，并不是在系统中保存一份电子档案保管期限与处置表，而是要根据电子档案保管期限与处置表内容开发、配置鉴定处置模块，通过关键词匹配等方式实现系统的自动或半自动鉴定处置工作。

（3）依托系统开展自动或半自动鉴定处置工作

电子档案保管期限与处置表植入系统后，文件办结后应当自动进行归档鉴定，判断是否纳入归档范围并对纳入归档范围的电子档案提出保管期限建议或直接赋予保管期限。对于保管期限届满的电子档案，系统应当自动提示用户开展鉴定处置工作，也可以根据设定条件自动触发鉴定处置工作流程，正式开展期满鉴定或进馆鉴定工作。

在实际开展鉴定处置过程中，要根据鉴定处置情况对电子档案保管期限与处置表进行修改、完善，不断提高鉴定处置工作效率和准确度。

2. 内容鉴定法的实施

内容鉴定法需要通过合理的鉴定程序设计来实现。内容鉴定法实施的关键是业务系统或电子档案管理系统在鉴定处置流程上能够支持开展内容鉴定工作。比如归档时系统除了能够根据职能鉴定法、规则鉴定法进行自动或半自动鉴定，还应该支持业务人员、档案工作者对自动或半自动结果进行调整；期满鉴定应当支持由档案部门、业务部门组成鉴定小组开展鉴定工作；进馆鉴定应当支持由机构、档案馆共同开展鉴定工作。

3. 规则鉴定法的实施

规则鉴定法的实施与职能鉴定法类似，包括建立电子档案鉴定规则库、将鉴定规则植入系统、依托系统开展自动或半自动鉴定处置工作等步骤。

（1）建立电子档案鉴定规则库

建立电子档案鉴定规则库是规则鉴定法实施的关键，要按照规则鉴定法的要求，着重从鉴定理论方法中的通用鉴定规则、档案制度规范中是否归档的制度规则、专业制度中确定的业务办理规则等三个方面梳理鉴定规则，建立鉴定规则库。比如对于不需要办理的上级、同级来文不纳入归档范围，组织机构某类行政许可档案保管期限一律确定为永久保管期限等。这些与档案业务相关的法律法规、业务标准、操作规范、规章制度、管理章程等是档案业务规则的主要来源，收集和获取一套完整的业务规则是实施规则鉴定法的基础。

（2）将鉴定规则植入系统

规则鉴定法涉及电子档案是否纳入归档范围，植入系统的方式更加丰富和灵活。比如可以比照职能鉴定法的做法开发、配置鉴定处置模块，也可以在设计建设 WebService 接口时直接确定相关范围要求。

（3）依托系统开展自动或半自动鉴定处置工作

鉴定规则植入系统后，可以依托系统根据规则开展归档鉴定、期满鉴定、进馆鉴定工作。规则发生变化的，应当及时调整。

4. 智慧鉴定法的实施

智慧鉴定法的实施关键在于合理运用数据挖掘、自然语言处理技术、机器学习等人工智能技术，通过关键词匹配鉴定结果、神经网络技术建立原文与鉴定结果挂钩的语言模型、建立语义知识库等形式实施。相对其他鉴定方法，智慧鉴定法需要强有力的技术和人员支撑，在应用场景上存在一定局限性。

三、鉴定工作要求

电子档案价值鉴定具体要求见表 8-4。

表 8-4　电子档案价值鉴定要求

	归档鉴定	期满鉴定（组织机构）	进馆鉴定	期满鉴定（档案馆）
鉴定时间	档案收集前	档案保管期限届满	档案进馆前	档案保管期限届满
鉴定组织	业务人员档案人员	鉴定小组	组织机构、档案馆联合鉴定	鉴定委员会
鉴定方法	职能鉴定法规则鉴定法内容鉴定法智慧鉴定法	内容鉴定法规则鉴定法智慧鉴定法	职能鉴定法内容鉴定法规则鉴定法	内容鉴定法规则鉴定法智慧鉴定法

1. 归档鉴定

归档鉴定在档案收集阶段即可实施，适宜采用以职能鉴定法为主，规则鉴定法、内容鉴定法、智慧鉴定法为辅的形式开展，具体任务主要由业务人员、档案人员承担。

2. 期满鉴定（组织机构）

组织机构期满鉴定在档案保管期限届满时实施，适宜采用以内容鉴定法为主，规则鉴定法、智慧鉴定法为辅的形式开展，具体任务由组织机构办公厅（室）负责人、档案部门和业务部门有关人员组成鉴定小组共同开展，必要时可邀请相关领域专家参与。

3. 进馆鉴定

进馆鉴定在档案进馆前实施，适宜采用职能鉴定法为主，内容鉴定法、规则鉴定法为辅的形式开展，具体任务主要由组织机构、档案馆共同开展。

4. 期满鉴定（档案馆）

档案馆期满鉴定在档案保管期限届满时实施，适宜采用内容鉴定法为主，规则鉴定法、智慧鉴定法为辅的形式开展，具体任务由档案馆设立的鉴定委员会承担。

第三节　电子档案技术鉴定

一、技术鉴定内容

电子档案技术鉴定是指在电子档案管理过程中对电子档案的真实性、完整性、可用性和安全性情况进行的鉴定。

1. 真实性鉴定

真实性鉴定是鉴别确认电子档案的内容、逻辑结构和形成背景与形成时的原始状况是否相一致。电子档案完整性鉴定主要包括以下内容：

（1）电子档案来源是否可信。检查电子档案是否来自特定机构或个人安全可靠的系统或设备，是否符合预先设定的格式标准和模板标准，是否能够证明电子档案用意、生成者或发送者、生成或发送时间与既定相符。

（2）电子档案管理程序是否规范。检查电子档案形成与管理全过程是否遵循一定的制度规范，是否存在可能影响电子档案真实性的非法操作。

（3）电子档案内容是否可靠。检查电子档案内容是否与制文目的相符，是否符合预期并具有逻辑上的连贯性，能否充分准确反映其所证明的事务、活动或事实并作为后续事务或活动的依据。

（4）电子档案固化信息是否有效。检查电子档案是否包含合法有效的数字摘要、电子签名、电子印章、时间戳等信息并通过验证，不存在篡改情况。

（5）电子档案元数据是否与主题和内容相关。检查电子档案元数据是否完备有效，能否通过元数据记录、追溯和审计电子档案管理工作，并且不存在修改、删除元数据等可能影响电子档案真实性的要素。

2. 完整性鉴定

完整性是鉴别确认电子档案的内容、结构和背景信息齐全且没有破坏、变异或丢失。电子档案完整性鉴定主要包括以下内容：

（1）电子档案构成要素是否完备。检查一份电子档案是否具备完整的内容要素、背景要素和结构要素，构成电子档案的各个组件是否齐全完整。

（2）电子档案元数据是否完备。按照元数据实体概念模型和收集范围要求，检查一份电子档案是否存在档案实体、主体实体、业务实体、授权实体等各类元数据实体；每个实体下元数据项是否齐全完整；每个元数据项内容是否齐全完整。

（3）电子档案组成内容是否完备。按照电子档案分类，检查同一项业务往来电子档案是否应齐全完整，同一机构或问题、同一保管期限、同一年度下电子档案是否齐全完整。

（4）电子档案构成要素、组成内容之间相互联系是否得以保持。检查电子档案构成要素之间、电子档案之间、电子档案与元数据之间的联系是否得以保持。

3. 可用性鉴定

可用性鉴定是鉴别确认电子档案是否可以被检索、呈现或理解。电子档案可用性鉴定主要包括以下内容：

（1）电子档案格式是否符合标准。检查电子档案是否选用广泛应用且有开放规范的文件格式，是否存在专有格式或已经过时格式的情况。

（2）电子档案是否被正确识读。检查电子档案是否能够从指定的环境平台获得、是否易于获得，获得的文件是否可以被理解、识别。

（3）电子档案管理系统是否稳定可靠。电子档案管理系统是否满足长期保存需求。

（4）必要电子档案程序是否同时收集。特殊格式电子档案配套的软件、数据复杂的关系型数据库的相关数据库、相关的文字材料等是否同时收集，是否存在电子档案无法读取情况。加密电子档案读取密码是否一同保存。

4. 安全性鉴定

安全性鉴定是鉴别确认电子档案是否管理过程可控、数据存储可靠、未被破坏、未被非法访问。电子档案安全性鉴定主要包括以下内容：

（1）电子档案管理环境是否安全可靠。检查电子档案以及支撑的计算机软硬件环境是否安全可靠，电子档案和载体介质是否携带病毒。

（2）电子档案安全措施是否有效。检查是否存在加密、访问控制、防火墙等技术手段，电子档案在存储、传输和处理过程中是否受到非法访问、恶意软件、病毒攻击等威胁。

（3）电子档案管理维护是否及时。检查是否对电子档案进行定期检查和维护，电子档案存在问题是否及时修复或替换。

（4）电子档案备份是否妥善。电子档案是否按照备份策略定期进行备份，是否按照还要散布备份数据到不同的位置，以防止单点故障导致数据丢失。进行备份，是否采取适当的管理措施确保存储设备本身的可靠性和稳定性。

（5）电子档案存储设备是否可靠。检查电子档案存储设备是否稳定可靠，存储介质是否符合标准且物理、化学、生物状况稳定，载体介质运转是否正常。

二、司法鉴定内容

电子档案司法鉴定本质上也是一种电子档案技术鉴定，是司法部门通过全面考察电子档案形成环境及电子档案本身对电子档案真实性开展的技术鉴定活动，是提取、保全、检验分析电子数据证据的专门措施。电子档案司法鉴定主要分为电子文档真实性鉴定、数据库数据真实性鉴定。

1.电子文档真实性鉴定

电子文档真实性鉴定按照《电子文档真实性鉴定技术规范》（SF/Z JD0402004-2018）执行。主要包括以下内容：

（1）对检材的操作系统进行检验，分析时间基准是否经过修改。

（2）对检材的文件系统进行检验，分析针对检材文档及相关文档的操作记录，包括但不限于 NTFS 日志、页面文件、休眠文件、卷影副本、交换数据流等。

（3）对与检材文档相关的应用程序进行检验，可按照《计算机系统用户操作行为检验规范》（SF/Z JD0403003-2015）中 4.4.5 的要求分析软件使用记录等信息。

（4）对检材中的打印记录进行检验，可按照 SF/Z JD0403003-2015 中

4.4.4 的要求分析检材文档的打印记录等信息。

（5）对检材文档的数字签名情况进行检验，分析数字签名的完整性，解析并呈现数字签名所含信息。

（6）对检材文档的存储位置进行检验，包括目录结构及存储介质中的物理位置。

（7）对检材文档的文件属性及元数据信息进行检验，分析其中的创建时间、最后修改时间、访问时间、MFT 更新时间、最后打印时间、作者、最后保存者、编辑次数等信息。

（8）对检材文档的内容数据进行检验，分析其正常状态下未显示的内容。

（9）对与检材文档相关的临时文件进行检验，分析相互之间的关系。

（10）对系统注册表进行检验，分析文件访问记录等信息。

（11）对与检材文档相关的其他文件或数据进行检验，分析相互之间的关系。如包含相同或相似关键词的文件、创建或修改时间相同或相近的文件等。

2. 数据库数据真实性鉴定

数据库数据真实性鉴定按照《数据库数据真实性鉴定规范》（SF/Z JD0402002-2015）执行。主要包括以下内容：

（1）对数据库数据文件、备份文件、日志文件及其他相关文件的属性进行检验。

（2）通过数据库管理系统分析数据库中数据表、数据字段与数据库应用系统所显示数据的对应关系。

（3）分析数据库数据结构及数据是否存在异常。

（4）分析数据库数据的时间顺序是否存在矛盾，重点关注含有时间信息的数据表。

（5）分析数据库日志内容及与数据库数据是否存在矛盾。

（6）分析数据库备份与数据库数据是否存在矛盾。

（7）分析数据库数据的硬拷贝（如从数据库应用系统获得的纸质打印件）与数据库数据是否存在矛盾。

（8）分析数据库的用户权限授予及变更情况。

（9）分析其他可能与检材数据库形成印证关系的数据。

三、技术鉴定实施

从上述电子档案技术鉴定和司法鉴定内容来看，电子档案技术鉴定是档案部门从业务角度开展的技术鉴定，包括真实性、完整性、可用性和安全性鉴定；电子档案司法鉴定是从司法角度对电子档案开展的技术鉴定，鉴定内容仅限于真实性鉴定。二者在实施主体、考察对象、鉴定内容和证据效力等方面都存在一定区别（见表8-5）。

表8-5　技术鉴定与司法鉴定对比

	实施主体	考察对象	鉴定内容	证据效力
技术鉴定	机构档案部门档案馆	侧重电子档案本身	真实性、完整性、可用性、安全性	不具备独立生效条件
司法鉴定	司法部门	全面考察形成环境和电子档案	真实性	独立生效

对比来看，电子档案技术鉴定在鉴定内容方面涵盖面更广，但由于考察对象仅限于电子档案本身，又依托电子档案管理相关信息系统进行，因而在真实性鉴定方面存在一定缺陷，开展技术鉴定工作时可以吸纳电子档案司法鉴定的成熟思路和做法，进一步提升电子档案真实性鉴定水平。

在具体实施方法上，电子档案技术鉴定要在电子档案管理目标（见第二章第二节）指引下，按照本节确定的真实性、完整性、可用性和安全性鉴定内容，针对归档、移交等不同阶段特点确定不同的鉴定操作要求（见图8-2）。归档鉴定（检测）、移交鉴定（检测）具体内容详见第五章第三节、第九章第一节。

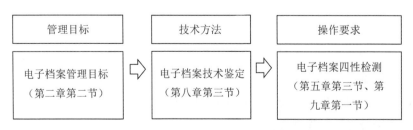

图8-2　电子档案技术鉴定与相关内容关系

第四节 电子档案的销毁

一、电子档案销毁定义

电子档案销毁（destruction）是指消除或删除失去价值的电子档案，使之无法恢复的过程。电子档案销毁分为数据销毁和载体销毁。数据销毁是指将失去利用和保存价值的电子档案载体记录的数据内容，通过某种科学方式擦除，使其无法恢复的过程。载体销毁是指将电子档案存储载体连同其上的记录数据通过某种方式使其灭失的过程。

销毁与处置（disposal 或 disposition）概念存在密切联系。处置是国外电子档案管理的常用术语，指的是按照处置规范或其他规定，对档案实施留存、移交、销毁的一系列过程，是对电子档案鉴定结果进行执行的活动。可以看出，电子档案处置是电子档案销毁、移交、续存等活动的统称，本书不将处置作为单独的电子档案管理流程。

二、电子档案销毁程序

电子档案销毁是电子档案期满鉴定的后置程序。电子档案经过期满鉴定后，应当形成鉴定意见书，对仍需继续保存的档案重新划定保管期限，对于确无保存价值的档案纳入销毁范围。电子档案销毁工作主要包括制定方案、实施销毁、销毁登记等工作程序。

1. 制定方案

电子档案实施销毁之前，应当根据鉴定意见书制定电子档案销毁方案，进一步明确被电子档案数据销毁和载体销毁的范围和方式、销毁工作操作人员、操作时间等，指导电子档案销毁工作。电子档案销毁方案制定可以与后续销毁登记工作结合起来。

2. 实施销毁

实施销毁是指按照国家关于档案销毁的有关规定与程序执行电子档案销毁工作。电子档案实施销毁应满足以下三项要求：

（1）电子档案数据销毁要求从在线存储设备、异地容灾备份系统中彻底删除应销毁电子档案。电子档案的元数据应当移入销毁数据库。

（2）电子档案载体销毁要求对销毁电子档案的离线存储介质实施破坏性销毁。实施销毁前，应对备份其中的其他电子档案进行离线存储介质的转换。

（3）涉密档案的销毁应当符合《国家秘密载体销毁管理规定》《涉及国家秘密的载体销毁与信息消除安全保密要求》（BMB 21-2007）等规定，使用符合国家保密标准的销毁设备和方法，确保国家秘密信息无法还原。

3. 销毁登记

电子档案销毁应当形成《电子档案销毁登记表》（见表 8-6）并归档保存。电子档案管理系统应在管理过程元数据、日志中自动记录销毁活动。

表 8-6　电子档案销毁登记表

单位名称			
销毁授权			
被销毁电子档案情况（范围、数量、大小等）			
在线存储内容销毁说明			
异地容灾备份内容销毁说明			
离线存储介质销毁说明			
销毁起止时间			
操作者			
填表人（签名）　　　年 月 日	审核人（签名）　　　年 月 日	单位（签章）　　　年 月 日	

《电子档案销毁登记表》各项目填写要求如下：

单位名称：已销毁电子档案形成单位的名称。

销毁授权：单位或上级部门批准销毁电子档案的文件名、批准时间及简要说明等。

被销毁电子档案情况：已销毁电子档案的门类、形成年度、保管期限、卷（件）数，档号范围，元数据数量，计算机文件格式，总的大小（MB）等。

在线存储内容销毁说明：对在线存储设备（如磁盘阵列）中应销毁电子档案及其元数据销毁情况的说明。包括在线存储设备类型与型号，电子档案存储的相对位置，销毁方法、销毁时间、销毁责任人、销毁成功与否，元数据移入销毁数据库情况等。

异地容灾备份内容销毁说明：对远程备份系统（含容灾备份系统）中应销毁电子档案及其元数据销毁情况的说明。包括备份设备类型与生产厂商、型号等，销毁方法、销毁时间、销毁责任人、销毁成功与否等。如果未实施远程备份，则无需填写说明内容。

离线存储介质销毁说明：对应销毁的离线存储介质情况的说明。包括离线存储介质的类型、生产厂商、型号、数量，销毁机构情况，销毁程序与手续，销毁方法，销毁成功与否等。

销毁起止时间：实施本批次电子档案及其元数据销毁活动的开始与结束的年、月、日。

操作者：实施销毁的操作人姓名、工作部门等。

三、电子档案销毁方法

1. 数据销毁标准

在数据销毁标准方面，国内标准主要是《信息安全技术 数据销毁软件产品安全技术要求》（GA/T 1143-2014）。该标准规定了数据销毁软件产品的安全功能要求、安全保证要求及等级划分要求，适用于计算机信息系统中使用的、针对磁性存储介质的数据销毁软件产品的设计、开发和检测工作，是开展电子档案销毁工作重要的依据性标准。

国外影响比较大的电子档案销毁标准包括美国 DOD 5220.22-M 标准，德国 German VISJTR Standard、Bruce Schneider's Algorithm，加拿大 RCMP DSX Method、Gutmann 标准等。其中，DOD 5220.22-M、Gutmann 是数据销毁领域应用比较广的销毁标准。DOD 5220.22-M 是国家工业安全计划操作手册（National Industrial Security Program Operating Manual，NISPOM，1995年1月发布，1997年7月修正）的部分内容，其中同时提供了清除与销毁

数据方法的参考矩阵表（Clearing and Sanitization Matrix，C&SM）。2006 年 NISPOM 修订后，清除与销毁数据的方法矩阵表改由国防保安处（Defense Security Service，DSS）提供。

2. 主要销毁方法

电子档案销毁方法主要包括数据覆写法、消磁法、高温销毁法、物理破坏法和化学腐蚀法等。

（1）数据覆写法

数据覆写法是比较通用的数据清除方法，应用于可重复写入数据的存储介质，适用于非敏感数据的销毁。覆写法是将非敏感数据写入需要销毁数据的存储位置，达到销毁存储介质信息的目的。数据覆写法有形成磁残留的隐患，存在数据恢复的可能性，需要采用逐位覆写、跳位覆写以及随机覆写等多种覆写方式、多次覆写的方法进行数据销毁。DOD 5220.22-M 标准规定了销毁存储介质上的信息时需要覆写 3 或 7 次，Gutmann 标准要求覆写次数高达 35 次（见表 8-7）。

表 8-7　DOD 5220.22-M 与 Gutmann 对比表

安全删除标准	覆写次数	覆写方式	耗时	安全性
DOD 5220.22-M 简单擦除	覆写 3 次	一次相同字符覆写，一次其反码覆写，一次随机数据覆写	短	低
DOD 5220.22-M 标准擦除	覆写 7 次	两次相同字符覆写，两次其反码覆写，三次随机数据覆写	较短	中
Guttman 标准	覆写 35 次	前 4 次和后 4 次为 0 到 255 的随机数，剩余的根据特定的数据流和编码方式进行覆写	较长	高

（2）消磁法

消磁法适用于磁盘、磁带等磁性存储介质。具体操作是将存储介质放入消磁机，通过消磁机瞬间产生的强大磁场使介质表面的磁性颗粒极性方向发生改变，达到数据销毁的目的。消磁时，为了使消磁更为有效，一般至少要使用相当于磁性介质矫顽磁性 5 倍的磁力。

（3）高温销毁法

高温销毁法是利用微波加热或者其他方法形成高温将存储介质完全熔化以达到彻底销毁数据的目的。一般情况下，光盘、软盘、磁带介质在

150~300 摄氏度熔化裂解，硬盘中最不易熔化的铝制材料将在 700 摄氏度左右开始裂解。

（4）物理破坏法

物理破坏法是指借助外力将介质的存储部件损坏，使数据无法恢复的数据销毁方法。

（5）化学腐蚀法

化学腐蚀法利用试剂对存储介质的盘面进行腐蚀，通过破坏盘面的方法达到数据销毁的目的。比如对硬盘进行化学腐蚀法销毁时，可以使用浓缩氢碘酸（浓度为 55% ~ 58%）溶解磁盘表面的三氧化铁颗粒，也可以使用酸活化剂（Dubais Race A）和剥离剂（Dubais Race B）处理磁鼓记录表面，然后使用工业丙酮清除磁鼓表面的残余物。

3. 销毁方法选择

从销毁效果来看，高温销毁法、物理破坏法效果最好，能够让存储介质从物理上无法复原，数据销毁的程度最高；消磁法次之，它破坏了存储介质的磁性结构，磁盘经消磁后也不可使用；化学腐蚀法随着介质材料的抗腐蚀性不断增强，可能出现不能完全将数据销毁的情况；数据覆写法效果最差，通过覆写的方式并不能保证数据清除干净，并且随着数据恢复技术的不断提高，数据仍具有恢复的可能。从销毁效率来看，消磁法效率最高，数秒钟即可完成；高温销毁法次之；物理破坏和化学腐蚀需要时间较长；数据覆写法，需要不断重复填写数据，所需时间最长（见表 8-8）。

表 8-8　不同销毁方法对比表

	优	良	中	差
销毁效果排序	高温销毁法 物理破坏法	消磁法	化学腐蚀法	数据覆盖法
销毁效率排序	消磁法	高温销毁法	物理破坏法 化学腐蚀法	数据覆写法

在电子档案销毁方式选择上，可以针对销毁方法的特征采用取其所长、避其所短的方法。比如对于存储非敏感信息的存储介质，可以采用数据覆写法，处理完后的介质仍可以重复使用。对于存储敏感信息的存储介质，要将介质从物理状态上销毁，比如采用高温销毁、物理破坏、化学腐蚀等方法，确保信息不可恢复。

第九章
电子档案移交与统计

第一节　电子档案移交接收

电子档案移交是按照国家规定将电子档案的保管权交给档案馆的过程。电子档案接收是档案馆按照国家规定收存电子档案的过程。

一、工作步骤

电子档案移交接收主要包括移交准备、档案交接、档案检测、交接登记等工作步骤。电子档案移交接收与归档过程类似，区别在于归档属于内部交接，而电子档案移交接收属于外部交接，因而在具体工作步骤上存在一定差异。

从档案移交单位和档案馆不同的电子档案管理视角，电子档案移交接收工作步骤可以按照《电子档案移交接收操作规程》（DA/T 93-2022）细化为档案移交单位组织电子档案移交信息包、检测电子档案移交信息包、形成登记表（移交登记）和提交电子档案移交信息包，档案馆签收电子档案移交信息包、检测电子档案移交信息包、办理交接手续（接收登记）和入库电子档案等工作步骤（见图9-1）。

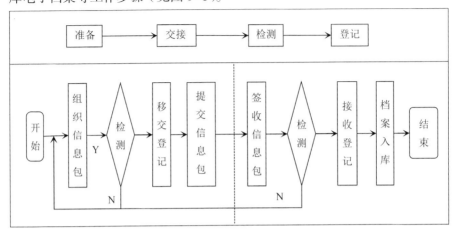

图9-1　电子档案移交接收工作流程和步骤

二、移交准备

电子档案移交准备主要包括移交数据准备、编制移交清单、编制移交说明文件和形成移交信息包等四项工作。

1. 移交数据准备

移交数据要包括电子档案的目录数据、内容数据和元数据等。

（1）电子档案目录数据

电子档案以件为单位进行整理的，其目录数据项目应至少包括顺序号、档号、责任者、题名、日期、保管期限、密级、页数、备注等。电子档案以多层级进行管理的，其目录数据项宜按照DA/T 18-2019、DA/T 39-2008、DA/T 50-2014、DA/T 78-2019、DA/T 85-2019的要求进行设置，并保持各层级之间的关联。

（2）电子档案内容数据

电子档案内容数据的数据类型和格式应符合GB/T 18894-2016中8.3、GB/T 33190-2016、GB/T 39362-2020第9章、DA/T 47-2009的要求。

（3）元数据

文书类电子档案的元数据应符合DA/T 46-2009、GB/T 39362-2020中

7.2、DA/T 85-2019 中 8.1、8.2、8.3 的相关要求，照片类电子档案的元数据应符合 DA/T 54-2014 的要求，录音录像类电子档案的元数据应符合 DA/T 63-2017 的要求，其他门类电子档案的元数据项应符合相关标准要求。

2. 编制移交清单

档案移交单位应按照电子档案移交范围和时间要求确定待移交电子档案，并生成《电子档案移交清单》（见表 9-1）。《电子档案移交清单》应采用版式文件格式或由档案移交单位与档案馆双方约定文件格式，并与电子档案共同移交。

表 9-1 电子档案移交清单

移交单位：　　　　　　　　　　移交时间：

序号	档号	题名	文件数量	密级	保管期限	备注

3. 编制移交说明文件

档案移交单位应编制说明文件，存放与移交电子档案有关的信息，包括电子档案的移交单位、内容描述、起止档号、档案数量、读取电子档案所需要的软硬件环境和其他有助于说明移交电子档案的信息。

采用离线移交方式时，说明文件中还应包括离线移交的载体参数（如载体类型、载体容量等）、载体编号、载体数量、载体制作单位和载体检查单位等信息。

4. 形成移交信息包

档案移交单位应对电子档案移交清单与待移交电子档案的一致性进行检查，确认无误后，导出待移交电子档案的目录数据、内容数据和元数据，形成电子档案移交信息包。电子档案移交信息包的存储结构一般建议采用文件夹形式（图9-2），也可按照DA/T 48-2009的要求进行组织。

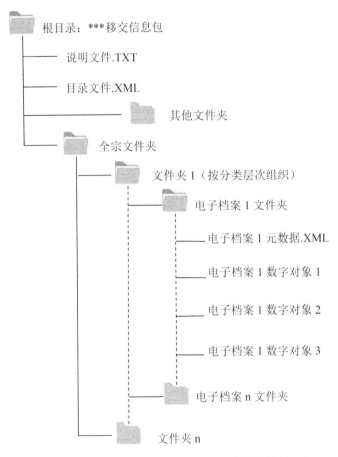

图9-2　电子档案移交信息包示例（以件为单位整理）

电子档案移交信息包各部分编制要求如下：

（1）说明文件

说明文件命名为"说明文件.TXT"，存放编制完成的移交说明文件。

（2）目录文件

目录文件命名为"目录文件.XML"，存放有关档案目录信息，目录文件与每份电子档案相对应，根据电子档案具体归档方式进行描述。目录文件XML信息格式见图9-3。

```
<? xml version="1.0" cncoding-"GB18030"?>
<文件目录>
<文件>
<顺序号></顺序号>
<档号></档号>
<责任者></责任者>
<题名></题名>
<日期></日期>
<保管期限></保管期限>
<密级></密级>
<备注></备注>
</文件>
……
<文件>
……
</文件>
</文件目录>
```

图 9-3　目录文件 XML 信息格式

（3）其他文件夹

其他文件夹命名为"其他"，存放各种与此次移交接收工作相关的文件，可包括电子档案移交清单、元数据规范、数据封装规范、分类编号规则、内容数据命名规则、固化验证信息和交接过程信息（包含移交接收过程元数据和《电子档案移交与接收登记表》的扫描件或电子签名件）等。

（4）全宗文件夹

电子档案移交信息包要求在全宗文件夹下，按分类层次组织文件夹，电子档案文件夹以档号命名，存放电子档案内容数据及其元数据。

三、档案交接

1. 提交电子档案移交信息包

（1）档案移交单位宜采用在线方式，使用相关应用系统向档案馆提交电子档案移交信息包。

（2）采用离线移交方式时，档案移交单位应按规定方式将电子档案移交信息包存储在准备好的离线存储载体上。存储电子档案移交信息包的载体或载体盒上应标注可反映其内容的标签。

其中，载体应当标注全宗号—档案门类代码—起止年度—载体顺序号。例：XXXX-WS-2010/2016-DK1、BXXX-WS-2010/2016-DK2（见图9-4）。

全宗号—档案门类代码—起止年度—载体顺序号

图 9-4　载体标注信息

载体盒标注应当标注全宗号、档案门类代码、起止年度、起止档号、载体顺序号、数据量、密级、保管期限、存入日期、运行环境等（见图9-5）。

全宗号：	数据量：
档案门类代码：	密级：
起止年度：	保管期限：
起止档号：	存入日期：
载体顺序号：	运行环境：

图 9-5　载体盒标注信息

各项目填写要求如下：

全宗号：档案馆给定每个全宗的代码；

档案门类代码：载体内存储档案信息的类别，用英文大写字母表示，如文书档案–WS、科技档案–KJ、专业档案–ZY、照片档案–ZP、录音档案–LY、录像档案–LX等；

起止年度：该载体内档案起止年度，如2010年至2016年即标定为2010/2016；

载体顺序号：由载体代号和顺序号两部分组成，载体代号分为3类：硬磁盘用DK表示、DVD光盘用DVD表示、蓝光光盘用BD表示；

数据量：载体内档案存储容量；

存入日期：将电子档案存储至载体的日期，格式为"年月日"，如

2020 年 2 月 8 日即写为 20200208；

运行环境：识别或操作电子档案的软硬件平台。

2. 签收电子档案移交信息包

档案馆收到电子档案移交信息包后，应向档案移交单位进行确认。在线移交时，可通过应用系统签收功能或系统日志记录等方式进行确认。离线移交时，可将签收人、签收时间等信息记录到《电子档案移交接收登记表》。

四、档案检测

1. 检测要求

电子档案移交接收"四性"检测要求档案移交单位、档案馆分别进行检测，这与归档时只进行一次"四性"检测不同。档案移交单位移交前应对电子档案移交信息包的真实性、完整性、可用性和安全性进行检测，检测合格后方可提交。档案馆接收时应对电子档案移交信息包的真实性、完整性、可用性和安全性进行检测，检测不合格应将电子档案移交信息包退回档案移交单位，并将检测结果信息一并退回，移交单位应重新组织提交。

2. 检测内容

电子档案移交与接收环节"四性"检测内容和项目与归档环节基本一致，存在区别的是真实性检测时需要根据《电子档案移交与接收办法》中的有关要求做元数据项（全宗号、目录号、分类号）一致性检测，完整性检测时不需要对归档范围进行检测，安全性检测时不需要再次对光盘合格性进行检测。

3. 检测项目

电子档案移交与接收环节"四性"检测项目总计 35 项，其中真实性检测 14 项、完整性检测 9 项、可用性检测 6 项、安全性检测 6 项（见表 9-2）。

表 9-2　电子档案移交与接收检测表

检测类别	编号	检测项目	检测依据和方法
真实性	1-1	固化信息有效性检测	对移交电子档案中包含的数字摘要、电子签名、电子印章、时间戳等技术措施的固化信息的有效性进行验证
	1-2	元数据项数据长度检测	依据 DA/T 46-2009 中元数据项或自定义的元数据项进行检测：1）对数据库中电子文件元数据项进行数据项长度检测；2）对移交信息包中元数据项进行长度检测
	1-3	元数据项数据类型、格式检测	依据 DA/T 46-2009 中元数据项或自定义的元数据项进行检测：1）对数据库中电子文件元数据项进行数据类型和格式的检测；2）对移交信息包中元数据项进行数据类型和格式的检测
	1-4	设定值域的元数据项值域符合度检测	依据 DA/T 46-2009 中元数据项或自定义的元数据项进行检测：1）对数据库中电子文件元数据项进行值域范围的检测；2）对移交信息包中元数据项进行值域范围的检测
	1-5	元数据项数据值合理性检测	依据 DA/T 18 中的著录项目、DA/T 46-2009 中元数据项或自定义的元数据项进行检测：1）对数据库中电子文件元数据项进行数据值是否在合理范围内的检测；2）对移交信息包中元数据项进行数据值是否在合理范围内的检测
	1-6	元数据项数据包含特殊字符检测	依据 GB18030 中的双字节非汉字符号或自定义的特殊字符进行检测：1）对数据库中电子文件元数据项进行数据值是否包含特殊字符的检测；2）对移交信息包中元数据项进行数据值是否包含特殊字符的检测
	1-7	档号规范性检测	依据 DA/T 13 和用户自定义的档号编制规则进行检测：1）对数据库中的档号进行检测；2）对移交信息包中的档号进行检测
	1-8	元数据项数据重复性检测	依据用户自定义的元数据项（档号、文号、题名）进行数据库记录和移交信息包的数据重复性检测
	1-9	元数据项（全宗号、目录号、分类号）与档案馆要求的一致性检测	依据 DA/T 13 和用户自定义的全宗号、目录号、分类号编制规则进行检测：1）对数据库中全宗号、目录号、分类号的编制规范性进行检测；2）对移交信息包中全宗号、目录号、分类号的编制规范性进行检测

检测类别	编号	检测项目	检测依据和方法
真实性	1-10	内容数据的电子属性一致性检测	捕获电子档案内容数据的电子属性与电子属性信息中记录的数据进行比对（文件名、文件大小、文件格式、创建时间等）
	1-11	元数据是否关联内容数据检测	依据元数据中记录的文件存储路径检测电子档案内容数据是否存在
	1-12	说明文件和目录文件规范性检测	依据《电子档案移交与接收办法》附件2的规定，检测说明文件和目录文件信息组织是否符合规范
	1-13	信息包目录结构规范性检测	依据《电子档案移交与接收办法》附件2的规定，检测移交信息包内的文件夹结构是否符合规范
	1-14	信息包一致性检测	采用数字摘要比对等方式对移交信息包的一致性进行检测，移交前计算归档信息包的数字摘要，接收时重新计算数字摘要并和归档前的数字摘要进行比对
完整性	2-1	总件数相符性检测	依据《电子档案移交与接收办法》：1）采用在线移交方式时，由计算机系统自动检测；2）采用离线移交方式时，计算机系统自动统计总件数，由人工与《电子档案移交与接收办法》的附件3《电子档案移交接收统计表》中登记的数量进行比对
	2-2	总字节数相符性检测	依据《电子档案移交与接收办法》：1）采用在线移交方式时，由计算机系统自动检测；2）采用离线移交方式时，计算机系统自动统计总件数，由人工与《电子档案移交与接收办法》的附件3《电子档案移交接收统计表》中登记的字节数进行比对
	2-3	元数据项完整性检测	依据DA/T 46 2009中的元数据项或自定义的元数据项进行检测，判断电子档案元数据项是否存在缺项情况
	2-4	元数据必填著录项目检测	依据DA/T 16 2009中的元数据项或自定义的元数据项进行检测，判断元数据必填项是否为空
	2-5	过程信息完整性检测	逐一检查归档电子档案元数据中包含的处理过程信息是否完整

（续表）

检测类别	编号	检测项目	检测依据和方法
完整性	2-6	连续性元数据项检测	依据 DA/T 22 以及用户自定义的具有连续编号性质的元数据项和起始号规则进行检测，具有连续编号性质的元数据项是否按顺序编号，是否从指定的起始号开始编写
	2-7	内容数据完整性检测	打开电子档案内容数据进行人工检测
	2-8	附件数据完整性检测	打开电子档案附件数据进行人工检测
	2-9	信息包内容数据完整性检测	依据移交信息元数据中记录的文件数量检测移交信息包中实际包含的电子档案数量，比对两者是否相符
可用性	3-1	信息包中元数据的可读性检测	检测移交信息包中存放元数据的 XML 文件是否可以正常解析、读取数据
	3-2	目标数据库中的元数据可访问性检测	检测是否可以正常连接数据库，是否可以正常访问元数据表中的记录
	3-3	内容数据格式检测	根据 GB/T 18894-2016、GB/T 33190 等标准对电子档案内容数据格式进行检测，判断其是否符合移交要求
	3-4	内容数据的可读性检测	人工打开文件进行检测
	3-5	软硬件环境合规性检测	对电子属性信息中记录的软硬件环境信息进行检测，判断其是否符合移交要求
	3-6	信息包中包含的内容数据格式合规性检测	对移交信息包是否包含非公开压缩算法、是否加密、是否包含不符合移交要求的文件格式进行检测
安全性	4-1	系统环境中是否安装杀毒软件检测	检测操作系统是否安装国内通用杀毒软件
	4-2	病毒感染检测	调用国内通用杀毒软件接口，检测归档信息包是否感染病毒
	4-3	载体中多余文件检测	对载体进行读取操作，判断载体内是否含有非移交文件
	4-4	载体读取速度检测	对载体进行读取操作，和常规的读取速度进行比对判断载体是否安全可靠

检测类别	编号	检测项目	检测依据和方法
安全性	4-5	载体外观检测	人工判断载体外观是否正常
	4-6	操作过程安全性检测	按照国家安全保密要求从技术和管理等方面采取措施，确保移交信息包在移交和接收过程中安全、可控

五、交接登记

1. 移交登记

档案移交单位在提交电子档案移交信息包之前应形成《电子档案移交接收登记表》（见表9-3），进行移交登记。

表9-3　电子档案移交接收登记表

移交接收事项			
内容描述			
移交电子档案数量		移交数据量	
载体起止顺序号（或起止档号）		移交载体类型、规格、数量	
检测项目	单位名称		
	移交单位：		接收单位：
真实性检测			
完整性检测			
可用性检测			
安全性检测			
填表人（签名）	年　　月　　日		年　　月　　日
审核人（签名）	年　　月　　日		年　　月　　日
单位（印章）	年　　月　　日		年　　月　　日

各项目填写要求如下：

（1）移交接收事项：按移交单位或全宗号、移交档案的年度、批次等内容描述本次交接工作。

（2）内容描述：交接档案内容、档案门类、数据类型、格式、交接方式、

289

过程等说明事项。

（3）移交电子档案数量：交接档案的文件总数和案卷总数。

（4）移交数据量：一般以 GB 为单位，精确到小数点后 3 位。

（5）载体起止顺序号：在线移交时，按载体内电子档案的存储结构组织数据，并标明其起止档号。

（6）移交载体类型、规格、数量：在线移交时，填写"在线"。

（7）真实性检测：对电子档案来源、内容及移交信息包的真实性，元数据准确性，元数据与内容关联一致性进行检测。

（8）完整性检测：对电子档案及其元数据的完整性进行检测。

（9）可用性检测：对电子档案内容、移交信息包的内容可读性和格式规范性进行检测。

（10）安全性检测：对移交信息包计算机病毒、移交载体和移交过程的安全性进行检测。

2. 接收登记

档案馆检测合格后，档案馆与档案移交单位应办理电子档案交接手续，填写完成《电子档案移交接收登记表》，由交接双方确认，各自留存。使用在线移交方式的，《电子档案移交接收登记表》可采用电子形式办理和保存；不具备条件的，应以纸质形式盖章留存。

第二节　电子档案的统计

统计是收集、处理、分析、解释数据并从数据中得出结论的活动。电子档案的统计具有统计工作和管理工作双重性质，是定量认识电子档案和电子档案管理工作的重要工具，是对电子档案实行科学管理的重要手段。

一、电子档案统计

电子档案统计是运用统计技术和方法，以表册、数字形式记录、描述、分析和研究电子档案管理工作的各种现象、状态和趋势，从而揭示其发展过程、现状及一般规律的活动，是统计方法与技术应用于电子档案管理工作的过程。

1. 工作任务

电子档案统计工作的基本任务包括：

（1）开展各种形式电子档案统计调查，收集有关电子档案工作现状统计数据，了解电子档案数量情况，及时掌握电子档案管理过程。

（2）对收集的统计数据进行统计分析，对电子档案工作的发展做出科学评价。

（3）为档案主管部门和统计部门提供统计资料、数据，实行统计服务和监督。

（4）根据统计资料、数据，对电子档案工作的发展提出预测，并提供预测材料。

2. 统计要求

电子档案统计主要包括电子档案情况统计、电子档案管理情况统计。电子档案情况统计是对全部档案材料现有数量和状况的一种统计，要求反映现有档案的数量和状况。电子档案管理情况统计主要是对各种门类电子档案利用、管理情况进行的统计，要求反映出利用者对档案的各种需求，也能反映出档案工作的业绩。电子档案统计应当依托电子档案管理系统，实现以下统计要求：

（1）能够按照档案的全宗、门类、年度、保管期限、密级、卷数、件数、大小、格式、时长、销毁、移交等要素，对电子档案数量与存储容量进行统计。

（2）能够按照年度、门类、保管期限、卷数、件数、利用人次、利用目的、复制、下载等要素对电子档案利用情况进行统计。

（3）能够对电子档案数据库存储容量的分库，分类进行统计。

（4）能够对电子档案目录数据、元数据分类统计。

（5）能够对电子档案的存储容量、数量按照时间、单位等进行统计。

（6）能够依据模板对电子档案相关各类统计数据生成报表、进行可视化呈现。

二、统计工作过程

统计工作从宏观角度可以分为统计设计、统计调查、统计整理和统计分析等过程，从微观角度可以分为统计设计、数据收集、数据整理和数据分析等过程。电子档案统计工作过程采用微观角度划分方法。

1.统计设计

统计设计是根据统计研究的目的和研究对象的特点，对统计工作的各个方面及各个环节所做的通盘考虑与安排。其基本任务是制定各种统计工作方案，主要内容应包括统计指标体系、统计调查方案、统计汇总或整理方案以及统计分析方案等。统计设计是统计工作实施的基本依据，是统计工作协调、有序、顺利进行的必要条件。

2.数据收集

数据收集是根据统计设计的要求，采用科学的数据收集方法，收集全部或部分数据资料的工作过程。数据收集是统计工作的基础环节，原始数据质量的高低直接影响到分析结论是否可靠。数据收集阶段应尽可能地降低统计调查误差。

3.数据整理

数据整理是对收集来的统计数据进行科学加工整理，使之系统化、条理化。数据整理是数据收集和数据分析之间承上启下的中间环节，其主要任务是对收集的数据进行分组、归类，并用合适的统计表或统计图展示整理的结果。

4.数据分析

数据分析是运用统计方法定量与定性对研究对象进行分析，以揭示研究对象数量特征和数量规律。数据分析是统计工作的最后一环，也是关键的一步。

一般来说，统计工作的四个阶段是依次进行的。在某些情况下，为保证统计工作整体取得好的效果，各阶段也会交叉进行。例如，统计人员在数据收集和整理阶段可以进行一些必要的分析，或者对原设计方案进行适当的改进；在数据分析阶段，如果现有资料不能满足分析的需要，可以做一些必要的补充调查、数据整理等工作。

三、统计分析方法

电子档案常见的统计分析方法包括描述性统计分析、探索性数据分析、假设检验、方差分析、回归分析、聚类分析、主成分分析等。

1. 描述性统计分析。描述性统计分析是对数据的基本特征进行描述和总结，比如均值、中位数、众数、标准差、方差等。描述性统计分析包括集中趋势分析、离中趋势分析、相关分析三类。

2. 探索性数据分析。探索性数据分析是通过图表等方式对数据进行可视化分析，以发现数据中的规律和趋势，了解变量之间的关系。

3. 假设检验。假设检验是通过对样本数据进行统计推断，判断样本数据是否代表了总体的特征，以及不同样本之间是否存在显著差异。假设检验可分为正态分布检验、正态总体均值分布检验、非参数检验三类。

4. 方差分析。方差分析是一种用于比较多组数据之间差异的统计方法，可以判断不同因素对数据的影响程度。

5. 回归分析。回归分析是用于研究变量之间关系的一种统计方法，可以通过建立数学模型来预测变量之间的关系和趋势。按照变量的多少和变量之间的关系类型，可分为一元线性回归分析、多元线性回归分析、非线性回归分析。

6. 聚类分析。聚类分析是将数据按照某种标准进行分类，将数据分类到不同的类或者簇。同一个簇中的对象有很大的相似性，而不同簇间的对象有很大的相异性。

7. 主成分分析。主成分分析是一种多变量分析方法，可以将多个相关变量转化为少数几个不相关的主成分，从而降低数据维度，简化数据分析过程。

比如，如果要对一个区域内若干组织机构文书、科技、业务数据三类档案数量的情况进行统计分析，可以结合上述基本方法，按照表9-4进行。

表9-4 电子档案统计分析示例

分析方法	分析内容
描述性统计分析	计算三类档案的平均数、标准差、最高数、中位数、最低数等基本统计量，了解各类档案的整体水平和分布情况

（续表）

分析方法	分析内容
回归分析	建立各类档案的回归模型，以便预测组织机构在不同档案数量情况。比如可以建立科技档案与文书档案的线性回归模型，预测单位在文书档案相同的情况下，科技档案的表现
方差分析	对三类档案的数量进行方差分析，以便了解不同因素对档案数量的影响。比如可以对文书档案进行单因素方差分析，了解不同性质、不同特点组织机构之间的档案数量差异情况
聚类分析	将组织机构按照档案数量进行聚类，以便了解不同类型的单位群体。比如可以使用 K-means 聚类方法，将单位分成档案资源建设优秀单位群体、平均水平群体等，发现单位的不同类型和特点

四、统计结果呈现

统计结果展示主要有统计表和统计图两种模式。

1. 统计表

统计表是用表格的形式，把事物间的数量关系表示出来。统计表一般由标题、标目、线条和数字四部分组成，必要时可在表的下面加上文字说明（备注）。标题位于统计表上端中间位置，概括地说明表的主要内容，反映统计表的中心思想。标目是位于统计表内的简短文字，用于说明数字含义。线条一般由顶线、底线、分界线（将标目和数字分开）三条线组成，顶线和底线略粗，表中不应有竖线、斜线和多余的横线，尤其是表的左上角斜线和两侧的边线禁止使用（见表 9-5）。

表 9-5　统计表样式图

档案门类	总量	版式文件	流式文件
文书档案	320	260	60
科技档案	1200	300	900

2. 统计图

常用的统计图表有圆形图表、柱状图表、折线图表、面积图表、雷达图表、散点图表等。

（1）圆形图表

常见的表现形式为饼图和圆环图（见图 9-6），在内容需要表现为比率的时候，使用圆形图表是比较合适的，在各内容同属于同一总体的各个部分，需要对比各项内容所占的相对比率时，应该使用圆形图表。其基本特征为：表示整体中各项内容的比率；各项内容总和一般为100%；不适合绝对数值的比较。

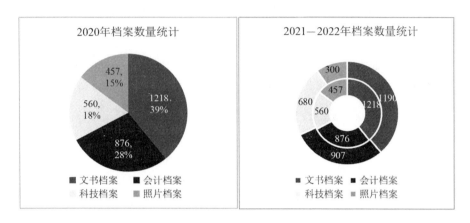

图9-6 饼图、圆环图

（2）柱状图表

柱状图表的表现形式为方柱形或条形，比较适合用在绝对数值比较的场合下，各项数据按照柱形的长短不同，其比较结果一目了然（见图9-7）。柱状图表的表现形式在方向上可分为纵向和横向两种方式。柱状图除了可以进行单个类别的值比较，也可以进行多个类别的值比较。在进行多个类别数据比较时，当多个类别呈现在一个柱形上时，这个柱状图被称为累积柱形图或堆叠柱形图。柱状图的基本特征为：表示各项内容的绝对差别；通过柱形长度表示各项内容的数值；不适合相对比率的表现。

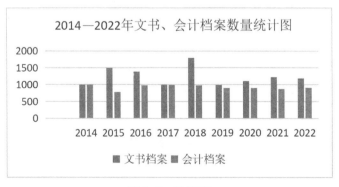

图9-7 柱状图

（3）折线图表

折线图表的表现形式是线和点的组合，它是表示变化的一种图表，在时间的维度上展示数据发生的变化（见图9-8）。因为图表的形状为线段，故可以在折线图中同时呈现较多的数据。其基本特征为：表现因时间不同而产生变化的数据；坐标轴上某个时间点数据为圆点或圆圈，图由整个线段连接点构成；相比柱状图能呈现更多的数据。

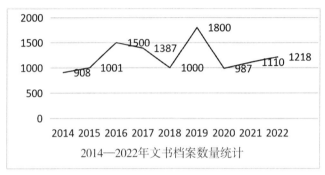

图9-8　折线图表

（4）面积图表

面积图表是在折线图的基础上更进了一步，除了表示数据的变化之外，还能呈现数据细节，每个面积区域最上端的边线如同折线图表一样表示该项数据的变化，每一项的面积则表示细节（见图9-9）。面积图表可以说是一种复合图表，在了解整体上的变化的同时，也能够了解各项内容的各自增减情况。其基本特征为：表现各项内容整体数据的变化；也表现各项内容各自的变化。

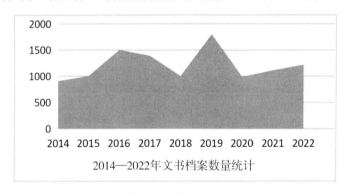

图9-9　面积图表

（5）雷达图表

雷达图表又叫戴布拉图、蜘蛛网图，从中心开始以放射状发散开的轴线来分散安排某项内容的数值，同时表示不同的性质和其间的平衡性（见图9-10）。雷达图表常用来分析各项数据中不同特性的分布及其整体的平衡性，各项数据之间的差别越小，表现为越平衡。其基本特征为：表现各项内容的性质及其平衡性；可对多组数据项进行比较。

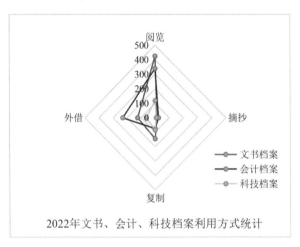

图 9-10 雷达图表

（6）散点图表

散点图表通过数据的点状散布，表示数据的动向或趋势及其相关性的图表形式（见图9-11）。当有大量数据值的时候，如果要展示数据的分布与聚合情况，或者寻找这些数据的相关性或趋势，则比较适合用散点图表。其基本特征为：通过点表示各个数据相对应的位置；通过点的分布情况表示出整体的动向或趋势。

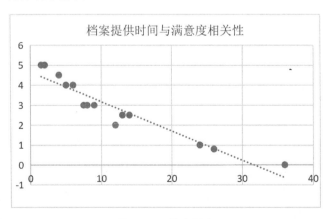

图 9-11 散点图表

除了这些常见的图表之外，还有在统计工作中常用的直方图、箱形图、热力图、矩阵图以及经过演变的图表，比如地图散点图、地图饼图、地图柱状图等。

第三节　电子档案分析与挖掘

电子档案分析与挖掘是指运用数据分析和数据挖掘方法对电子档案进行分析，从中提取有用的信息的过程。电子档案分析与挖掘是电子档案统计工作的扩展和深化，是发掘有用信息、实现电子档案价值的重要管理流程。

一、数据分析与挖掘

数据分析与挖掘都是从数据中提取有用信息的方法。数据分析一般用统计分析方法（见本章第二节）对数据进行分析，侧重于对数据的理解和解释；数据挖掘则一般通过算法发现隐藏于数据中的信息，侧重于从数据中发现隐藏的模式和规律。二者存在如下区别：

1. 数据分析是一种更广泛的概念，它涵盖了对数据进行各种处理和解释的过程；而数据挖掘则是一种更加专业的数据分析技术，它着重于从大量数据中自动发现模式、规律、趋势、异常等信息。

2. 数据分析处理的数据量可能不大；而数据挖掘处理的数据量极大，并且特别擅长处理大数据，尤其是几十万行、几百万行甚至更多的数据。

3. 数据分析往往处理数值型数据；而数据挖掘能够处理不同类型的数据，比如数值型数据、文本、声音等。

4. 数据分析往往是从一个假设出发，需要自行建立方程或模型来与假设吻合，通常采用描述统计、推断统计、数据可视化等方法；而数据挖掘不需要假设，可以自动建立方程，通常采用聚类、分类、关联规则挖掘、异常检测等方法。

5.数据分析的目的是通过对数据的收集、整理、清洗、处理等步骤，揭示数据中的规律、趋势、异常等信息，以便更好地理解数据的含义和背后的问题；而数据挖掘的目的是发现那些人类难以察觉的数据关联性，以便更好地预测未来的趋势、识别风险、发现机会等。

当然，在很多情况下，数据分析与数据挖掘并没有明确的界限，数据挖掘是深层次的数据分析，数据分析是浅层次的数据挖掘，如果想从数据中提取一定的规律（即认知），则往往需要将数据分析和数据挖掘结合使用。

二、数据挖掘

数据挖掘(Data Mining)是指通过统计学、计算机科学、机器学习等方法，从大量的数据中挖掘出有用的模式和知识的过程。数据挖掘能够自动从数据中发现模式、规律、趋势、异常等信息，然后根据所分析数据的事实做出决策。

1.数据挖掘方法

数据挖掘主要方法包括分类、聚类、关联规则挖掘、异常检测、数据降维、预测建模、文本挖掘、图像挖掘等。

（1）分类（Classification）是指将数据集合中的数据分成不同的类别。分类方法常用的算法包括决策树、朴素贝叶斯、支持向量机等。

（2）聚类（Clustering）是指将数据集合中的数据按照相似度分成不同的组别，比如将档案用户根据其利用行为分成不同的群体。聚类方法常用的算法包括 K-Means、层次聚类等。

（3）关联规则挖掘（Association Rule Mining）是指发现数据集中的频繁项集和关联规则。比如在档案利用数据中，发现利用重大活动文书档案有很大概率会利用照片档案等。关联规则挖掘方法常用的算法包括Apriori、FP-Growth 等。

（4）异常检测（Outlier Detection）是指发现数据集合中的异常点，比如在档案利用数据中，发现某档案用户利用特定档案数量异常高。异常检测方法常用的算法包括基于统计的方法、基于聚类的方法、基于密度的方法等。

（5）数据降维（Dimensionality Reduction）是指通过保留数据集的主要特征，将高维数据转化为低维数据，比如在图像或语音信号处理中，将高维的像素或波形数据转化为低维的特征向量。数据降维方法常用的算法包括主成分分析（PCA）、线性判别分析（LDA）等。

（6）预测建模（Predictive Modeling）是指通过训练数据集合构建模型，预测未来的趋势和结果。比如通过历史数据预测未来一段时间不同门类档案数量情况。预测建模方法常用的算法包括回归分析、神经网络、决策树等。

（7）文本挖掘（Text Mining）是指从大规模文本数据中自动提取出有价值的信息或知识，比如情感分析、主题建模等。

（8）图像挖掘（Image Mining）是指从大规模图像数据中自动提取出有价值的信息或知识，比如人脸识别、图像分类等。

以上是数据挖掘常用的方法，不同的方法适用于不同的数据类型和问题。在实际应用中，需要根据具体的问题选择合适的方法，并通过调整参数和优化算法来提高模型的准确性和效率。

2. 数据挖掘步骤

数据挖掘的主要步骤包括以下几个方面。

（1）问题定义。在进行数据挖掘之前，需要明确数据挖掘的目标和需求。比如预测档案数量、识别高危利用行为等。

（2）数据采集。从数据库、日志文件、API等多个渠道获取收集与问题相关的数据。

（3）数据清理。对采集到的数据进行清洗、去重、填充缺失值、异常值处理、特征选择等操作，以保证数据的质量和完整性。

（4）数据转换。通过平滑聚集、数据概化、规范化等方式将数据转换成适用于数据挖掘的形式。比如将时间序列数据进行降维等。

（5）数据探索和预处理。对整理好的数据进行探索和预处理，包括数据可视化、数据统计、数据变换、特征选择等，发现数据内在的规律和特征。

（6）数据建模和算法选择。选择合适的数据挖掘算法，包括决策树、神经网络、支持向量机、聚类等，建立模型并进行训练和测试。

（7）模型评估和优化。对建立好的模型进行评估和优化，包括准确性、鲁棒性、可解释性等指标，优化模型参数和算法选择，提高模型的性能和效果。

（8）模型应用和结果解释。将建立好的模型应用到实际问题中，得到相应的预测、分类、聚类等结果。同时对结果进行解释和分析，提取有用的知识和规律，为决策提供支持。

数据挖掘过程是一个反复循环的过程，每一个步骤如果没有达到预期目标，都需要回到前面的步骤，重新调整并执行。

三、文本挖掘

文本挖掘（Text Mining）是指从大量文本数据中自动提取出有价值的信息或知识的过程。广义的数据挖掘包括文本挖掘，狭义的数据挖掘与文本挖掘在数据类型和处理方法存在一定差别：数据挖掘处理的是结构化数据，例如数值型数据、分类数据等；而文本挖掘处理的是非结构化数据，例如文本、语音、图像等。在算法选择和模型建立方面，数据挖掘侧重于回归、决策树和神经网络等算法；而文本挖掘的重点是自然语言处理和文本特征提取，需要进行分词、词性标注、情感分析等工作，更加侧重于聚类、分类等算法。

1. 文本挖掘方法

文本挖掘的主要方法包括文本分类、文本聚类、关键词提取、文本摘要、情感分析、信息抽取、实体识别、主题模型等。

（1）文本分类（Text Classification）是指将文本数据按照事先定义好的类别进行分类，是文本挖掘中最常用的方法之一。比如将档案按照党务工作、行政工作等类别进行分类等。文本分类是一种典型的机器学习方法，一般分为训练和分类两个阶段，即通过对大量已分类文本进行训练，建立分类模型，再对新的未分类文本进行分类。常用的分类算法包括朴素贝叶斯、支持向量机和决策树等。

（2）文本聚类（Text Clustering）是指将文本数据按照相似度进行聚类，通过计算文本之间的相似度把相似的文本聚集在一起。比如将不同组织机构的科学研究主题的档案聚集在一起。聚类可用于对大规模档案内容总括，识别隐藏的档案间的相似度，减轻浏览相关、相似信息的过程。常用的聚类算法包括 K-Means、层次聚类等。

（3）关键词提取（Keyword Extraction）是指从文本数据中提取出最具代表性的关键词。关键词提取可以用于文本分类、聚类，也可以直接用于电子档案保管期限表编制、档案利用等工作。常用的关键词提取算法包括 TF-IDF、TextRank 等。

（4）文本摘要（Text Summarization）是指从大量文本中提取出摘要或概括性信息，以便快速了解文本内容。文本摘要能够生成简短的档案内容指示性信息，利于用户决定是否要阅读文档的原文，这样能够节省浏览时间，提高检索效率。

（5）情感分析（Sentiment Analysis）是指从文本数据中分析出作者的情感倾向，比如积极、消极或中性等。情感分析可以用于分析档案用户对于档案利用服务的满意程度。常用的情感分析算法包括基于词典的方法、基于机器学习的方法等。

（6）信息抽取（information extraction）是指从文本数据中抽取出特定的事件或事实信息，主要包括关系（relation）抽取、实体（entity）识别、事件（event）抽取三个子任务，可以用于对海量内容自动分类、提取和重构。

（7）实体识别（Named Entity Recognition）是信息抽取的子任务，是指从文本数据中识别出具有特定意义的实体，如人名、地名、组织机构名等。实体识别可以用于档案著录标引和检索利用等。常用的实体识别算法包括基于规则的方法、基于机器学习的方法等。

（8）主题模型（Topic Model）是指从文本中提取主题，并对文本进行主题建模。比如对档案利用反馈内容进行主题模型分析，了解用户关注的主题和话题。

这些主要方法可以组合使用，形成不同的文本挖掘应用，用于电子档案分类、整理、检索、利用等多种档案管理场景。比如可以使用文本分类和关键词提取来实现文本检索，使用实体识别提取实体信息，使用主题模型和文本聚类来实现文本聚合等。

2. 文本挖掘步骤

文本挖掘的主要步骤包括以下几个方面。

（1）数据收集。收集相关文本数据，构建语料库。

（2）文本预处理。文本预处理的目的是将原始文本转化为可供分析的文本数据，主要包括数据清洗、分词处理、词性标注、去噪、去除停用词等预处理工作。

（3）特征提取。从经过预处理的文本中提取出可以用于分析和建模的特征。比如关键词、主题、情感等特征。

（4）建立模型和算法选择。选择合适的文本挖掘算法，建立模型并进行训练和测试。比如使用分类算法、聚类算法、主题模型等进行建模。

（5）模型评估和优化。对建立好的模型进行评估和优化，提高模型的性能和效果。

（6）模型应用和结果解释。将建立好的模型应用到实际问题中，比如文本分类、主题分析、情感分析等。完成文本挖掘后，需要对结果进行分析和解释。

（7）结果可视化。对模型分析的结果进行可视化，以便更加直观理解模型的分析结果。例如，可以使用词云、热力图、散点图等方式对模型分析结果进行可视化呈现。

以上是文本挖掘的主要步骤，不同的应用场景和任务可能会有不同的具体步骤和方法。比如要对用户在档案利用中的评论进行文本挖掘，以便了解用户的意见和需求，改进产品和服务，可以结合上述基本步骤，按照表9-6进行。

表9-6 文本挖掘示例

方法步骤	工作内容
数据收集	收集用户在档案利用反馈页面上的评论数据，包括评分、评论文本、评论时间等
数据清洗	对评论文本进行清洗，去除无关信息，例如标点符号、特殊符号、数字等
分词处理	对评论文本进行分词处理，将文本分解成词语，以便进行后续的分析和建模
情感分析	对评论文本进行情感分析，以便了解用户对档案产品的整体情感和态度。比如可以使用情感词库或机器学习模型，对评论文本进行情感打分，以便发现用户的满意度和不满意度

方法步骤	工作内容
关键词提取	对评论文本进行关键词提取，以便了解用户关注的重点和需求。比如可以使用 TF-IDF 方法，提取评论文本中的关键词，以便发现用户关注的产品特点和功能
主题建模	对评论文本进行主题建模，以便了解用户的主要需求和问题。比如可以使用 LDA 主题模型，识别评论文本中的主题，以便发现档案服务产品质量、服务等方面的需求和问题
实时监控	对用户评论数据进行实时监控，以便及时了解用户的反馈和需求，以便及时处理和改进产品和服务。可以使用自然语言处理技术和机器学习模型，对用户评论进行实时分析和建模，以便及时发现用户的需求和问题

第四节 电子档案的评估

电子档案的评估是在电子档案管理过程中通过对电子档案管理业务活动和风险进行分析、评价，以实现预防风险、支持决策的重要工作流程。

一、主要依据

电子档案管理评估（appraisal，assessment）可以按照《信息与文献 档案管理评估》（ISO/TR 21946:2018 Information and documentation—Appraisal for managing records）进行。

电子档案风险评价（risk assessment）是风险管理的重要环节，也是电子档案管理评估的重要内容。电子档案风险评价可以在《风险管理 原则和指南》（GB/T 24353-2022/ISO 31000:2018 Risk management-Principles and Guidelines）确定的风险管理的一般原则、框架和过程指导下，按照《信息与文献 档案管理过程和档案管理系统风险评价》（ISO/TR 18128:2014 Information and documentation- Risk assessment for records processes and systems）要求进行。

二、管理评估

电子档案管理评估是一个持续改进的循环过程，包含信息收集和分析、评价与实施、监控、审查四个步骤（见图 9-12）。

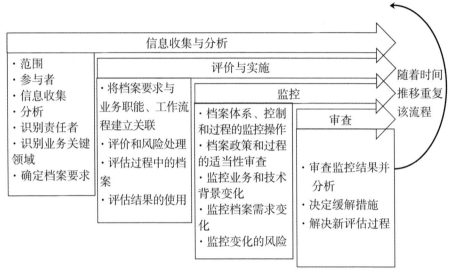

图 9-12　电子档案管理评估过程

1. 信息收集和分析

信息收集和分析包含对鉴定工作开展背景、业务职能、档案要求、档案形成捕获和管理相关风险等信息的收集和分析。要求组织在一开始确定鉴定范围；确定鉴定参与者，明确档案管理专业人员、其他内外部责任者和利益相关方参与的步骤；收集信息，包括有关业务和技术背景、业务职能、风险和要求的利益相关方及其他信息来源的信息；综合运用业务背景分析、技术背景分析、职能分析和顺序分析的方法；识别责任者，并酌情记录保存详细信息；识别业务关键领域，鉴定证明性文档；确定档案要求，包括业务要求、法律和监管要求、社区和业务需要三方面。其中，职能分析和顺序分析方法可参考《信息与文献　档案管理工作过程分析》（ISO/TR 26122：2008 Information and documention-Work process analysis for records）标准。

2. 评价与实施

评价与实施有助于明确实现要求的责任，建立起监督机制和管理层决策。组织要将档案要求与业务职能、工作流程建立关联，选择合适的关联方式，评估出可以实施的档案要求，记录不能实施的要求并说明原因。管理层要评估和处理与实施档案要求相关的风险，做出满足档案要求的决策，可结合 ISO/TR 18128 标准提供的基于一般风险管理流程的指导和案例进行理解。除此之外，标准还建议以结构化的方式保存档案鉴定过程中形成的相关文档，这也满足了 ISO15489-1:2016 标准中对档案管理监控和评估的新要求，使用鉴定过程的结果。在实施鉴定结果使用时，要明晰目的、范围、设计人员，并且制定相关档案控制和人员培训相关的措施。

3. 监控

监控是对档案管理和鉴定结果开展的持续性监控和分析工作。监控是为了定期评估鉴定成果和由此产生的工具效用，同时评估业务本身和背景的变化是否需要开始新的鉴定流程及划分鉴定范围。为了进行有效的监督和审查，组织需要确定监控和分析的内容、涉及的利益相关方、监控分析和评估的具体方法、监控分析活动的频率和分析监控结果的时间点。

4. 审查

审查和纠正措施是根据监控和分析的结果采取的下一步骤。组织需要针对不同的审查结果做出应对。若认为产品不能有效运作，则要采取缓解措施，若出现未按时或按期形成档案的情况，则要合理调整现有工作过程，通过持续改进，保证鉴定决策的正确性。如果业务或业务背景发生变化，则可能做出重新鉴定的应对纠正措施。

三、风险评价

电子档案风险评价是指对电子档案管理过程和电子档案管理系统的风险识别、分析和评价全过程，是电子档案安全管理的重要前提和基础。电子档案风险评估按照风险识别、风险分析及风险评定的步骤开展（见图9-13）。风险评估结果应当被纳入组织机构的一般风险管理框架。

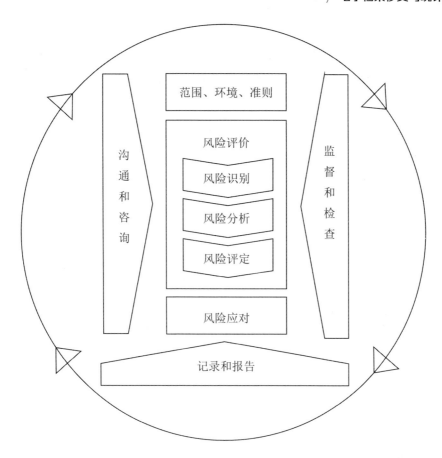

图 9-13　电子档案风险评价过程

1. 风险识别

风险识别是为了识别那些可能发生或存在的会影响档案满足组织机构要求的情况。风险识别的过程包括识别可能对组织机构的目标和性质有实质性影响的风险、事件或环境的原因和来源。该标准要求对环境（内外部因素）、档案系统以及组织创建和管理档案过程之中的不确定性领域进行识别。

2. 风险分析

风险分析是确定已经识别出的风险的潜在后果并意识到风险的可能性。它包括可能性分析和概率估计。意识到已识别的风险的可能性是通过分析不确定性领域的性质，还有在一段时间内足以支持一个可靠估计的数据。概率可以用不同的方式来表达，但通常都与风险等级有关。

3.风险评定

风险评定是根据风险分析的结果，来协助确定哪些风险需要处理和处理实施的优先级。风险评定首先要分析不良事件的潜在影响，要综合考虑用户、档案、组织等多方面的因素，之后通过结合事件发生的概率及其产生的影响的程度，来评定事件是否是风险管理所关注的不良事件。

附　录

一、电子档案管理相关标准

分类	序号	标准编号	标准名称	备注
基础标准	1	ISO 30300:2020	Information and documentation – Records management – Core concepts and vocabulary 信息与文献 档案管理 核心概念与术语	ISO 30300:2011 采标为 GB/T 34110–2017
	2	ISO 30301:2019	Information and documentation – Management systems for records – Requirements 信息与文献 档案管理体系 要求	采标为 GB/T 34112–2022
	3	ISO 30302:2015	Information and documentation – Management systems for records – Guidelines for implementation 信息与文献 档案管理体系 实施指南	采标为 GB/T 41207–2021
	4	DA/T 58-2014	电子档案管理基本术语	
	5	GB/T 18894–2016	电子文件归档与电子档案管理规范	
	6	DA/T 92-2022	电子档案单套管理一般要求	
	7	ISO 15489–1:2016	Information and documentation–Records management–Part 1:Concepts and principles 信息与文献 档案管理 第 1 部分：概念与原则	采标为 GB/T 26162–2021
	8	GB/T 34960.5–2018	信息技术服务 治理 第 5 部分：数据治理规范	
	9	GB/T 36073–2018	数据管理能力成熟度评估模型	
	10	GB/T 23703.1–2009	知识管理 第 1 部分：框架	

（续表）

分类	序号	标准编号	标准名称	备注
管理系统	11	ISO 14721:2003	Space data and information transfer systems—Open archival information system（OAIS）—Reference model 空间数据和信息传输系统 开放档案信息系统（OAIS）参考模型	
	12	ISO 16175-1:2020	Information and documentation-Processes and functional requirements for software for managing records-Part 1: Functional requirements and associated guidance for any applications that manage digital records 信息与文献 用于档案管理软件的过程与功能要求 第1部分：数字档案管理应用程序的功能要求与相关指南	ISO 16175-1:2010、ISO 16175-2:2010、ISO 16175-3:2010 采标为GB/T 34840.1-2017、GB/T 34840.3-2017、GB/T 34840.2-2017
	13	ISO 16175-2:2020	Information and documentation-Processes and functional requirements for software for managing records-Part 2: Guidance for selecting, designing, implementing and maintaining software for managing records 信息与文献 用于档案管理软件的过程与功能要求 第2部分：档案管理软件的选择、设计、实施和维护指南	
	14	GB/T 29194-2012	电子文件管理系统通用功能要求	
	15	GB/T 31914-2015	电子文件管理系统建设指南	
	16	GB/T 39784-2021	电子档案管理系统通用功能要求	
	17	GB/T 31021.2-2014	电子文件系统测试规范 第2部分：归档管理系统功能符合性测试细则	
形成收集	18	GB/T 9704-2012	党政机关公文格式	
	19	GB/T 33190-2016	电子文件存储与交换格式 版式文档	

分类	序号	标准编号	标准名称	备注
形成收集	20	DA/T 47-2009	版式电子文件长期保存格式需求	
	21	GB/T 42133-2022	信息技术 OFD 档案应用指南	
	22	ISO 28500:2017	Information and documentation—WARC file format 信息与文献　WARC 文件格式	采标为 GB/T 33994-2017
	23	DA/T 57-2014	档案关系型数据库转换为 XML 文件的技术规范	
	24	GB/T 33481-2016	党政机关电子印章应用规范	
	25	GB/T 38540-2020	信息安全技术 安全电子签章密码技术规范	
	26	ISO 23081-1:2017	Information and documentation—Records management processes—Metadata for records—Part 1: Principles 信息与文献　档案管理过程 档案元数据 第 1 部分：原则	ISO 23081-1:2006 采标为 GB/T 26163.1-2010
	27	ISO 23081-2:2021	Information and documentation—Metadata for managing records—Part 2: Conceptual and implementation issues 信息与文献 档案管理元数据 第 2 部分：概念和实施问题	
	28	ISO/TR 23081-3:2011	Information and documentation—Managing metadata for records—Part 3: Self-assessment method 信息与文献 档案管理元数据 第 3 部分：自我评估方法	
	29	ISO/IEC 11179-3:2003	信息技术 元数据注册系统（MDR）第 3 部分：注册系统元模型与基本属性	采标为 GB/T 18391.3-2009
	30	DA/T 46-2009	文书类电子文件元数据方案	
	31	DA/T 54-2014	照片类电子档案元数据方案	
	32	DA/T 63-2017	录音录像类电子档案元数据方案	

（续表）

分类	序号	标准编号	标准名称	备注
整理归档	33	DA/T 22-2015	归档文件整理规则	
	34	GB/T 9705-2008	文书档案案卷格式	
	35	GB/T 39362-2020	党政机关电子公文归档规范	
	36	DA/T 42-2009	企业档案工作规范	
	37	DA/T 2-1992	科学技术研究课题档案管理规范	
	38	DA/T 28-2018	建设项目档案管理规范	
	39	GB/T 50328-2019	建设工程文件归档规范	
	40	DA/T 39-2008	会计档案案卷格式	
	41	DA/T 94-2022	电子会计档案管理规范	
	42	DA/T 50-2014	数码照片归档与管理规范	
	43	DA/T 78-2019	录音录像档案管理规范	
	44	DA/T 32-2021	公务电子邮件归档管理规则	
	45	DA/T 80-2019	政府网站网页归档指南	
	46	DA/T 85-2019	政务服务事项电子文件归档规范	
	47	DA/T 88-2021	产品数据管理（PDM）系统电子文件归档与电子档案管理规范	
	48	DA/T 70-2018	文书类电子档案检测一般要求	
	49	DA/T 48-2009	基于 XML 的电子文件封装规范	
保管保护	50	DA/T 38-2008	电子文件归档光盘技术要求和应用规范	
	51	DA/T 38-2021	档案级可录类光盘 CD-R、DVD-R、DVD+R 技术要求和应用规范	
	52	DA/T 74-2019	电子档案存储用可录类蓝光光盘（BD-R）技术要求和应用规范	
	53	DA/T 75-2019	档案数据硬磁盘离线存储管理规范	
	54	DA/T 83-2019	档案数据存储用 LTO 磁带应用规范	
	55	DA/T 21-1999	档案缩微品保管规范	
	56	GB/T 15737-2014	缩微摄影技术 银—明胶型缩微品的冲洗与保存	

（续表）

分类	序号	标准编号	标准名称	备注
保管保护	57	GB/T 41785–2022	磁光电混合存储系统通用规范	
	58	GB/T 33777–2017	附网存储设备通用规范	
	59	GB/T 37939–2019	信息安全技术 网络存储安全技术要求	
	60	GB/T 36093–2018	信息技术 网际互联协议的存储区域网络（IP–SAN）应用规范	
	61	GB/T 31916.1–2015	信息技术 云数据存储与管理 第 1 部分：总则	
	62	GB/T 20988–2007	信息安全技术 信息系统灾难恢复规范	
	63	GB/T 36092–2018	信息技术 备份存储 备份技术应用要求	
	64	GB/T 33138–2016	存储备份系统等级和测试方法	
	65	ISO/TR 18492:2005	Long–term preservation of electronic document–based information 基于文件电子信息的长期保存	采标为 GB/Z 23283–2009
	66	ISO 16363:2012	Space data and information transfer systems— Audit and certification of trustworthy digital repositories 空间数据和信息传输系统 可信数字仓储审核与认证	
	67	ISO/TR 17068:2017	information and documentation – Trusted third party repository for digital records 信息和文献 数字档案第三方可信数字仓储	
	68	ISO 13008:2022	Information and documentation — Digital records conversion and migration process 信息与文献 数字档案转换和迁移过程	
	69	GB/T 22239–2019	信息安全技术 网络安全等级保护基本要求	

（续表）

分类	序号	标准编号	标准名称	备注
保管保护	70	GB/T 25070-2019	信息安全技术 网络安全等级保护安全设计技术要求	
	71	GB/T 22240-2020	信息安全技术 网络安全等级保护定级指南	
	72	GB/T 25058-2019	信息安全技术 网络安全等级保护实施指南	
	73	GB/T 28448-2019	信息安全技术 网络安全等级保护测评要求	
利用开发	74	DA/T 18-2022	档案著录规则	
移交统计	75	ISO/TR 21946:2018	Information and documentation–Appraisal for managing records 信息和文献 档案管理评估	
	76	ISO/TR 26122:2008	Information and documentation – Work process analysis for records 信息与文献 档案管理工作过程分析	
	77	ISO 31000:2018	Risk management–Principles and Guidelines 风险管理 原则和指南	采标为 GB/T 24353-2022
	78	GB/T 39755.1-2021	电子文件管理能力体系 第1部分：通用要求	
	79	GB/T 39755.2-2021	电子文件管理能力体系 第2部分：评估规范	
	80	ISO/TR 18128:2014	Information and documentation– Risk assessment for records processes and systems 信息与文献 档案管理过程和档案管理系统风险评价	采标为 GB/Z 32002-2015
	81	DA/T 93-2022	电子档案移交接收操作规程	

注：档案管理体系标准以及相关的国际标准和技术报告（ISO 30301:2019）

Vocabulary			
ISO 30300 Records management-Core concepts and vocabulary			

Management systems for records standards Governance framework for records		**Related standards& technical reports** Implementation of records processes			
		Records management fundamentals	ISO 15489 Records management Concepts and principles	ISO 23081 Metadata for records.	
Requirements	ISO 30301 Management systems for records- Requirements	**Analysis methodology**	ISO TR 26122 Work process analysis for records	ISO TR 18128 Risk assessment for records processes and systems	ISO TR 21946 Appraisal for managing records
Guidelines Support high level structure elements	ISO 30302 Management systems for records - Guidelines for implementation	**Records systems**	ISO 16175 Processes and Functional Requirements for Designing and Implementing records systems		
		Specific processes and enablers	ISO TR 13028 Implement-ation guidelines for digitization of records	ISO 13008 Digital records conversion and migration process	ISO TR 17068 Trusted Third Party Repository for Digital Records

二、电子档案管理模型框架（英）

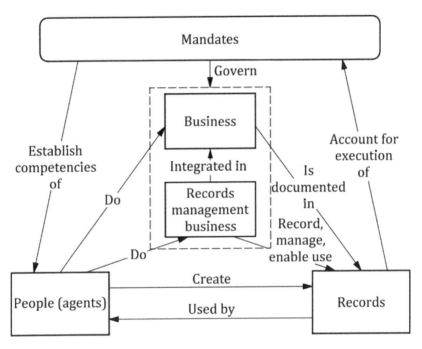

Conceptual entity model:Main entities and their relationships（Source:ISO 23081-2:2021, 元数据概念实体模型：主要实体及其关系）

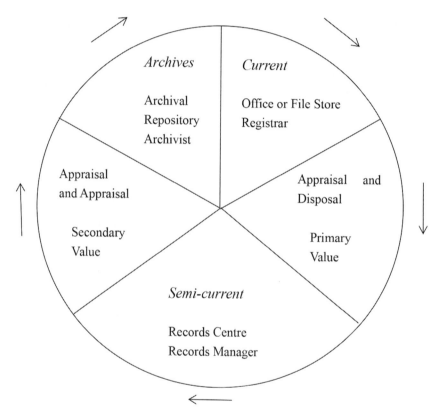

Records Life-cycle（Source:Roper & Millar 1999, 档案生命周期模型）

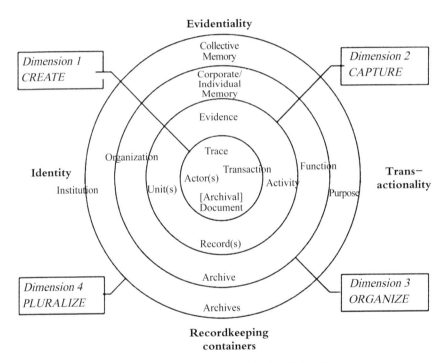

Records Continuum Model（档案连续体模型）

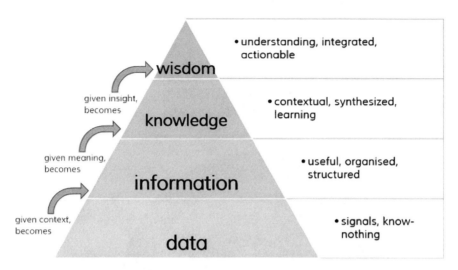

The DIKW pyramid（Source: Soloviev, K., 2016, DIKW 金字塔模型）

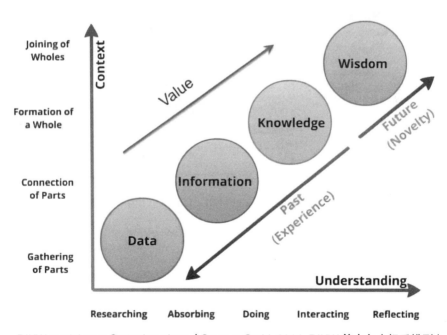

DIKW model on a Cartesian plane （Source: Omid, 2014, DIKW 笛卡尔坐标系模型）

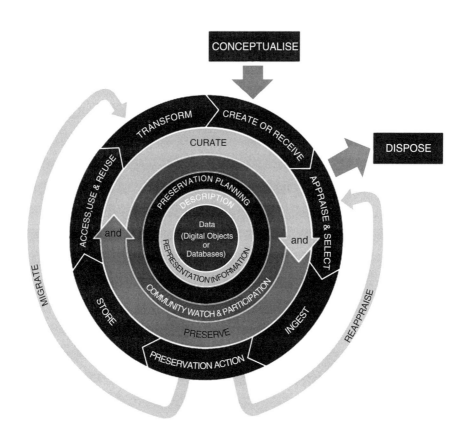

The DCC Curation Lifecycle Model（DCC 数字管护生命周期模型）

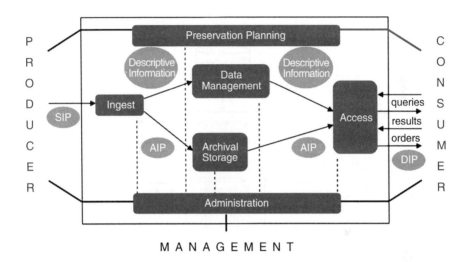

Open Archival Information System（OAIS）Reference model
〔开放档案信息系统（OAIS）参考模型〕

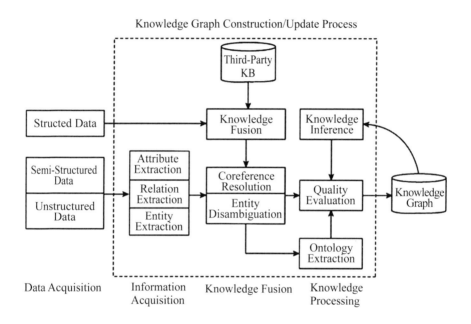

Technical architecture of knowledge graph（知识图谱技术架构）

参考文献

［1］ 冯惠玲，刘越男等著.电子文件管理教程（第二版）［M］.北京：中国人民大学出版社，2017.

［2］ 周耀林,王艳明主编.电子文件管理概论［M］.武汉：武汉大学出版社，2016.

［3］ 金波，丁华东主编.电子文件管理学［M］.上海：上海大学出版社，2016.

［4］ 国家档案局主编.电子文件归档与电子档案管理规范解读［M］.北京：中国文史出版社，2022.

［5］ 国家档案局档案馆（室）业务指导司编.机关档案管理［M］.北京：中国文史出版社，2020.

［6］ 冯惠玲主编.电子文件管理100问［M］.北京：中国人民大学出版社，2014.

［7］ 王英,蔡盈芳,黄磊主编.电子文件管理［M］.北京：清华大学出版社，2016.

［8］《国家电子文件管理知识与政策干部读本》编委会.国家电子文件管理知识与政策干部读本［M］.北京：人民出版社，2018.

［9］ 祝守宇,蔡春久等著.数据治理：工业企业数字化转型之道［M］.北京：电子工业出版社，2020.

［10］ 李敏主编.管理信息系统（第2版）［M］.北京：人民邮电出版社，2017.

［11］ 王珊，萨师煊编著.数据库系统概论（第5版）［M］.北京：高等教育出版社，2014.

［12］ 上海市档案局编,档案信息化建设［M］.上海：上海教育出版社，2016.

［13］ 张智雄等著.数字资源长期保存技术的研究与实践［M］.北京：国

家图书馆出版社，2015.

［14］ 张美芳等著 . 数字信息保存［M］. 北京：中国人民大学出版社，
2020.

［15］ 蔡盈芳著 . 企业数字档案馆建设理论与实践［M］. 北京：电子工业
出版社，2018.

［16］ 张凯等主编 . 信息资源管理（第四版）［M］. 北京：清华大学出版社，
2020.11（2022.8 重印）.

［17］ 曹杰，李琼主编 . 信息资源管理［M］. 北京：科学出版社，2022.

［18］ 肖秋会编著 . 档案信息检索［M］. 武汉：武汉大学出版社，2011.

［19］ 杨智勇著 . 智慧城市背景下的档案信息服务模式研究［M］. 武汉：
武汉大学出版社，2021.

［20］ 陈建龙，申静著 . 信息服务学导论［M］. 北京：北京大学出版社，
2017.

［21］ Jiawei Han, Micheling Kamber, Jian Pei 等著 . 数据挖掘概念与技术
［M］. 北京：机械工业出版社，2012.

［22］ 杨忠宝，佘向飞主编 . 大数据与人工智能［M］. 北京：北京大学
出版社，2022.

（第一章　电子档案）

［23］ 王岚 . 文件管理还是档案管理？——Records Management 正义［J］.
档案学研究，2010（05）：23–29.

［24］ 王岚 . 法律与学术中的"文件"与"档案"——Documents 与
Records 关系正理［J］. 档案学研究，2011（05）：4–14.

［25］ 李国华 . 也议 Records 之义［J］. 档案学研究，2014（02）：9–12.

［26］ 宋群豹 . 再谈 Record 的翻译之争：文件或档案外的第三种可能［J］.
档案学通讯，2014（4）：31–34.

［27］ 蒋冠 . "文件"与"档案"的选择——兼论"records"的翻译之争［J］.
档案学研究，2015（4）：14–18.

［28］ 侯衡 .Records 翻译之争——在电子时代的重新思考［J］. 档案学通讯，
2016（03）：28–33.

［29］ 安小米，孙舒扬，白文琳 . ISO/TC46/SC11 国际标准中 records 与

archives 术语的正确理解及翻译［J］. 档案学通讯，2016（4）：62-66.

［30］观海听涛，裴煜. 多维视角下 records 的内涵分析及翻译研究［J］. 档案学通讯，2018（01）：33-38.

［31］蔡盈芳. 从中外档案工作比较及语境析 Records 的中文译法［J］. 档案学研究，2020（03）：11-15.

［32］吕文婷. 文件生命周期理论与文件连续体理论 records 相关术语比较研究［J］. 档案学研究，2022（04）：32-37.

［33］刘越男，李静雅. 电子数据、电子文件相关概念的比较与对接［J］. 档案学研究，2017（S1）：92-99.

［34］王大青，付小东，谢燕春. 电子文件与电子档案关系辨析［J］. 档案，2020，316（03）：11-16.

［35］王英玮.《电子档案管理基本术语》（DA/T 58）解读及存在问题的思考（上）［J］. 北京档案，2018，327（03）：26-29.

［36］张俊. 民事诉讼中电子数据的审查判断问题研究［D］. 天津师范大学，2017.

［37］刘越男. 数据治理：大数据时代档案管理的新视角和新职能［J］. 档案学研究，2020，176（05）：50-57.

［38］何嘉荪，史习人，章燕华. 后保管时代档案学基础理论研究——简评文件构成要素论［J］. 档案学研究，2010（01）：4-8.

［39］刘越男. 文件档案管理的数字转型之路［Z/OL］.（2020-04-16）［2022-12-05］.https：//k. cnki. net/courseDetail/3765

［40］Digital Curation Centre.The DCC Curation Lifecycle Model［EB/OL］.（2020-5）［2023-2-16］.https：//www. dcc. ac. uk/sites/default/files/documents/publications/DCCLifecycle. pdf

［41］orDream. 结构化数据 VS 半结构化数据 VS 非结构化数据［EB/OL］.（2020-9）［2023-2-16］.https：//blog. csdn. net/ordream/article/details/108573932

［42］Committee on electronic records.Guide for managing electronic records from an archival perspective［EB/OL］.（1997-2）［2023-2-16］. https：//www. ica. org/sites/default/files/ICA%20Study%208%20guide_eng. pdf

［43］ 程妍妍.国际标准 ISO 23081 元数据模型分析［J］.现代图书情报技术，2008，169（09）：31-35.

［44］ 毛海帆.电子档案元数据方案设计与应用初探［J］.档案学研究，2010，112（01）：74-78.

［45］ 陶水龙，王贞，田雷等.电子文件和电子档案元数据分类与方案设计［J］.档案学研究，2016.

（第二章　电子档案管理）

［46］ 丁德胜，邹杰.机关档案信息化建设——《机关档案管理规定》解读之十三［J］.中国档案，2019（12）：40-43.

［47］ 安小米.文件连续体模式对电子文件最优化管理的启示［J］.档案学通讯，2002（03）：52-55.

［48］ 黄霄羽.文件生命周期理论在电子文件时代的修正与发展［J］.档案学研究，2003（01）：6-9.

［49］ 何嘉荪，叶鹰.文件连续体理论与文件生命周期理论——文件运动理论研究之一［J］.档案学通讯，2003（05）：60-64.

［50］ 傅荣校，王相华.源于两种不同认识基础的理论——文件生命周期理论与文件连续体理论比较研究之一［J］.档案学通讯，2004（03）：19-22.

［51］ 邹吉辉，杨杰.文件生命周期理论与文件连续体理论关系研究［J］.档案学研究，2006（01）：6-9.

［52］ 章燕华.文件生命周期理论与文件连续体理论之争——中外档案界认识差异及原因剖析［J］.档案学研究，2006（01）：57-60.

［53］ 程妍妍.电子文件管理理论的最新研究成果之一——国际电子文件生命周期模型［J］.档案学研究，2008（04）：45-49.

［54］ 张臻.文件生命周期理论研究进展［J］.兰台世界，2017（13）：10-16.

［55］ 吕文婷.文件连续体理论核心术语解析——兼论我国档案学语境下的误读［J］.档案学研究，2020，174（03）：25-31.

［56］ Sarah Higgins，The DCC Curation Lifecycle Model［J］.The International Journal of Digital CurationIssue 1，Volume 3. 2008.

［57］冯惠玲,加小双.档案后保管理论的演进与核心思想［J］.档案学通讯, 2019（04）：4-12.

［58］孙大东.基于DIKW模型的中国档案学发展研究［J］.中国档案研究, 2017（02）：125-134.

［59］金波,周枫,杨鹏.档案数据研究进展与研究题域［J］.情报科学, 2021,39（11）：187-193.

［60］金波,添志鹏.档案数据内涵与特征探析［J］.档案学通讯,2020（03）： 4-11.

［61］杨茜茜.概念、内容与定位：我国档案数据治理研究的理论坐标［J］. 档案学研究,2021,183（06）：28-34.

［62］倪代川,金波.论数字档案资源数据化发展［J］.档案学研究, 2021,182（05）：17-22.

［63］肖洁琼,奉国和.国内外数据治理模型对比分析［J］.文献与数据学报, 2020,2（02）：14-25.

［64］张斌,高晨翔,牛力.对象、结构与价值：档案知识工程的基础问 题探究［J］.档案学通讯,2021（03）：18-26.

［65］数字罗塞塔计划."来源可靠、程序规范、要素合规"与"四性" ［EB/OL］.（2022-8）［2023-2-16］.https：//zhuanlan.zhihu.com/ p/551087209

［66］林鹏,安小米.新旧ISO 15489—1文件管理标准比较［J］.中国档案, 2016（08）：70-71.

［67］安小米,刘桓鑫,白文琳.文件管理系统功能要求国际标准的变化—— 基于ISO 16175系列新旧标准的对比［J］.北京档案,2022（02）：4-11.

［68］钱毅.电子文件"单套制"管理相关概念的辨析与思考［J］.档案 学通讯,2017（04）：8-13.

［69］郑金月.电子文件"电子化归档"相关概念辨析及浙江实践［J］. 浙江档案,2019（02）：10-13.

［70］苏焕宁,陈永生.从强制"双套制"到任意"单套制"——电子文 件归档中理想和现实的互动与创新［J］.档案学通讯,2020（04）： 71-78.

［71］丁德胜.我国数字档案室建设新思路［J］.档案学研究,2014（01）：

12–16.

［72］刘英俊.我国数字档案室建设研究［D］.安徽大学，2017.

［73］丁德胜.数字档案室在档案信息化建设中的价值与前景——从机关角度探讨电子文件/电子档案管理权责、思路与方法［J］.中国档案，2018（02）：30–33.

［74］宋艳萍.我国数字档案馆建设的现状分析与发展研究［D］.武汉大学，2005.

［75］宋涌.我国数字档案馆建设研究［D］.天津大学，2008.

［76］蔡学美.数字档案馆发展阶段和建设内容［J］.档案管理，2014（01）：26–27.

［77］丁德胜.新时代新征程档案工作呼唤智慧档案战略——从数字档案馆室建设角度探讨智慧档案战略的必要性［J］.中国档案，2022（05）：36–37.

［78］丁德胜.新时代新征程档案工作呼唤智慧档案战略——智慧档案馆室的定位、构成要件（6S）与建设指引［J］.中国档案，2022（09）：32–33.

（第三章　电子档案管理系统）

［79］钱毅.电子文件管理系统功能需求规范定位研究［J］.北京档案，2011，244（04）：24–26.

［80］刘越男.试析电子文件管理系统的建设模式［J］.中国档案，2011，453（07）：58–60.

［81］陶水龙，薛四新，田雷.电子档案管理系统通用功能要求研究［J］.中国档案，2019，547（05）：66–67.

［82］王强，吴志杰.业务系统与档案管理系统归档集成框架：构建与内涵解析［J］.档案学通讯，2020，256（06）：45–53.

（第四章　电子档案形成与收集）

［83］丁德胜，张红.机关档案的形成与收集——《机关档案管理规定》解读之七［J］.中国档案，2019（06）：30–31.

［84］刘越男.电子文件的捕获——基于电子文件管理系统的分析［J］.

中国档案，2013，477（07）：68-70.

［85］ 王大青.电子文件分类方案和保管期限表集成管理研究［J］.档案与建设，2017，340（04）：28-31.

［86］ 万素钦，傅荣校.中美档案保管期限表比较研究［J］.浙江档案，2018，449（09）：19-21.

［87］ 范波.电子印章研究与设计［D］.武汉理工大学，2008.

［88］ 张文浩.《电子签名法》实施对电子文件归档管理技术方法的影响及其对策［J］.档案学研究，2007，96（03）：48-50.

［89］ 刘越男，杨建梁，张洋洋.单轨制背景下电子签名的归档保存方案研究［J］.档案学通讯，2019，247（03）：26-35.

［90］ 蔡盈芳.电子文件归档中电子签名的处理研究［J］.档案学研究，2019，169（04）：103-108.

［91］ 许振哲.单套制背景下电子签名应用的困境与思考［J］.档案天地，2022，340（08）：58-62.

（第五章 电子档案整理与归档）

［92］ 李忱，丁德胜.《归档文件整理规则》修订方向初探［J］.中国档案，2014，487（05）：38-41.

［93］ 邹杰，李孟秋.机关档案门类划分、全宗要求与管理流程——《机关档案管理规定》解读之六［J］.中国档案，2019，547（05）：34-35.

［94］ 丁德胜.《归档文件整理规则》档号编制的原则与要求（之三）［J］.中国档案，2016（12）：26-28.

［95］ 丁德胜，信玉红.机关档案的整理与归档——《机关档案管理规定》解读之七［J］.中国档案，2019，549（07）：36-37.

［96］ 丁德胜.电子公文归档与管理要把握好"三个关键"［J］.秘书工作，2021，398（09）：16-18.

［97］ 钱毅.档案数据库质量控制的内涵与策略［J］.档案学通讯，2015，226（06）：56-60.

［98］ 王上铭.专题档案资源库建设研究［D］.南京大学，2015.

［99］ 孙瑾，郭彦军.档案专题数据库建设热的冷思考——构建基于质量

控制理论的档案专题数据库建设流程［J］.档案学通讯，2012，209
（05）：67-70.

（第六章　电子档案保管与保护）

［100］丁德胜.机关档案的保管与保护——《机关档案管理规定》解读之
　　　九［J］.中国档案，2019（08）：36-37.

［101］钱毅.从保护到管护：对象变迁视角下的档案保管思想演变［J］.
　　　档案学通讯，2022，264（02）：82-88.

［102］刘家真.档案数据存储介质选择原则［J］.档案学通讯，2004（03）：
　　　42-43.

［103］张晶晶.数字档案存储介质及格式研究［D］.苏州大学，2009.

［104］王善柏.档案数字资源长期存储介质［J］.中国档案，2021（09）：
　　　72-73.

［105］史金.档案数字资源长期保存场景下的蓝光存储技术分析和应用策
　　　略研究［J］.档案学研究，2022，188（05）：137-141.

［106］杨重高.数字档案资源的安全存储［J］.中国档案，2014（11）：
　　　54-57.

［107］王宪东.基于磁、光、电多种载体的海量数字档案资源长久保存技
　　　术的研究和实践［J］.中国档案，2022（03）：66-67.

［108］SSDFans.光存储技术发展现状及展望［EB/OL］.（2021-10）
　　　［2023-2-11］https://www.sohu.com/a/497023076_505795

［109］Ayushee Sharma.SAN vs. NAS vs. DAS Storage: Which One You Choose
　　　［EB/OL］.（2022-08）［2023-2-11］https://www.techjockey.com/
　　　blog/san-vs-nas-vs-das

［110］Krogh，Peter. The DAM Book：Digital Asset Management for
　　　Photographers，2nd Edition，p. 207. O'Reilly Media，2009.

［111］Natasha Rabinov.What's the Diff: 3-2-1 vs. 3-2-1-1-0 vs. 4-3-2［EB/
　　　OL］.（2021-07）［2022-12-08］.https://www.backblaze.com/blog/
　　　whats-the-diff-3-2-1-vs-3-2-1-1-0-vs-4-3-2/

［112］Dave Wallen.Types of Backup: Understanding Full, Differential, and
　　　Incremental Backup［EB/OL］.（2020-04）［2023-2-11］https://

spanning.com/blog/types-of-backup-understanding-full-differential-incremental-backup/

[113] The National Archives(United Kingdom). Digital Preservation Guidance Note 2: Selecting storage media for long-term preservation [EB/OL]. (2008-8)[2022-12-08]. http: //www. creadercom/news/20011219/200112190019. html

[114] Queensland Government. Select storage for digital records [EB/OL]. (2021-5)[2022-12-08]. https: //www. forgov. qld. gov. au/information-and-communication-technology/recordkeeping-and-information-management/recordkeeping/store-protect-and-care-for-records/store-protect-and-care-for-digital-records/digital-records-storage-media-and-systems

[115] Archives New Zealand.Best practice guidance on digital storage and preservation [EB/OL]. (2022-8-26)[2022-12-08]. https: //www. archives. govt. nz/manage-information/how-to-manage-your-information/digital/best-practice-guidance-on-digital-storage-and-preservation

[116] 何欢欢. 可信数字仓储的构建与认证[J].情报资料工作,2008(06): 40-42+49.

[117] 徐拥军,张倩. 加拿大图书档案馆的数字保存策略——可信数字仓储 [J]. 档案学研究, 2014(03): 90-96.

[118] 金彤. 可信任数字仓储(TDR)发展趋势的研究 [J]. 数字与缩微影像, 2011(01): 1-4.

[119] 王晓山. 高校构建可信数字仓储策略研究[J].兰台世界,2013(08): 30-31.

[120] 吴振新. 数字资源长期保存可信赖认证研究发展综述 [J]. 中国图书馆学报, 2015, 41(03): 114-126.

[121] 翟宛东. 数字仓储可信保障研究——《Core Trust Seal 可信数字仓储指南》启示 [J]. 档案管理, 2022, 259(06): 48-51.

[122] 王卷乐, 王祎, 卜坤等. 世界数据系统 CoreTrustSeal 数据中心认证实践——以 WDC 可再生资源与环境数据中心为例 [J].农业大数据学报, 2019, 1(03): 71-81.

［123］韩雪华，王卷乐，石蕾等.荷兰数据认可印章科学数据仓储认证及启示［J］.中国科技资源导刊，2018，50（01）：14-19.

［124］杨璐.可信数字仓储认证：必要性、标准与主体［J］.北京档案，2014（05）：19-22

［125］孙超，吴振新.国外数字资源长期保存成熟度模型及其分析与评价［J］.图书情报工作，2017，61（01）：32-39.

［126］程妍妍.国际电子文件元数据封装方法VEO和METS的比较研究［J］.现代图书情报技术，2011（10）：7-11.

［127］王金玲.电子档案封装策略比较研究［J］.中国档案，2018（08）：65-67.

［128］罗文武.电子文件封装策略比较研究［D］.浙江大学，2013.

［129］刘越男.对电子文件元数据封装策略的再思考——由VERS标准的变化引起的研究［J］.档案学研究，2019，169（04）：116-123.

［130］毛海帆.电子档案转换与迁移活动的内涵与实施［J］.浙江档案，2019（01）：33-35.

［131］Mesign.分保、等保、关保、密码应用对比详解［EB/OL］.（2021-12）［2022-12-08］.https：//www.freebuf.com/news/308069.html

（第七章 电子档案利用与开发）

［132］丁德胜，李孟秋.机关档案的利用与开发——《机关档案管理规定》解读之十一［J］.中国档案，2019（10）：70-71.

［133］牛力，曾静怡.数字时代档案创新开发利用的几点思考［C］//中国档案学会，中国文献影像技术协会.2019年海峡两岸档案暨缩微学术交流会论文集.［出版者不详］，2019：5.

［134］International Council on Archives（ica.org）.Principles of Access to Archives［EB/OL］.（2013-2）［2022-12-08］.https：//www.ica.org/en/principles-access-archives

［135］马仁杰，程亚萍.论国际档案大会对档案开放利用的理论贡献和实践影响［J］.北京档案，2014，278（02）：19-22.

［136］向立文.档案信息资源开发利用的"六原则"［J］.兰台世界，2008，256（09）：42-43.

［137］冯琦峰. 电子档案利用安全控制研究［J］. 浙江档案，2012，376（08）：56-57.

［138］杨安荣，张燕. 电子档案利用安全控制的办法与实现［J］. 保密科学技术，2015，53（02）：39-42.

［139］陈旭晖. 数字水印系统在高校数字图书馆中的应用［J］. 机电技术，2011，34（05）：12-16.

［140］邓磊. 数字档案馆中数字水印技术的应用扩展［J］. 兰台世界，2012（02）：15-16.

［141］王树梅. 数字图像水印技术综述［J］. 湖南理工学院学报（自然科学版），2022，35（01）：31-36+68.

［142］夏天, 钱毅. 面向知识服务的档案数据语义化重组［J］. 档案学研究，2021（02）：36-44.

［143］Hyeonwoo Noh, Andre Araujo, Jack Sim, Tobias Weyand, Bohyung Han. Large-Scale Image Retrieval with Attentive Deep Local Features［EB/OL］.（2016-12）［2022-12-08］. https://arxiv.org/abs/1612.06321

［144］胡志军，徐勇. 基于内容的视频检索综述［J］. 计算机科学，2020，47（01）：117-123.

［145］白梅. 基于内容的视频检索方法研究［D］. 陕西科技大学，2016.

［146］薛芳. 基于数字人文视角的档案文化资源开发理念创新［J］. 档案天地，2021（04）：24-27.

［147］牛力，曾静怡. 数字编研：一种全新的档案业务模式［J］. 中国档案，2022，579（01）：70-71.

［148］王丹，王红红，颜祥林. 国内档案学界数字记忆研究的兴起、发展与展望［J］. 山西档案，2022（03）：177-186.

［149］加小双，徐拥军. 国内外记忆实践的发展现状及趋势研究［J］. 图书情报知识，2019（1）：60-66.

［150］周耀林, 刘晗. 数字记忆建构：缘起、理论与方法［J］. 山东社会科学，2020（08）：50-59.

［151］牛力，刘慧琳，曾静怡等. 数字时代档案资源开发利用的重新审视［J］. 档案学研究，2019，170（05）：67-71.

［152］祁天娇，王强，郭德洪. 面向知识赋能的档案数据化编研：新逻辑

及其实现［J］.档案学通讯，2022，263（01）：45-52.

［153］杨安荣.数字展陈技术在档案展览中的应用［J］.档案时空，2017，318（12）：10-11.

［154］吴祺，鲁东明，袁庆曙.数字技术辅助博物馆展陈的若干思考［J］.东南文化，2009（03）：99-104.

［155］刘迪，徐欣云.档案展览分众化策展探析［J］.四川档案，2019（02）：28-30.

［156］乔子嘉.数字展陈交互性研究与应用［D］.北京印刷学院，2019.

［157］齐轩.数字化虚拟展示技术在智慧博物馆构建中的应用［J］.信息与电脑（理论版），2021，33（21）：19-21.

［158］支凤稳，孙若阳，云仲伦.元宇宙：档案展览模式与路径的新探索[J].档案与建设，2022，405（09）：32-36.

［159］冯惠玲.数字人文视角下的数字记忆——兼议数字记忆的方法特点［J］.数字人文研究，2021，1（01）：87-95.

［160］龙家庆，王玉珏，李子林等.数字人文对我国档案领域的影响：挑战、机遇与对策［J］.档案学研究，2020，172（01）：104-110.

［161］郭海明，邓灵斌.数字图书馆信息服务模式研究［J］.中国图书馆学报，2005（02）：47-49+53.

［162］肖玮.数字档案馆信息服务模式述评[J].湖北档案，2010，223（11）：18-20.

［163］薛四新，张利.基于集成管理思想的服务型数字档案馆研究［J］.档案学通讯，2010，194（02）：59-63.

［164］张博.档案馆档案信息服务模式研究［D］.安徽大学，2014.

［165］杨智勇，金波，周枫."智慧型"档案信息服务模式研究［J］.档案管理，2018，235（06）：21-25.

［166］尹婷婷，曾宪玉.用户画像技术在高校数字图书馆信息服务中的研究与应用［J］.图书馆理论与实践，2021，254（06）：106-111.

［167］周林兴，魏亮亮，艾文华.用户画像视角下档案馆知识服务推荐机理研究［J］.档案管理，2019，240（05）：8-12.

［168］李加才，张苏婷.综合档案馆知识服务及其实现策略研究［J］.档案与建设，2011（09）：20-23.

［169］张斌，魏扣，郝琦．面向决策的档案知识库构建研究［J］．图书情报工作，2016，60（05）：118-124.

［170］韩钦．论知识服务体系基本构建框架［J］．现代信息科技，2019，3（22）：135-137.

［171］hyc339408769.通俗易懂解释知识图谱（Knowledge Graph）［EB/OL］．（2018-11）［2022-12-08］.https://www.cnblogs.com/huangyc/p/10043749.html

［172］右边是我女神.知识工程重点知识介绍-1［EB/OL］．（2022-05）［2022-12-08］.https://blog.csdn.net/weixin_46365033/article/details/124560135

［173］王电化，钱涛，钱立新等．面向档案的知识图谱构建方法研究［J］．湖北科技学院学报，2020，40（01）：127-130.

［174］杨来青，李大鹏．智慧档案馆功能及体系结构［J］．中国档案，2015，501（07）：59-61.

［175］陈中，林素云．浅析泛在信息环境下智慧档案馆资源与服务的融合［J］．档案时空，2017，310（04）：25-26.

［176］苏君华，宋帆帆．基于用户利用行为的档案信息精准服务研究［J］．档案与建设，2022，400（04）：8-12.

（第八章　电子档案鉴定与销毁）

［177］陈忠海．论从内容鉴定法向职能鉴定法的发展［J］．档案管理，2001（01）：8-9.

［178］徐拥军．馆藏档案价值鉴定原则与方法［J］．兰台世界，2002（06）：4-5.

［179］黄霄羽．外国档案鉴定理论的历史发展及其规律［J］．中国档案，2003（09）：28-30+35.

［180］王云庆，何思源．新世纪以来电子文件鉴定理论研究综述［J］．办公自动化，2017，22（03）：27-30.

［181］丁德胜．中国档案鉴定：回顾与展望［C］//.新形势下档案资源管理服务，中国文史出版社，2014：8.

［182］丁德胜．机关档案的鉴定与销毁——《机关档案管理规定》解读之

十［J］.中国档案，2019（09）：30-31.

［183］韩李敏.档案馆开展电子档案技术鉴定的若干思考［J］.浙江档案，2013，388（08）：15-17.

［184］周文泓，加小双.数字时代的国外电子文件鉴定观及其对中国的启示［J］.北京档案，2015，300（12）：19-21.

［185］赵跃，刘玮晗.国外电子文件鉴定研究进展（2016—2020）［J］.浙江档案，2021，481（05）：24-27.

［186］王新才，李雯，丁时征.业务规则管理在档案信息资源管理系统中的应用［J］.档案学通讯，2010，196（04）：79-84.

［187］李雯.电子文件价值智能鉴定探析［J］.档案学研究，2011，123（06）：41-45.

［188］许晓彤.电子文件证据性概念模型研究［J］.中国档案，2021，575（09）：76.

［189］余彦峰.电子数据司法鉴定概述［J］.信息网络安全，2008，95（11）：30-32.

［190］李泽江，安小米.基于ISO15489的文件处置研究［J］.北京档案，2010，231（03）：10-13.

［191］申志华，康迪，刘利锋.存储介质数据销毁技术研究［J］.保密科学技术，2018，89（02）：24-27.

［192］吴莎莎，王敏燊，吴艺萍等.面向存储介质的数据安全删除［J］.计算机系统应用，2017，26（11）：36-44.

［193］程玉.磁介质数据销毁技术的研究［D］.电子科技大学，2010.

［194］Defense Security Service.DOD 5220.22-M CLEARING AND SANITIZING MATRIX［EB/OL］.（2013-2）［2011-5-9］.http://www.tri-magnetics.com/pdf/DOD_5220.pdf

（第九章 电子档案移交与统计）

［195］丁德胜.机关档案的统计与移交——《机关档案管理规定》解读之十二［J］.中国档案，2019（11）：34-35.

［196］詹逸珂，陈阳.电子文件归档与电子档案移交进馆规范路径——基于流程设计与技术模式的探讨［J］.北京档案，2022，375（03）：

16–20.

［197］钟伦清，胡嘉贤，何鸣强等．电子档案交接过程中的信任机制研究
　　　　［J］．中国档案，2019，551（09）：69–71.

［198］刘磊，安小米．《ISO/TR18128：2014 信息与文献文件过程和文件
　　　　系统中的风险评估》及其借鉴［J］．北京档案，2014（09）：7–8.

［199］黄婕，白文琳，安小米．《ISO/TR 21946：2018 信息与文献用于文
　　　　件管理的鉴定》解读及其借鉴［J］．北京档案，2019（06）：22–24.

［200］刘越男．关于文件管理国际标准 ISO 15489《信息与文献—文件管
　　　　理》更新之处的思考［J］．北京档案，2020（07）：7–11.

后 记

阳和启蛰,品物皆春。

自古以降,从结绳刻符简牍甲骨,到金文缣帛古纸文书,再至今日磁光电胶数据信息,时光流转,岁月更迭,一直变化的是名称样貌,亘古未改的是文明传承。电子档案因时而生,因势而兴,是文化基因传递使命的最新承载者。本书写作源于一个朴素而大胆的想法,那就是把电子档案作为主角推向前台,让它享有信息时代该有的荣光,让一众同业经年求索成果得以光大。再有的期望,就是贯通学理与实践,融汇传统与数字,把理论、经验与实操深度结合起来。其中的信心,来自《归档文件整理规则》之于整理思路,《数字档案室建设指南》之于信息化框架,《机关档案管理规定》之于流程管理和《电子档案单套管理一般要求》之于系统要求的思考和实践,来自前述规范配套书籍的编著经历。

行远自迩,知易行难。书稿去年九月动笔,适逢闭关学习一月,闲暇读完一背包书,又续了一背包书,始知思虑之浅,困难之大。一则同法学、史学传统学科等相比,档案学不足百年,理论根基尚浅;二则学理研究和工作实际结合不够,削足适履各说各话尽皆有之;三则引入的管理、信息等学科知识多浮于浅表,未经深入内化改造。还有关键一点,就是作者原习法学,隔行如山,虽有不受定式羁绊之益,但短处自然更多。思虑再三,决定从电子档案定义破题,扩基础,理框架,引活水,尝试打造电子档案管理主体论述。具体做法是调整电子档案的上位概念,厘清电子档案与电子数据、电子文件关系;在档案理论基础上引入数据治理、知识管理理论,共同作为电子档案管理理论基础;吸纳国际档案管理流程合理成分,构建以我为主的档案管理体系框架;引入数据治理、知识管理、智慧管理内容,充实电子档案管理内涵。奋战数月,夜夜鸡鸣,及至元旦初稿乃成,至今日才修改完毕,当然最终还是免不了理想与现实矛盾之苦,不称心处俯拾皆是。

大道行思，取则行远。码字半载有余，浮气日敛，获益良多。感慨处是档案学科文理兼有，理论实践兼具，前景广阔，但定要跳脱自我，兼容并包，方能渐次壮大。感怀处是万千业者勤奋耕耘，孜孜以求，研究成果为本书提供了极大助力，书尾敬录文献200篇，但有启发未及引用者数倍于此。以此论之，本书更似学习笔记或知识索引，希望读者循此览众，有所启发。感念处是各位同人无私襄助，思之动容。江西档案馆毛海帆二级巡视员，浙江省委机要局梁绍红副局长，青岛市档案馆邹杰副馆长，福建省档案局郑志荣处长、中国人民大学刘越男教授、安小米教授，山东大学闫静副教授，天津师范大学白文琳副教授，国家电网档案馆周峰馆长，中国石油档案馆王强副馆长，信息技术专家陈欣、杨安荣、袁嘉新先生，以及我的同事王大众处长、纪萌副处长和何芮主任科员在本书撰写过程中提供了大量合理建议和专业意见，在此谨致谢忱。

感谢家人对我全身心的关爱和包容。感谢父母、岳父母和姐姐们一直以来的坚定支持和无私付出，是你们给予我努力前行的信心和力量。感谢我美丽的夫人和一双可爱儿女，是你们的陪伴和笑容激励我精神饱满熬过一个又一个深夜，让我再回想这段日子的时候，耳边回荡的除了啾啾虫鸣，还有满屋笑声。

特别感谢中国人民大学冯惠玲教授在百忙中给予的精心指导和支持肯定。感谢中国文史出版社编辑们从策划到出版所做的大量工作。

囿于个人学识和能力，书中疏漏不妥之处在所难免，恳请读者批评指正，以待日后补正。个别内容与规范标准不一致之处，权作拓展思路之用，最终由主管部门判断定夺。

雷声起，万物生，志之所趋，无远弗届。本书愿做引玉之砖，迎接档案理论研究与实践新的春天！

癸卯惊蛰，北京